"一带一路"
与长江经济带贯通
发展研究

王 战 / 主编

上海社会科学院出版社
SHANGHAI ACADEMY OF SOCIAL SCIENCES PRESS

编委会

主　编：王　战

成　员（按照姓氏笔画排序）：

马芳芳　权　衡　刘学华　陆军荣　李月琪
李　娜　李　鲁　李　湛　苏　宁　肖路平
吴继兰　忻尚卿　张　岩　张绍新　张鹏飞
陈朝伦　郁鸿胜　周大鹏　姜乾之　秦占奎
徐东良　徐建伟　徐　婧　谈　丹　盛　垒
魏　航

前　言

　　习近平总书记于2013年9月提出"一带一路"倡议,2014年将长江经济带发展战略正式上升为国家战略。"一带一路"建设倡议与长江经济带发展战略是中国对内与对外的两大重要举措,相互之间具有非常紧密的联系,特别是放在全球政治经济关系重塑和中国经济转型升级的大背景下,两者之间的关系日趋重要。长江经济带是陆上丝绸之路经济带与"21世纪海上丝绸之路"的重要通道与纽带。溯源历史,没有长江经济带就没有丝绸之路。两者自古互通互融,长江经济带是丝茶瓷产地,海陆丝绸之路是商贸双通道。俯瞰欧亚与全国经济版图,长江经济带是连接丝绸之路经济带与海上丝绸之路的黄金水道与经济走廊,"两带一路"(长江经济带、丝绸之路经济带、海上丝绸之路)一体构成贯通东西、带动南北的总格局。

　　2015年5月,总书记在上海考察时指出:"上海要按照国家统一规划,参与丝绸之路经济带和海上丝绸之路建设,推动长江经济带建设。"这也是第一次将"一带一路"倡议构想与长江经济带建设相联系。2016年在重庆召开的推动长江经济带发展座谈会上,习近平总书记指出长江经济带今天仍然是连接丝绸之路经济带和21世纪海上丝绸之路的重要纽带。长江经济带发展战略是中国40多年来改革开放的继续深化,将依托黄金水道推动长江经济带发展,打造中国经济新支撑带,成为具有全球影响力的内河经济带、东中西互动合作的协调发展带、沿海沿江沿边全面推进的对内对外开放带、生态文明建设的先行示范带。"一带一路"建设是新时代中国进一步走向开放的路线图,具有开放包容、和平发展、合作共赢的鲜明中国特色。国内改革发展和全球对外开放具有互相促进、协调发展的内在逻辑关系。八年以来,长江经济带发展和"一带一路"建设取得实质性进展,但一直未予以整体统筹规划,系统集成布局。"十四五"时期,长江经济带与"一带一路"融合将由设施联通迈向产业投资贸易互动的新阶段。结合"双循环"发展战略布局,通过设施联通、产业链接、贸投共促、城市互连等融合发展,将长江经济带发展成为国内大循环的主体支撑带,"一带一路"建设成为促进国内国际双循环的主动脉,统筹发挥"协调东西、平衡南北"的区域高质量发展引领作用,推动中国由海洋开放发展时代迈向"海权陆权"双向发展新时代。可以说,长江经济带发展与"一带一路"建设是全景版的国内外互联互通举措,将共同构成未来10—20年的中国发展新版图。

新一轮的全球化正在进入超级全球化阶段,一幅全世界范围内互联互通的超级版图正在形成。而互联互通下产业链、供应链的竞争力关键在于物流运输成本的比较。《推动共建丝绸之路经济带和21世纪海上丝绸之路的愿景与行动》中提出:基础设施互联互通是"一带一路"建设的优先领域,以国际骨干通道建设,构建连接亚洲各次区域以及亚欧非之间的基础设施网络。同时,长江经济带交通运输结构布局无论在国内还是在整个欧亚大陆都具有重要战略意义。长江经济带客货运量约占据全国半壁江山,2017年完成货物运输量204.5亿吨,完成客运量90.30亿人,分别占全国比重的42.6%和48.8%。因此,降低物流运输成本是"一带一路"与长江经济带贯通的关键所在。

贯通是"一带一路"建设与长江经济带发展战略实施中的共同关注的核心内容。我们结合对"一带一路"五通建设与长江经济带重大项目建设进展进行评估,总结目前贯通建设的主要成效,以及存在的瓶颈问题,作为贯通研究判断与分析基础。从现有情况看确实存在联动发展的脱节隐忧。主要聚焦两大方面:一是国际通道与国内枢纽的联通效率具有提高空间。如中欧班列作为对接国际通道运输的重要方式,沿途各国家轨距标准不一,降低了通行效率,增加物流成本。国内缺少统一协调,各内陆城市为争夺中欧铁路通道起点,内部过度竞争,国外抬高运价,政府不计成本补贴。二是产业项目与基础项目不联动,各自为政缺少协同。目前国家层面的政策沟通,主要是聚焦落实在设施联通的基础设施项目,并主要由国有企业来落地。但在基础设施建设过程中,如何与产业项目、园区项目的跟进形成合力,还有待弥合。

多式联运是促进"一带一路"与长江经济带贯通发展的重要途径。目前,中国的物流成本较高,中国物流费用总额占GDP的比例为14.8%,远远高于国际发达国家。2017年中国公路货运总量在总体货运量中的占比超过了78%,集装箱运输占比仅为5.4%,而美欧发达国家集装箱运输占比高达30%—40%。为此,充分依托长江经济带黄金水道的水运优势,加快推进江海联运、铁水联运,成为降低中国物流成本,实现"一带一路"与长江经济带贯通发展的关键所在。基于"一带一路"提出的六大经济走廊交通设施特征,提出六种"一带一路"多式联运体系组合,即新亚欧大陆桥的"水—铁—水"联运、中蒙俄的"水—铁—水"联运、中国—中亚—西亚的铁海联运、中国—中南半岛的"公—铁—海"联运、中巴经济走廊的铁海、公海联运和孟中印缅的"公—铁—水"和"公—铁—空"联运。同时,在长江经济带遴选重要战略支点城市作为多式联运的枢纽建设,主要包括上海、南京、武汉、重庆、成都。

以问题为导向,重点分析"两带一路"多式联运贯通存在的问题,主要包括国际与国内通道对接问题、港口的竞争与合作问题、公铁水联运的衔接机制、交通运输税费成本问题、中欧班列的协调性问题、海关通关衔接效率问题等。基于系统集成视角,提出"一带一路"与长江经济带多式联运贯通发展的总体思路、贯通格局、重大任务。借助大通道贯通对接、城市群贯通对接和集疏运体系贯通对接,促进中国区域空间东、中、西的"横向中国"布局战略与南、北"纵向中国"布局战略相结合,达到网络化、全覆盖的中国区域战略布局。以重点区域、重点项目和重大战略为示范引领,带动贯通战略的不断深入,包括长三角港口群协调发展、兰州西部物流枢纽建设、中欧班列建设与发展等重大战略和项目。

最后,基于多式联运的"两带一路"贯通发展格局以及重点任务,从国家、地方等多个层面提出对策建议。一是从落实国家战略高度,提高"一带一路"与长江经济带贯通发展的战略认识,构建贯通发展的战略协同、产业协同、布局协同。二是发挥长三角一体化引领作用,打造两大战略贯通枢纽。三是以利益为纽带,建立长江经济带多式联运体系。实施黄金水道"桥—坝—航道—船"的系统建设工程,全力推进黄金水道标准化。四是加快国家大通道建设,贯通"一带一路"与长江经济带通道。建设若干个中欧班列物流枢纽,支持将"渝新欧"国际铁路建设成为中欧铁路主通道,推动中南半岛、孟中印缅经济走廊、第三欧亚大陆桥、大湄公河次区域等国际经济廊道建设,打通面向印度洋的战略出海口。依托澜沧江—湄公河黄金水道、昆明—曼谷国际大通道、泛亚铁路中线,总体规划中国与南亚互联互通合作,研究确定合作的重点领域和优先项目。建议将建设第三亚欧大陆桥列入国家战略。五是以枢纽与节点城市打造战略性贯通综合枢纽。依托上海、重庆、成都、武汉、长沙、南昌和合肥等枢纽城市和节点城市,推动其他区域融入"一带一路"。聚焦丝路沿线的主要节点城市,加强支点城市与节点城市的互动合作。结合这四年多对"一带一路"的考察与研究,提供以下选项。符拉迪沃斯克:俄远东开发与北极航线潜力港口城市。吉布提:非洲市场与石油通道的战略支点。贝尔格莱德:复兴中的中东欧门户城市。达沃市：菲律宾南部最大港口城市。六是提高运量、优化网络,提升中欧班列运行效率。基于经济性和运输地位等要素进行模拟,建议将重庆、兰州、郑州分别作为西南、西北、中部地区的物流枢纽。建立各线路协作机制,实现班列优化。建立政府逐步退出的市场化运作机制。七是以开放促进长江经济带与"一带一路"互联互动。以自贸区、自由港为载体推动东西双向开放。建议建立长江经济带口岸国际贸易单一窗口,促进贸易便利化。推进长江经济带区港一体化与跨区海关监管一体化。八是以重点项目为抓手推动"两带一路"贯通发展,主要包括基础设施联通项目、物流基地项目和长三角港口一体化项目。

目 录

前言 1

上篇 总报告

R1 "一带一路"与长江经济带贯通战略研究 3

第一章 "一带一路"建设与长江经济带发展战略 3
一、"两带一路"建设的内在关系 3
二、"两带一路"建设的战略交集 4
三、贯通核心问题：降低物流运输成本 11

第二章 "一带一路"与长江经济带贯通现状评估 14
一、"一带一路"五通建设的现况评估 14
二、长江经济带发展战略实施现况评估 21
三、长江经济带与"一带一路"贯通发展态势 26
四、长江经济带与"一带一路"贯通存在的问题 27

第三章 多式联运与"两带一路"贯通 32
一、"两带一路"贯通的物流成本分析 32
二、"两带一路"多式联运体系现状 35
三、战略支点城市的重点枢纽建设 39

第四章 "两带一路"多式联运贯通存在的问题 46
一、国际与国内通道对接 46
二、港口的竞争与合作 48
三、中欧班列的协调性 50

四、公铁水联运衔接机制　　52
　　五、海关通关衔接效率　　53

第五章 "两带一路"多式联运集成研究　　55
　　一、"一带一路"与长江经济带多式联运集成思路　　55
　　二、贯通战略下的"一带一路"与长江经济带布局　　59
　　三、"一带一路"与长江经济带贯通中的重大区域战略　　66

第六章 推动"两带一路"贯通发展的思路与建议　　74
　　一、推动"两带一路"贯通发展的总体思路　　74
　　二、促进"两带一路"贯通发展的具体建议　　83
　　三、"两带一路"贯通战略的重点项目建议　　94

下篇　分报告

R2　促进长江经济带高质量发展的若干建议　　99
　　一、长江经济带发展第一阶段:大开发付出生态高代价　　99
　　二、长江经济带发展第二阶段:"共抓大保护,不搞大开发"　　100
　　三、长江经济带发展进入第三阶段:新理念引领高质量发展　　101
　　四、以绿色发展为前提,科学治理有序引导产业转型　　102
　　五、以共享发展为目标,打造全流域利益共同体　　104
　　六、以创新发展为动力,形成长江经济带产业创新链　　106
　　七、以开放发展为途径,长江经济带与"一带一路"互联互动　　108
　　八、以协调发展为关键,促进区域间统筹发展　　109
　　九、力促长三角一体化,发挥高质量发展龙头作用　　110

R3　建设甘肃兰州"一带一路"西部物流枢纽　　112
　　一、新时代提升兰州新区国家战略发展能级面临的战略机遇　　112
　　二、兰州建设"一带一路"西部物流枢纽的优势条件与制约因素　　117
　　三、兰州构建"一带一路"西部物流枢纽的定位与功能　　126
　　四、加快兰州"一带一路"西部物流枢纽建设的政策建议　　131

R4　关于长三角港口群协调发展的问题研究   **132**

    一、新形势下长三角港口群协同发展现状与问题瓶颈   132

    二、对长三角港口群协同发展的建议   143

R5　中欧班列的发展趋势与成本效益研究   **151**

    一、中欧班列发展趋势分析   151

    二、中欧班列运行中存在的问题   159

    三、中欧班列成本效益分析   165

    四、中欧班列发展的对策建议   184

R6　建设老挝(贵州)"一带一路"产业园研究   **188**

    一、为什么贵州要"走出去",能"走出去"   188

    二、贵州"走出去"首选"老挝"的理由   189

    三、探索"贵老合作"共建产业园区   190

后记   193

上篇 总报告

R1 "一带一路"与长江经济带贯通战略研究

第一章 "一带一路"建设与长江经济带发展战略

"一带一路"建设与长江经济带发展战略是中国对内与对外的两大重要举措,相互之间具有非常紧密的联系,特别是放在全球政治经济关系重塑和中国经济转型升级的大背景下,两者之间的关系日趋重要。长江经济带发展战略是中国三十多年来改革开放的继续深化,将依托黄金水道推动长江经济带发展,打造中国经济新支撑带。"一带一路"建设是新时代中国进一步走向开放的路线图,具有开放包容、和平发展、合作共赢的鲜明中国特色。国内改革发展和全球对外开放应具有互相促进、协调发展的内在逻辑关系。

一、"两带一路"建设的内在关系

在互联互通基础上,我们需要在21世纪背景下重新审视长江经济带发展战略与"一带一路"建设的内涵关系。长江经济带是"两带一路"的关键。丝绸之路是商贸通道,长江经济带是商品生产基地与动力源头、是21世纪丝绸之路的发展依托,并将引领国家极轴发展。建设长江经济带,就是要构建中国区域发展的新格局,形成沿海与中西部相互支撑、良性互动的新棋局,形成直接带动超过五分之一国土、约6亿人的强大发展新动力。当然在实际操作要避免两种误导:一是就古论古。国内各地积极性高,全国有27个省份从丝绸之路历史起点、节点等不同角度,提出加入"一带一路"建设。但是,讲丝绸之路建设,不是追赘古代,而要借古论今。在现代交通运输条件下,21世纪的"一带一路"不只是历史传承的商贸通道,需要新拓展。二是新瓶旧酒。在战略未清晰、产业发展不确定性大的情况下,地方简单以"一带一路"建设和长江经济带发展战略的由头大干快上,延续粗放式的增长,难免遗留风险。所以,长江沿岸中心城市既要从国家战略全局来认识长江经济带,正确摆正自身在"两带一路"格局的优势区位与节点功能,改变发展方式、聚焦有效投资,促进区域发展[1]。

如何在21世纪背景下重新审视"一带一路"与长江经济带及其内在关系?关键要处理好三个关系:一是"长江"与"丝绸"的关系。长江经济带历来是海、陆丝绸之路的商品源头。古时,丝绸之路运输的茶叶、丝绸、瓷器等商贸产品,生产主要集中于长江经济带,如景德镇瓷器、江浙丝绸等。当今,21世纪丝绸之路货物来源仍将主要集中于此。2018年,长江经济带11省份地区生产总值和人口总量,分别占全国44.7%和42%。二是"路"与"带"的关系。路是通道,带是实体根本。最终形成陆上丝绸之路、海上丝绸之路与长江黄金水道"三条21世纪通道"和丝绸之路经济带、长江经济带"两大实体支撑带"。通道建设根本目的是为实体经济发展服务,尤其为东中西全面开放服务。三是"轴"与"极"的关系。"两带一路"战略是经济极轴发展理论体现,不能遍地开花。战略实施要聚焦,要有龙头与核心节点城市,形成"极—轴—带—面"发展格局。基于此我们认为:长江经济带是"两带一路"的关键。丝绸之路是商贸通道,长江经济带是商品生产基地与动力源头,是21世纪丝绸之路的发展依托,并将引领国家极轴发展。其中,长三角地区是"两带一路"联动的主要汇合区域。

二、"两带一路"建设的战略交集

《推动共建丝绸之路经济带和21世纪海上丝绸之路的愿景与行动》指出:"'一带一路'贯穿亚欧非大陆,一头是活跃的东亚经济圈,一头是发达的欧洲经济圈,中间广大腹地国家经济发展潜力巨大"。《长江经济带发展规划纲要》(2016年),提出长江经济带要形成陆海统筹、双向开放,与"一带一路"建

---

[1] 《长江经济带应服务好"一带一路"——访上海社会科学院院长王战》,《中国城市报》2015年7月27日,第11版。

设深度融合的全方位对外开放新格局。可以看出两大发展思路具有深度融合性。

1. 具有"开放发展,合作共赢"的一致诉求目标

"一带一路"建设是中国沿海沿江改革开放的扩大版与延伸版。中国四十年的改革开放,是从沿海、沿边率先开放的城市逐步向内陆地区扩散。长江经济带发展战略有利于充分挖掘长江上中游这片富饶土地所蕴含的巨大发展动力,优化沿江产业结构和城镇化布局,形成上中下游地区优势互补、协作互动,缩小东中西部地区的发展差距。"一带一路"建设则是充分发挥国内各地区的比较优势,实行更加积极主动的开放,推动区域和周边国家基础设施的互联互通,促进区域合作,将中国沿海发展与内陆开放的市场潜力,深入丝绸之路经济带内陆国家,推向 21 世纪海上丝绸之路国家。就此而言,构建新的开放发展格局,将贯穿中国东部、中部和西部的"丝绸之路经济带"和"海上丝绸之路"国内段与长江经济带的发展战略贯通,具有重要意义。

自改革开放以来,东部沿海地区率先开发,得益于海运成本的低廉,一时之间沿海港口城市货物运输兴旺,逐步形成长三角、珠三角和环渤海经济区,经济发展水平也逐渐与中西部地区拉开差距。在大力发展推进东部沿海地区率先发展的同时,中央也时刻在思考内陆地区的发展战略。国务院发展研究中心在 20 世纪 80 年代初提出"一线一轴"战略设想,"一线"即东部沿海地区,"一轴"即长江流域。东部沿海地带和横贯东中西的长江流域地带在空间上形成了"T"形的发展格局。在 1985 年的"七五"计划中首次提出要"加快长江中游沿岸地区的开发,大力发展同东部、西部地带的横向经济联系。"长江经济带的概念呼之欲出。1987 年《全国国土总体规划纲要(草案)》中明确指出:在生产力总体布局方面,以东部沿海地带和横贯东西的长江沿岸相结合的"T"形结构为主线,以其他交通干线为二级轴线,按点、线、面逐步扩展的方式展开生产力布局。

20 世纪 90 年代开始,国家接连提出了一系列促进长江经济带发展的具体举措,旨在发挥长三角尤其是上海的"龙头"作用进一步带动沿江中西部地区的经济发展。1992 年中共十四大提出以上海浦东开发开放为龙头,进一步开放长江沿岸城市,带动长江三角洲和长江流域地区经济的发展。1996 年的八届全国人大四次会议上批准了《中华人民共和国国民经济和社会发展"九五"计划和 2010 年远景目标纲要》。纲要中明确指出沿江地带要"发挥通江达海以及农业发达、工业基础雄厚、技术水平较高的优势,以浦东开发开放、三峡建设为契机,依托沿江大中城市,逐步形成一条横贯东西、连接南北的综合型经济带"。2000年后陆续出台了《中共中央 国务院关于促进中部地区崛起的若干意见》《长江经济带合作协议》《促进中部地区崛起规划》等战略性文件。此时尽管浦东开发大大促进了长江三角洲地区的发展,但对整个长江流域经济带的带动作用有限。之后国家提出的"西部大开发""中部崛起"等区域性战略,虽然在辐射范围上与长江经济带有一定的重合,但由于尚未形成良好的东中西部地区的互动机制,长江经济带的发展仍然存在较大的差距,地区之间经济不平衡显现仍然显著。2013年7月,习近平在湖北考察时特别强调,长江流域要加强合作,发挥内河航运作用,把全流域打造成黄金水道。2013年9月,李克强作出批示:"依托长江这条横贯东西的黄金水道,带动中上游腹地发展,促进中西部地区有序承接沿海产业转移,打造中国经济新的支撑带。"随后在十二届全国人大二次会议上,"依托黄金水道,建设长江经济带"被写入2014年的《政府工作报告》。2014年9月国务院发布《关于依托黄金水道推动长江经济带发展的指导意见》,自此长江经济带建设明确上升为国家战略。2016年3月25日,中共中央政治局召开会议,审议通过《长江经济带发展规划纲要》确立了长江经济带发展新格局。

长江经济带覆盖四川、云南、重庆、贵州、湖南、湖北、安徽、江西、江苏、浙江、上海等11省份的长江经济带,依托长江黄金水道的便利条件与长江三角洲地区形成强烈的辐射互动。便利的水陆空交通运输网络,使得长江上中游城市向全国、向世界的开放成为可能。"一带一路"即丝绸之路经济带(包括新疆、重庆、陕西、甘肃、宁夏、青海、内蒙古、黑龙江、吉林、辽宁、广西、云南、西藏13省、自治区、直辖市)和21世纪海上丝绸之路(包括上海、福建、广东、浙江、海南5省、直辖市)。倡议贯穿亚欧非大陆,旨在联通活跃的东亚经济圈和发达的欧洲经济圈,自提出就受到沿线各国领导人的积极响应。除了增设更多的传统的航海运输线路外,进一步打通欧亚大陆桥也是实现沿线省份对外开放的有效途径。现有的欧亚大陆桥和新欧亚大陆桥的建设使得海陆联运,缩短运输里程降低运输时间和运输成本的目标得以实现。新欧亚大陆桥的国内段陇海铁路和兰新铁路,以及近年来新开通的"渝新欧"、蓉欧、郑欧铁路货运线路,深入中国腹地,实现了内陆地区对外开放的重要门户和平台的联动对接,有效弥补了中国内陆城市远离沿海航运中心制造业发展缓慢、对外开放程度不高的不足。两者在促进国内全面开放与国际合作发展的目标相一致，共同推动着中国以更加开放的姿态融入世界经济一体化、全球化发展进程。

2. 整合形成海陆联动的空间发展布局

长江经济带辐射的范围侧重于长三角对长江沿岸的中西部省份的辐射作用。"一带一路"中的"一带"侧重于中国中部以及沿边地区与东南亚、中亚、欧洲各国之间以铁路陆路运输为主要纽带的贸易往来。"一路"则侧重于东部沿海城市与东南亚、欧洲各国之间，基于航海线路的开发以及提升航海货运技术的贸易往来。两者辐射的范围虽然各有侧重，但实则相互衔接相互促进。"一带一路"是在原有国内"T"形区域发展格局的基础上，增加了陆上丝绸之路经济带，形成"π"形格局，为进一步开放开发内陆地区提供了整体框架。"丝绸之路经济带"依托新欧亚大陆桥货运通道的国内段，旨在推动沿途的江苏、安徽、河南、山西、甘肃、新疆7个省、自治区经济的联动发展。相对于长三角、珠三角、环渤海沿海经济带而言，"丝绸之路经济带"沿线的产业关联程度较低，经济基础相对薄弱。"21世纪海上丝绸之路"则是依托海洋这条天然纽带，进一步强化东部沿海城市沟通国内，衔接海外的核心作用。由此可以看出，长江经济带与陆上丝绸之路经济带是中国"π"形区域发展轴线中贯穿东中西部地区的两大轴线，在促进中国区域经济平衡发展中占有重要的战略地位。

2015年3月发布的《推动共建丝绸之路经济带和21世纪海上丝绸之路的愿景与行动》中提出：利用长三角、珠三角、海峡西岸、环渤海等经济区开放程度高、经济实力强、辐射带动作用大的优势，加快推进中国（上海）自由贸易试验区建设。郑州、武汉、长沙、成都、南昌、合肥建设内陆开放型经济高地，云南建设面向南亚、东南亚的辐射中心，重庆建设西部开发开放重要支撑。这正好和长江经济带旨在发展长江沿岸的省市形成优势互补、合作共赢的目标相契合。重庆、云南和长三角城市群作为重要的节点城市，无论是在长江经济带发展战略还是在开展"一带一路"建设中均扮演着重要的角色。

"一带一路"为长江经济带中西段打开对外开放的窗口，长江经济带作为全国商品制造的重要阵地，也为"一带一路"海上运输、铁路运输提供丰富的贸易商品。丝绸之路经济带凭借中欧班列线路的不断扩展，已经形成了涵盖中国东中西地区主要城市的铁路运输网络。21世纪海上丝绸之路经济带则是从海上联通欧亚非，与中欧班列和长江经济带形成一个巨大的海陆交通运输闭环网络。

重庆、上海、浙江、云南、四川作为长江经济带和"一带一路"的重合地区，不仅促进区域经济平衡发展，且在区域经济联动发展上起到重要的枢纽作用。重庆、云南和四川作为中西部的重要城市可以作为重要的枢纽起到承接中西部城市与亚欧大陆之间陆路经济往来的重要据点。其中重庆无论是作为西部大开发的重点开发城市，还是作为长江经济带发展战略和"一带一路"建设实施的重要节点城市都扮演着重要的角色。随着惠普迁入重庆设厂，凭借"渝新欧"中欧班列的开通，重庆逐步形成电子信息产业的集聚。成都随着蓉欧铁路的开通，正朝着建成"成都国际铁路港"的目标前进。玉蒙铁路的开通，与昆玉铁路连接上，最直接的作用就是将滇中和滇南两个经济圈有机地串联在一起，为实现"云南百年梦想迈出重要一步"。与此同时中国还积极开展与泛亚铁路的其他线路的建设，目前已经与泰国就中泰铁路的建设达成协议，泛亚铁路东线的中越铁路大通道云南段已通车，泛亚铁路西线大理至保山段正加紧建设，泛亚铁路网已现雏形。

上海、浙江则作为衔接中部和东部城市与亚欧大陆海上经济往来的重要据点，一直以来都承担着国内经济向世界接轨的重任。上海作为国际经济、金融、航运、贸易中心无论是在长江经济带的发展中还是在"一带一路"实施中都扮演着"龙头"的角色。长江经济带的建设有利于上海的化工、冶金、建材等重化工业或其部分加工制造环节外移，"一带一路"实施则有利于拓展企业国际发展空间，消化国内过剩的产能。作为民营企业集聚地的浙江，长江经济带的建设推动了民间资本向长江上中游地区的流动，而"义新欧"班列的开通与宁波舟山港口的对接，形成铁路与航运货运网络的闭合回路。

中欧班列的开通、泛亚铁路的建设，与长江黄金水道和东部沿海港口城市的航运线路相互衔接，相互交织，共同构成中国"两带一路"闭环区域经济发展线路。"两带一路"有利于扩大整合整个中部地区的产业升级，其双向开放的属性，统筹沿海和沿边东西向开放，有利于进一步开拓中亚、西亚及欧洲市场。作为节点的重庆、上海、浙江、云南是两个战略之间互相呼应、相互促进的枢纽。"一带一路"为长江经济带中西段打开对外开放的窗口，长江经济带作为全国商品制造的重要阵地，也为"一带一路"海上运输铁路运输提供丰富的贸易商品。长江经济带与"一带一路"在空间布局上形成海陆联动的格局。

综合上述分析，我们可以认为长江经济带与"一带一路"在空间布局上是相契合的。铁路、水运、航运相互交织相互衔接共同形成中国对中亚、西亚、欧洲乃至世界的贸易运输的闭合网络。但是值得注意的是，这个闭合的网络是建立在海铁联运能够有效低成本的衔接基础上。因此加强海铁联运相互衔接的效率,积极开展港口城市的铁路线路的建设,减少海铁联运审批过程和手续是十分必要的。

3. 促进国际经济走廊与国内立体交通对接

《推动共建丝绸之路经济带和21世纪海上丝绸之路的愿景与行动》提出,丝绸之路经济带重点畅通中国至欧洲波罗的海,至波斯湾、地中海,至东南亚、南亚、印度洋,21世纪海上丝绸之路重点畅通中国沿海港口至欧洲,至南太平洋。"六廊六路多国多港"构成了"一带一路"主体框架,为"一带一路"建设合作提供了主要方向。

表1-1　　　　　　"一带一路"六大国际经济合作走廊

新亚欧大陆桥经济走廊	新亚欧大陆桥经济走廊由中国东部沿海向西延伸,经中国西北地区和中亚、俄罗斯抵达中东欧
中蒙俄经济走廊	将"丝绸之路经济带"同"欧亚经济联盟"、蒙古国"草原之路"倡议对接,打造中蒙俄经济走廊
中国—中亚—西亚经济走廊	由中国西北地区出境,向西经中亚至波斯湾、阿拉伯半岛和地中海沿岸,辐射中亚、西亚和北非有关国家
中国—中南半岛经济走廊	以中国西南为起点,连接中国和中南半岛各国,是中国与东盟扩大合作领域、提升合作层次的重要载体
中巴经济走廊	巴基斯坦喀喇昆仑公路升级改造二期、白沙瓦至卡拉奇高速公路,至瓜达尔港自由区
孟中印缅经济走廊	孟中印缅经济走廊连接东亚、南亚、东南亚三大次区域,沟通太平洋、印度洋两大海域

资料来源:作者整理。

形成内外开放的互动格局,需要关注国际走廊的国内段的衔接与建设,加强与国内腹地经济的联动。其中,长江经济带及其立体综合走廊是内外联通的关键。国务院《关于依托黄金水道推动长江经济带发展的指导意见》提出:要发挥长江三角洲地区对外开放引领作用,建设向西开放的国际大通道,加强与东南亚、南亚、中亚等国家的经济合作。加强与丝绸之路经济带的战略互动。其中包括提升云南向东南亚、南亚开放的通道功能和门户作用,建设孟中印缅、中老泰等国际运输通道建设。把四川培育成为连接丝绸之路经济带的重要纽带,重庆作为长江经济带西部中心枢纽发挥对丝绸之路经济带的战略支撑,同时发挥成都战略支点作用。连云港继续作为陆桥通道的桥头堡。江苏、浙江主要提升海上丝绸之路支撑能力。长江经济带重庆、云南、上海、浙江四个省份分别位于长江经济带的两端,且沿长江有多个节点城市,通过统筹沿海内陆开放,扩大沿边开放,加强与丝绸之路经济带、海上丝绸之路的衔接互动。

4. 促进长江经济带与"一带一路"沿线各国的产业合作

2012—2017年,长江经济带地区生产总值由23.86万亿元增加到37.38万亿元,年均增长8.6%。2017年长江经济带地区经济总量占全国经济总量的43.7%,较2016年提高0.6个百分点。在工业方面,长江经济带是中国最重要工业走廊,工业发展不断向中高端迈进,在近几年推进供给侧结构性改革中,各省份推动支柱产业集群升级换代,发展壮大新兴产业,逾20种工业产品的产量占全国比重超过40%。在农业方面,成都平原、江汉平原、洞庭湖区、鄱阳湖区、巢湖地区、杭嘉湖和太湖地区都是中国重要的商品粮基地。长江经济带,现代服务业迅猛发展,新动能、新业态加快成长,以网上购物、网络约车、网上订餐等为代表的新业态蓬勃兴起。2017年末,长江经济带各类市场主体总户数达到4 029.66万家,占全国的41.1%。网上零售额34 563.3亿元,占全国的48.2%。目前,长三角正培育形成五大世界级产业集群,将在电子信息、高端装备、汽车、家电、纺织服装领域,通过引导相关产业转移集聚,形成与资源环境承载力相适应的产业空间布局,培育具有国际先进水平的五大世界级产业集群。这些产业与产品,将成为长江经济带与"一带一路"沿线国家市场往来互动的重要动力与源头。

电子信息	高端装备	汽车产业	家电产业	纺织服装
上海、江苏、湖北、重庆、四川等省市集成电路设计、芯片、新型材料、封装测试产业	航空航天专用装备、高档数控机床、工业机器人、智能仪器仪表等智能制造装备	整车和关键零部件创新能力,推进新能源、智能化、工业联网化发展	推动家电产品智能技术、变频技术、节能环保技术、新材料与新能源应用、关键零部件升级	推动纺织服装设计、研发和贸易创新能力,推动区域纺织服装产业合理分工

图 1-1 长江经济带五大产业集群

资料来源:作者整理。

同时，在创新发展方面，长江经济带创新集聚度高且要素齐全。长江经济带相对于京津冀、西江—珠江流域、黄河流域等中国其他区域战略板块，是各类发展要素更齐全、创新与产业体系更完整、区域经济联系度更高的战略重心板块。长江经济带是中国创新驱动的重要创新策源地、产业发展地与市场消费地，对外开放程度高，创新资源丰富。长江经济带研发载体丰富且数量多，国家重点实验室、国家工程技术中心、"211工程"大学、国家级科研院所、研究与开发机构、高等学校数量在全国都处于领先水平，在研发创新方面也起到重要带头作用，专业技术人员数量多、质量优。

在地区与国家合作方面，中国已与4个国家或地区成立了产能合作基金。在地方层面，多地签署了产能合作方面的协议，或提出推进国际产能和装备制造合作的任务。位于长江经济带的江西、湖北、安徽、云南、江苏、四川、浙江、湖南、上海等省份均在其中。从《"一带一路"沿线国家产业合作报告》的"我国主要进出口国家和主要产品"分析可见，中国对"一带一路"沿线国家出口产品种类主要为机电机械机器产品，这些也是长江经济带的主要工业产品之一。且中国对"一带一路"沿线国家进口产品种类主要为矿产品，这些是长江经济带工业发展的重要原料。

三、贯通核心问题：降低物流运输成本

新一轮的全球化正在进入超级全球化阶段，一幅全世界范围内互联互通的超级版图正在形成[①]。互联互通下产业链、供应链的竞争力关键在于物流运输成本的比较。因此，"一带一路"与长江经济带贯通的首要、核心问题是如何降低物流运输成本，从而迎接新全球化趋势下的产业链与供应链调整。《推动共建丝绸之路经济带和21世纪海上丝绸之路的愿景与行动》中提出基础设施互联互通是"一带一路"建设的优先领域，以国际骨干通道建设，构建连接亚洲各次区域以及亚欧非之间的基础设施网络。同时，长江经济带交通运输结构布局无论在国内还是在整个欧亚大陆都具有重要战略意义。长江经济带区域内铁路及城市轨道里程达到3.95万千米，区域内高速公路里程达到5.36万千米，内河航道里程达到9.36万千米，高速公路里程占全国的39.3%，内河航道

---

① [美]帕拉格·康纳：《超级版图：全球供应链、超级城市与新商业文明的崛起》，崔传刚、周大昕译，2016年6月。

里程占全国的73.7%。长江经济带客货运量约占据全国半壁江山,2017年完成货物运输量204.5亿吨,占全国比重的42.6%;2017年完成客运量90.30亿人,占全国比重的48.8%。因此,降低物流运输成本是"一带一路"建设与长江经济带发展战略的贯通关键所在。

1. 物流成本是"开放门槛"

上一轮全球化是依靠海洋集装箱物流运输低成本带来的全球产业分工与经济发展,尤其促进了沿海经济地区的发展,可以说是海洋经济的全球化。随着经济发展的地域深入,内陆地区也迫切需要融入全球化体系,而制约内陆发展的重要障碍就是物流成本。譬如,随着改革开放的步伐逐渐加快,将生产成本视为重大优势的传统制造业,在人工成本与土地成本日益攀升的东部沿海地区,生产愈来愈难以为继。随着内陆地区海陆空交通网络枢纽的不断完善,远距离运输成本的不断下降恰好为传统制造业向中西部地区的转移创造了有利条件。产业由东部沿海地区向中西部地区转移带来的运输成本的增加,将被中西部地区较低的土地成本和人工成本所抵消。甚至由于长江经济带不断疏通水路航运,使得运输成本不断降低,产业的转移变得更加有利可图。与此同时,东部沿海地区产业的溢出也为其发展更高附加值的高端产业链腾出空间。"一带一路"建设和长江经济带发展战略的实施正是促进东中西部地区优势形成互补合作共赢的良好发展态势的推进器。

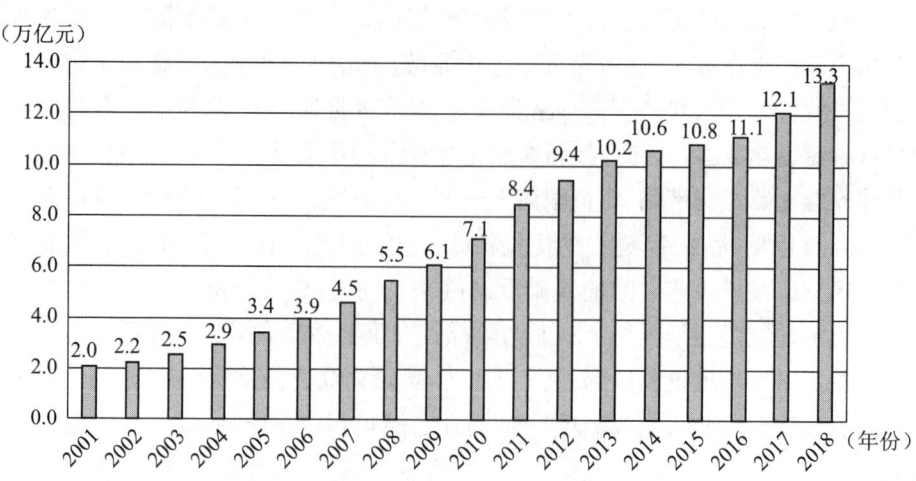

图1-2 中国物流业社会物流费用变化趋势

数据来源:国家统计局。

2. 中国综合物流成本仍偏高

中国的物流成本占比较高、高于海外发达国家。虽经过多年努力，中国物流费用有所降低，但占 GDP 的比重仍然较高。其主要原因，一则是由于经济结构特点，即第二产业占比仍处较高水平；另一则，是由于在运输模式、安全等方面也与先进国家存在一定差距，如美国多式联运（公铁、铁水等）较为发展，而在中国物流行业中的占比较低。同时，中国还存在地域间运输不平衡、标准化不足、货物运输结构不合理等问题。

第二章 "一带一路"与长江经济带贯通现状评估

"贯通"是"一带一路"建设与长江经济带发展战略实施中的共同关注的核心内容。我们结合对"一带一路"五通建设进展与长江经济带重大项目内容建设进展的评估，总结目前贯通建设的主要成效，发现贯通的瓶颈问题，作为贯通研究判断与分析基础。

一、"一带一路"五通建设的现况评估

2013年习近平主席向国际社会提出建设"一带一路"重大倡议。其中，促进与"一带一路"合作国家间的政策沟通、设施联通、贸易畅通、资金融通、民心相通，是"一带一路"建设重要内容、路径与方法。本研究通过对"一带一路"沿线各国政策沟通、设施联通、贸易畅通、资金融通、民心相通的建设进展情况总结，结合调研中发现的15项问题，提出加强"五通"建设协调性。

1. "一带一路"五通建设进展

第一，在政策沟通方面，多主体、多层次政策沟通机制与平台逐步形成。国家政府间建立沟通机制，加强有关国家政策协调。目前，"一带一路"政策沟通逐渐建立，丰富了国与国之间的沟通渠道。首先，从参与主体来看，政府是宏观政策沟通的主导者，同时社会组织、企业、个人等在政策沟通中也发挥着不可忽视的作用。其次，从沟通层次来看，国际间的政策沟通既包括国家之间的双边沟通和多边沟通，还包括经济体之间的内部协调和外部交流、部门和地区层面的国际交流，以及非政府层面的社会交流等多个层次。

第二，在设施联通方面，基础设施重大工程项目推进加快。"一带一路"建设以来，已有160余个国家和国际组织积极响应支持，推动了一大批重大合作项目建设。譬如，港口与航运服务方面，中国参与国际港口建设与经营，不断推动国际航运线路的优化与网络拓展，使得海上运输服务能够更好地覆盖"一带一路"沿线所有国家，大大促进了"一带一路"沿线国家的贸易便利性。同时，通过电信等基础设施的建设，使得更多的国家能够更快完成信息化。

第三,在贸易畅通方面,沿线国家成为中国贸易新增长点。中国同"一带一路"参与国大力推动贸易和投资便利化,不断改善营商环境。截至2022年5月,与"一带一路"沿线国家货物贸易额累计约11.8万亿美元,"一带一路"沿线国家贸易成为中国对外贸易的亮点和增长点。

第四,在资金融通方面,多形式的资金融通渠道初步形成。结合"一带一路"国家项目需求,中国同建设参及各国际金融组织开展多种形式的金融合作与融资业务。亚洲基础设施投资银行成员数由成立之初的57个增至84个,2016—2017年,为"一带一路"12个建设参与国的24个项目提供42亿美元贷款。至2017年底,丝路基金已经签约17个项目,承诺投资约70亿美元,支持的项目所涉及的总投资额达800多亿美元。金砖国家新开发银行已批准13个项目,涉金额33亿美元。开发性新型金融机制同世界银行等传统多边金融机构各有侧重、互为补充。中国正在推动提升"一带一路"倡议下跨境贸易结算中人民币的使用。从直接投资看,2013—2018年,中国对"一带一路"沿线国家的直接投资超过900亿美元,完成对外承包工程超过4 000亿美元营业额。

第五,在民心相通方面,民间交流往来明显提升,文化认知度提高。在科学、教育、文化、卫生、民间交往等各领域广泛开展合作,开展智力丝绸之路、健康丝绸之路等建设。各地区积极传承和弘扬丝绸之路友好合作精神,开展城市交流,互结友好城市,实现教育国际化,为深化文化交流奠定了坚实的基础。

2. "五通建设"中存在的问题

"五通建设"取得重大进展,但也存在不少问题,对此我们总结如下,这些问题是在国际交流与调查研究中经常会被提及,需要重点关注解决。

(1) 政策沟通问题

第一,"一带一路"被过度"政治化",导致项目成本与风险上升。"一带一路"建设仍被不少沿线国家、机构仍认为是中国的政治任务。项目过度政治化带来的后果是:一是沿线国家谈判中往往会提高要价;二是在多党民主制国家中,项目成为反对党或极端民族主义的攻击靶子;三是被海外西方国家炒作夸大,贴标签,对于项目造成负面影响。中泰铁路"一波三折",虽2017年底正式动工,但成本代价已升高。在中东欧也存在经贸合作项目的政治化倾向与媒体舆论的负面软环境影响。

第二,政策沟通期望与实际落地见效存在差距。自从"一带一路"被正式提出后,各地方、部门去"一带一路"调研考察增多,这对于增进交流是好事,但每个代表团几乎都要全面阐述"一带一路"的重大意义,听上去差别不大,重点也不突出。某些合作方向达成一定意向,但无下文,积极落实的项目非常有限,与日本等其他国家比较优势欠缺,良好的投资者形象还未完全形成,甚至被贴上不实标签。

(2)设施联通问题

"一带一路"设施联通最终目的有三个:一是促进沿线国家经济发展,通过修路促进发展、促进投资、促进贸易,这是最根本的;二是为了便利中国与沿线国家的物流,促进双边或多边贸易,这是互惠的;三是服务投资贸易旅游等产业发展中的人员往来,这是需要衍生支撑的。目前,"一带一路"设施联通主要处于布局与建设阶段,在项目的选址、协议、建设等环节关注较多,但随着项目的陆续建成,原设想中所带来的发展功能及与国内经济的联动是否能衔接,直接关系设施联通后的成效问题。从现有情况看确实存在联动发展的脱节隐忧。

一是国际通道与国内枢纽的联通效率具有提高空间。目前,中欧班列是对接国际通道运输的重要方式。各地方对接"一带一路",开通中欧班列的积极性很高,中欧班列的开行数量高速增长。中欧班列开行数量在2017年爆发式增长,当年开行数量达3 271列(相当于前5年开行班列的总和)。《中欧班列建设发展规划(2016—2020年)》提出,到2020年,中欧班列年开行达到5 000列左右,从绝对数量而言,届时可达到预定目标。中欧班列运营中,要解决突出环节问题有:第一,通关对接与铁路换装、集拼装问题。沿途各国家轨距标准不一,中欧班列途中需要换轨两次,降低通行效率,增加物流成本。第二,进一步增加返程货物问题。各个城市中欧班列的"去程"主要产品是汽车、电子产品及相关零部件等高附加值。如苏州"苏满欧"班列运输中,液晶显示屏、电源板等电子产品占出口总金额的51.37%。2016—2017年,中欧班列的返程空箱率有了明显下降,返程货物种类逐渐丰富。第三,中欧班列运营的政府补贴问题。由于接轨与空箱问题,导致目前中欧班列仍亏损开行,需要政府补贴。据调查统计,2017年广东省计划总补贴量为8 721万元,其中广州市为3 251万元,东莞市为5 470万元。每列的补贴成本约60万元[①]。第四,国内中欧班列开设的协调难题。目前,中欧班列开设主要由各个城市的地方政府提出,虽"一带一路"调动了地方积极性,但由于缺少统一协调,各内陆城市为

---

① 李果:《2017中欧班列报告:35城市共开行3 271列 未来将转向"高质量"》,《21世纪经济报道》2018年1月3日。

争夺中欧铁路通道起点,内部过度竞争,国外抬高运价,政府不计成本补贴。中欧班列之间缺少拼装协调,货源分散,导致铁路资源的浪费。第五,国内缺少对接国际通道的铁路枢纽港。上海洋山港可以说是 21 世纪海上丝路国际货运中转的枢纽港,但是面对中亚、欧洲的陆路国际通道,我们还没有建立起可以具有多式联运功能的内陆枢纽港,国内枢纽的规划滞后国际通道的建设。

二是产业项目与基础项目不联动,各自为政缺少协同。目前国家层面的政策沟通,主要是聚焦落实在设施联通的基础设施项目,主要由国有企业落地实施。但在基础设施建设过程中,如何与产业项目、园区项目的跟进形成合力,这个问题还有待解决。目前,中国刚开始重视这个问题。这个问题表现在:第一,未形成产业项目或园区项目随基础设施项目跟进的有效模式。产业项目、园区项目、基础设施项目目前主要还是各自为政,在一个国家或一个区域内没有形成合力,反而留下"乱"的印象。境外园区建设参差不齐。有些缺乏园区管理方面的国际人才;很多园区因为运作能力比较弱,入驻企业不多或者入驻企业效益不佳,没有发挥"走出去"的带动效应。第二,沿线国家投资项目存在内部竞争,没有抱团协调机制。对于沿线"一带一路"国家发布的建设项目,国内国有企业与民营企业之间存在竞争,国有企业之间存在竞争甚至隶属不同集团的国有企业之间为拿项目也会有竞争。三是民间项目与国有项目之间的协调渠道少。中国民营资本、民营企业家在"一带一路"沿线有些已有投资布局,有些投资热情很高,但是民间项目、民间资本不容易进入"国家队"。譬如,上海民营企业达之路集团在吉布提租借到 100 多平方千米 90 年到 99 年不等的土地,双方同意建设经济特区,这些潜力若与其他项目形成合力,成效会更大。上述问题的根本是中国中观产业组织模式的不成熟问题。中国在单个领域、单个企业都具备了市场化能力,但是产业与产业之间、企业与企业之间的协作却没有形成相应的范式、模式。相对而言,日本的财团模式较好解决了这个问题。譬如 2012 年年底日本和缅甸签署协议联合开发迪洛瓦经济特区后,缅甸九家股份公司联合体与三菱、丸红、住友等日本财团合作建设。2015 年该经济特区建成投用,前期即成功引进日本企业为主入驻,形成规模效应,其他国家企业陆续跟进。迪洛瓦经济特区最早是中国对缅甸的援助规划项目,最后却由日本承接,并在短期内实现成功运营。

(3) 贸易畅通问题

一是"一带一路"沿线国家不满对中贸易逆差的扩大。虽然,中国与"一带一路"沿线国家贸易增长快速,但总体看是中国顺差,而"一带一路"国家对中国呈现逆差,逆差国数量远大于顺差国。2011—2015年,中国与沿线国家的贸易顺差额逐渐扩大。2015年顺差额为2 262.4亿美元,较2014年增加47.2%,是2011年的16倍;2016年顺差额为2 213.7亿美元。2016年,中国与52个国家贸易顺差,其中与印度的顺差额最大,达470.7亿美元;与12个国家贸易逆差,其中与马来西亚的逆差额最大,达109.0亿美元,其余国家逆差主要是中国进口原油所致。"一带一路"沿线国家以发展国家为主,其对中国的贸易逆差,意味着本国产品竞争力、就业及外汇流失,贸易逆差的普遍、长期并扩大趋势,使得沿线国家对于中国贸易畅通政策颇有疑虑。

二是中国企业在当地的生产经营存在负面影响遗留。企业生产经营、商品质量、用工问题经常成为争议焦点,甚至成为所在国的政治议题。在部分国家,中国民营企业早期进入的产品质量差。譬如摩托车制造行业,中国进入早但缺少品质、品牌,由此失去市场,并留下负面印象。在越南调研座谈中了解到,主要问题是部分项目进行层层分包,利益被层层攫取,最后工程质量难以保证。此外,中资企业习惯于在国内凭经验管理和运作,缺乏质量和技术标准,还是国内早期原始模式,这与日资企业和韩资企业在越南的经营模式不一样。"一带一路"沿线国家缺少熟练的技术工人与中国技术工人难以获得工作签证,成为用工问题中的重要矛盾。

(4) 资金融通问题

"一带一路"建设资金融通主要包括两个方面:一是中国主动供给的建设资金。这包括开发性金融和为重大工程提供的专案性融资。在这个方面,"一带一路"作为长期规划的资金需求和缺口是巨大的。《2017年亚太资产管理发展趋势与展望》报告显示,2017—2020年间,"一带一路"相关国家(地区)累计基础设施投资总额将达到5.2万亿到7.3万亿美元,年均投资额为1.3万亿到1.8万亿美元。二是企业投资贸易的资金往来与投融资需求。由于沿线国家发展程度不一,这方面也存在资金融通瓶颈与困难。

第一,可持续的"一带一路"建设国际资本循环尚未形成。"一带一路"建设大规模的资金融通机制,需要有一个国际资本循环机制予以支撑。20世纪50年代,美国的马歇尔计划建立在美元作为国际货币的资金融通与国际资本循环基础上的。中国大力推进"一带一路"建设,目前仍主要依托以"美元"为主的国际资本循环体系,"一带一路"建设资金主要来自官方储备的美元,方式包括向丝路基金、亚投行注资,经"委贷办"向国开行、进出口银行转贷等,包括双边货币互换协议也是允许互换的对手方购买美元或欧元,获取人民币互换安排的最终目的是确保获得美元的流动性。这样的做法在前期问题不大,但规模增加后必然会带来与外汇储备管理难题及国内资本大规模流出问题。补充或平衡的方式有三条路:一是人民币国际化;二是利用境外资本市场进行国际化融资;三是利用所在国的本土金融市场融资。人民币国际化需要积极推进,但尚需时日。从双边货币互换协看,目前签的多,用的少。中国已经与超过 30 个国家达成了货币互换协议,合计最高金额达到 3.33 万亿元人民币(约合 4 900 亿美元),但使用情况案例却少。其中,蒙古国用了 110 亿元,并认为利率过高。跨境贸易,特别是投资中人民币使用量约占 20%,有提升空间。境外资本市场的国际化融资在"一带一路"项目上还没有成体系,除了大型国有企业项目外,大部分中资企业项目还缺少渠道与服务。而所在国的本土金融市场融资难度也很高。

第二,多数沿线国家金融市场发育滞后,就地融资难。"一带一路"区域内的国家多为新兴经济体国家,资本市场发展较为迟缓,应对外来冲击能力较弱,但金融业的对外开放却相对较快,汇率波动大,很多国家没有完整金融市场体系。由于经济不稳定、通货膨胀等因素,有超过 10 个国家的资金贷款利率超过 10%,有些接近 20%(乌兹别克斯坦为 20%,蒙古国为 15%,阿塞拜疆为 15%,伊朗为 15%),基本相当于中国 20 世纪 90 年代的发展初期。同时,中国海外金融服务滞后,存在海外金融机构服务网点少、海外资金周转面临困难等问题。

三是面临其他国际融资渠道的低成本资金竞争问题。虽然中国国内资金相对充裕,但中国企业与项目的融资成本在国际上仍偏高,尤其相对于日本、欧美、新加坡等企业的融资成本。以市场基准利率参考,人民币银行间 1 年期拆借利率(4.40%,2017 年 8 月),远高于同期美元(1.73%)、日元(0.112 3%)、英镑(0.594 9%)、欧元(−0.204 7%),这里可能有部分货币升贬值因素,但总体人民币是最高的。这使得国内企业对外投资合作与项目竞标中的资金成本偏高。日本企业与中国企业在东南亚围绕铁路项目展开了激烈的订单竞争,其中资金成本优势成为其最大的竞争优势。譬如,日方向印度高铁项目提供了超过万亿日元的低息贷款(利率只有 0.1%),还款时间为 50 年。中国国有企业重大项目有国家"一带一路"专项贷款一定支持,一般可以控制在利率 3%左右,但成本仍比不过日资财团。民资企业一般享受不到国家优惠贷款,往往是从国内商业银行做一年期流动资金贷款,通过担保公司,利率上浮,加上银行要求的一比一承兑汇票,贷款实际利率超过 12%,比国家开发银行 8 年期、

3%的贷款利率高出4倍。

四是企业投融资资金进出"出去慢、回来难"。企业海外运营在资金进出方面的瓶颈是"出去慢、回来难"。"出去慢"是因为中国企业在投资"一带一路"国家时,需要主管部门的批准或需履行备案或登记手续,需要取得三个主管部门的核准、备案或登记,包括国家发展和改革委员会或地方发展和改革委员会的核准或备案、商务部或地方商务部门的核准或备案,以及国家外汇管理局地方分局的外汇登记手续。审批手续流程时间长,加上2016—2017年对于资本外流的严格监管,耽误了部分正常投资的进出,为此不少企业海外投资的注册资本金到账受到延误,影响企业在东道国的声誉。2018年国家发改委施行新版《企业境外投资管理办法》,情况有望好转。"回来难"是因为"一带一路"发展中国家,对于外汇管制还没放松,也有的是因为受到税收、结算体系的影响,海外收入及利润无法汇回国内总部,只能跟当地公司结算。有的企业在国外赚的钱却只能通过香港分公司接受外汇,放在海外市场进行二次投资,无形中增加了成本,也助长地下钱庄等灰色渠道。

(5)民心相通问题

一是民心相通受到负面民间舆论的干扰。"一带一路"沿线国家的不同利益集团、党派政治、民间组织、媒体报道、政客学者都不时有对"一带一路"建设发表负面的看法观点。对同一问题持有和发表不同意见在大多数国家属于常态,但有时由于影响力大,或没有相反方的澄清说明,容易带来所在国民间舆论很大反响,左右民众的判断,成为民心相通的绊脚石。

二是"一带一路"的宗教影响重视程度还不足。"一带一路"沿线国家历史上一直是伊斯兰、斯拉夫、汉蒙、印度、佛教五大文明的融合带、三大宗教的交汇博弈场所。宗教在"一带一路"沿线国家有着非常完整的分布格局。宗教本身不是风险,但在一定条件下可能会与政治、经济、社会等因素相互交织,成为各种矛盾冲突的爆发点。

三是"语言""信息"仍是民心沟通的重要障碍。民心沟通需要有"听得懂的语言"、需要能"听得到信息"。目前,这两项基础性"软工程"在"一带一路"沿线国家的布局、推广重视程度远低于基础设施的布局。没有民心相通"软工程"跟进,"一带一路"会趋于离心化。在"一带一路"沿线国家与中国的贸易量中,以英语、阿语、俄语、中文为官方语言的国家的贸易量占总贸易量的58%,其他语种国家的贸易量占总贸易量的42%。目前,"一带一路"沿线国家学习中文,了解中国信息的需求很大,但是学习、了解的渠道却跟不上。

二、长江经济带发展战略实施现况评估

长江经济带发展战略实施以来,沿江 11 省份和国务院有关部门对此项工作高度重视,成立了推进"长江经济带发展"领导小组及办公室,主要领导同志任组长,并结合本地实际,制定了一批实施意见和行动方案。交通运输部、水利部、商务部、科技部、人民银行、海关总署、国家铁路局等部门通力配合,加大部门负责工作的推进力度,使看得准、有共识、能见效的重大项目取得积极进展。

1. 长江经济带发展战略实施推进情况

第一,长江整体航运能力快速提升,江海联运、干支通达的黄金水道功能初步显现。一是加快提升长江干线航道等级。南京以下 12.5 米深水航道二期工程正式试运行,对国内外船舶开放航行。荆江河段航道治理工程交付使用。验收结果显示,该河段枯水期最低维护水深提高 3.8 米,3 000 吨级货船组成的万吨船队实现昼夜双向通航。湖北宜昌至昌门溪河段等航道整治工程二期、重庆九龙坡至朝天门河段、长江口南坝田拦沙堤加高工程等项目均已开工建设。二是加快改善支线通航条件。长 21.2 千米的锡溧漕河常州段三级航道整治工程正式竣工通航。上海大芦线航道整治二期工程、湖北汉江碾盘山至兴隆段航道整治工程等项目进展顺利。湘江二级航道二期工程、赣江新干航电枢纽、岷江犍为航电枢纽等已完成项目审批,均已开工。京杭运河浙江段三级航道整治加快推进。三是不断优化港口功能布局。重点加快上海国际航运中心、武汉长江中游航运中心和重庆长江上游航运中心及南京区域性航运物流中心建设。四是推进形成港口集疏运体系。加快铁路、高等级公路与重要港区的连接线建设,基本建成重庆港果园港区专用铁路苏州港太仓港区疏港高速等工程,开工建设了宁波—舟山港金塘港区疏港公路、南京龙潭港区疏港公路改扩建、马鞍山郑蒲港铁路等重点项目,继续推进沪通铁路支线进外高桥港区工程建设。

第二,建设综合立体交通走廊规划体系基本完成,各种运输方式衔接和集成状况好转。一是推进高速铁路等重大基础设施建设。东西方向上沪昆、沪蓉、川藏、九景衢、沪通铁路项目进展顺利。郑州至万州铁路、商丘至杭州铁路已开工建设。南北方向上合肥至福州铁路建成通车,成都至贵阳、重庆至贵阳、南昌至赣州、蒙西至华中铁路煤运通道等项目均顺利完成。南阳至南宁、

重庆至昆明、合肥至九江、赣州至深圳、徐宿淮盐等铁路项目前期工作加快推进。二是进一步完善高等级公路网络。沪汉蓉、沪昆高速等干线全线通车。各省份内的高速公路网建设也在加紧进行。贵州实现了"县县通高速"。三是合理布局机场网络建设。实施上海浦东、昆明长水等枢纽机场改扩建，以上海浦东机场、虹桥机场为核心的长三角世界级机场群加快建设。四是加快油气管道建设。成渝城市群、长江中游城市群长江三角洲城市群的油气管网连接工作正在推进。綦江至重庆成品油管道已投入使用。永川至双桥等天然气管道通气正式运行。中石油西气东输三线、中石化成品油管道二期等工程进展顺利，如东经海门至崇明岛天然气管道全面建成通气。五是努力推进多式联运。2015年下发《关于开展多式联运示范工程的通知》，明确表明中国加快多式联运的建设目标。2018年，印发的《深入推进长江经济带多式联运发展三年行动计划》，提出以江海直达、江海联运、铁水联运等为重点，加快推进长江经济带多式联运发展。

第三，推进沿江地区产业有序转移，一些地方由要素驱动向创新驱动转变。一是引导产业有序转移。上海按照市场化运作方式，有序推进产业外移，安徽皖江、江西赣南、湖北荆州、湖南湘南、重庆沿江、四川广安等地承接产业初具规模。云南瑞丽国家重点开发开放试验区引进了北汽瑞丽整车生产等一批项目。贵安新区主动加强与珠三角、长三角地区的经济联系，承接产业转移江苏省通过搭建新平台，推进沿江产业跨区域深度合作，引导产业向安徽等长江中上游地区有序转移。二是努力培育世界级产业集群。目前上海已形成集成电路和生物医药等新兴产业集群；江苏新材料、节能环保、医药、软件、新能源海工装备等产业规模均居全国第一。一批符合产业发展方向和具有广阔发展前景的电子信息、生物医药、高端装备、新能源、新材料等优势特色产业发展势头良好。浙江、上海、重庆、湖北、江西等地研发设计、互联网产业正加快向高端产业聚集。

第四，探索具有长江流域特点和地域特色的新型城镇化发展道路，创新城镇化发展体制机制。按照沿江集聚、组团发展、因地制宜的思路，长江经济带城镇化发展质量进一步提高。长三角城市群、长江中游城市群、成渝城市群进入协同发展阶段，长江中游城市群发展规划已经批准实施，长三角城市群和成渝城市群规划已完成编制。武汉、长沙、南昌、合肥四市签署了《长江中游城市群战略合作协议》，推动资源优势互补、产业分工协作和城市互动合作，成渝城市群一体化建设进展顺利，双引擎带动和支撑作用日益突出。

第五，进一步形成对外开放新优势，加强长江经济带战略与"一带一路"建设联动。各省份主动与"一带一路"建设对接，初步形成了与"一带一路"建设呼应联动的新开放格局，进一步发挥长三角在全国对外开放中的引领作用。上海等自由贸易试验区结合各自功能定位和特色特点，全力推进制度创新实践，形成改革试点经验。上海自贸区临港新片区获批，将打造更加自由开放的特殊经济功能区。浙江、江苏发挥国际航运、国际金融、门户城市的作用，培育全方位对内对外开放新优势，通过发展跨境电子商务和加强口岸、港口建设，积极扩大出口，引导消费回流。云南加紧建设面向南亚东南亚辐射中心，瑞丽和勐腊两个重点开发开放试验区建设进展顺利，中老、中越、中缅等跨境经济合作区稳步推进，推进中国-老挝跨境经济合作区共同总体方案。

第六，着力打破行政区划界限和壁垒，推动形成流域带动区域协调发展、协同发展、联动发展的体制机制。11个省份和有关部委探索打破行政区划界限和壁垒，着力建立区域合作机制。国务院发布《长江三角洲区域一体化发展规划纲要》，三省一市分别出台实施意见，长三角生态绿色一体化发展示范区正式挂牌。湖北、湖南、江西三省签署了长江中游城市群战略合作协议；重庆与四川签署成渝城市群备忘录；四川与云南、贵州、重庆等签署省际战略合作框架协议，积极推进区域产业合作、城市群共建。

2. 当前长江经济带建设面临的主要问题

第一，相关规划衔接度不够，战略整体性和系统性有待增高。一是长江经济带战略与"一带一路"建设衔接有待加强。长江经济带发展战略与"一带一路"建设的衔接方式、项目重点时序等需要在国家层面进行统筹，增强规划衔接性。二是各类规划衔接度不够。存在国家规划、区域规划和专项规划之间衔接不够问题，个别区域规划难以落地。各省份之间区域规划和建设进程不衔接，部分电站过船设施建设启动建设缓慢，高等级航道只能区段通航，港口建设缺乏统一规划存在重复建设、无序竞争问题。三是规划重点协调性不够。在长江经济带发展战略下，相关省份重视重大项目建设，在科学规划、突出重点、有序推进方面需注意协调，农村公路建设等需进一步加强。

第二，相关政策措施精准性和协同性有待增强。一是国家战略部署与项目、资金安排衔接需加强。在财政、金融、用地等方面，尚未提出分区域、分种类措施。国家建立了综合立体交通走廊项目中央预算内补助专项，但盘子较小，补助范围较偏窄。边境开发开放试验区基础设施建设方面，除每年1亿元资金支持外,土地建设指标、基础设施建设方面支持力度弱。二是政策精准性有待完善。在推进船型标准化中,中央和地方各项财政补贴不一致,如:淘汰老旧船舶时补贴标准不统一;内河港口与海港收费标准不一致,导致港航物流运营成本偏高。一些地区蓄滞洪区标准过时,影响土地供给。三峡大坝建成后,湖北荆江河段防洪形势有了根本性改善,而荆江分蓄洪区标准未做相应调整,区域内土地供应日趋紧张,承接产业转移示范区发展空间受限。上海启运港退税试点有待扩大,退税效率应进一步提高,适用启运港政策的企业与港口条件过于严格,不利于将洋山港打造成具有国际竞争力的枢纽港。三是上中下游推进新型城镇化的土地政策与财政政策的协同性有待提升。在长江经济带内,人口向下游流动聚集趋势没有改变,产业向中上游转移趋势正在加速,现有的土地管理制度和财政政策难以适应新型城镇化的要求。以县域为单元进行土地流转,难以破解省内土地供应能力与经济发展空间不匹配的矛盾;城乡建设用地、工业和商贸用地等不同类型不同属性的用地转换的机制不灵活;农业人口市民化的人地挂钩政策以及成本分担机制亟待建立。

第三,流域一体化发展仍存在体制机制障碍。一是跨行政区协调协同共同推进的体制机制尚未形成。产业协同发展、生态环境保护治理、市场要素自由流动等方面的显性和隐性的门槛依然存在。针对长江水源保护的长效机制全流域生态环境保护和治理的生态补偿机制尚未建立。西部贫困地区铁路建设中过多重视营利性,公益性强调不足。二是一些重要领域的改革尚需加快推进。其一,新的投融资机制尚未建立,基础设施建设资金存在"断档期"。地方政府规划的重大项目如长江支流航道整治、城际铁路建设等项目,受地方债务平台整顿影响,地方财政很难全部承担,目前以PPP模式引入社会资本参与,但大多数基础设施项目投资周期长、回报率偏低,对社会资本吸引力不大。特别是上游云贵川渝四省份财政底子薄、基础设施建设成本偏高、市场化融资渠道不畅。其二,前置审批流程复杂,环节多、流程长。2014年12月国家出台了《精简审批事项规范中介服务实行企业投资项目网上并联核准制度的工作方案》(国办发〔2014〕59号),目前看对其执行情况不尽理想。如浙江反映京杭运河整治项目,水利部太湖流域管理局需要对水利工程统一规划书做前置审批,仅此项办理用时约7个月时间。其三,铁路投资、建设、运营管理等方面的权责利关系不尽合理。

第四,一些重大任务和重大工程进展不快。一是生态环境保护与治理工程有待加快推进。随着长江上游干支流控制性水利水电工程的陆续建成投运,水库蓄泄调度导致长江中下游水文发生变化,江湖关系呈现新情形。在水库汛后蓄水期,洞庭湖、鄱阳湖出流加快,出现枯水期提前、枯水历时延长、枯水位降低的状况,影响长江中下游地区供水及生态安全。鄱阳湖近几年丰水期水面达3200平方千米,枯水期不足526平方千米,对生产生活和生态影响极大。二是综合立体交通体系依然薄弱,长江黄金水道潜能有待进一步发挥。多式联运发展滞后,江海联运亟待加强。江苏北江铁路建设薄弱。港口集疏运体系不完善,铁水、公水衔接不畅,集装箱铁水联运比重不足2%。三峡的过闸能力已超过1亿吨的设计能力,过坝能力不足制约长江黄金水道功能的发挥。嘉陵江、乌江、金沙江等支流的航道能力等级相对较弱,致使三峡过坝船只的排队拥挤现象更加严重。过闸船舶大幅增长,导致待闸时间由过去的平均40多个小时延长至90多小时或更久,严重影响鄂渝航向的大宗货物运输。三是全流域的产业转型升级任务依然艰巨。长江经济带产业规模大、集聚度高,大多处于价值链中低端,自主创新能力不强,缺少核心技术和自主品牌,尚处于以要素和投资驱动为主的阶段。长江上中下游要素禀赋优势存在很大差异。目前来看,符合上中下游资源状况的产业转型升级的定位、路径及重点任务尚需进一步明确。

第五,长江全流域联动合作机制尚未形成,缺乏强有力的推进机构及协调机制。一是现有协调机构工作力度有待加强。现有区域合作机制较为松散,各省份推动区域合作多是依托双边的战略合作协商和既有的区域合作平台,缺乏具有整体性、专业性和协调性的合作平台,长江全流域的协商合作机制尚未建立。例如,长江上游干支流上布局的控制性水利水电工程总调节库容近1000亿立方米,总防洪库容约570亿立方米,由于影响因素复杂、环节较多、利益交织以及工程运行管理等难题,联合调度管理面临新的挑战。二是地方本位意识阻碍区域一体化进程。各省份间行政壁垒和障碍依然存在,区域一体化的市场体系尚未形成,要素合理流动仍然受限。长江经济带有地市级政府100多个,部分地区存在追求局部利益最大化的倾向,产业规划、港口布局、基础设施建设、招商引资等方面存在重复建设问题。现有长江流域水事务管理涉及众多部门,条块分割现象严重,流域管理与行政区域管理的职能划分与结合尚需进一步明确和落实。三是全流域产业协调联动发展的布局尚未形成。从沿江产业发展来看,各地区产业发展各自为政,自成体系,缺乏有效合理的产业协同发展体系,从而导致地区间产业趋同现象严重,往往几个地区都将同一个或几个产业列为发展重点,在产业资源争夺、承接产业梯度转移等方面存在激烈竞争,甚至是恶性竞争。如上海、南京、武汉、十堰、芜湖、南昌、重庆成都等地都将汽车作为重点发展产业。

三、长江经济带与"一带一路"贯通发展态势

长江经济带发展取得历史性成就,经济保持持续健康发展,综合运输大通道加速形成,对外开放水平大幅提高。共建"一带一路"取得丰硕成果。两大建设取得了长足发展,为融合发展奠定了一定基础。

1. 长江经济带多式联运功能初步显现

第一,长江黄金水道航运能力不断提升。长江干线航道系统治理加快,下游航道整治浚深,支流通航条件改善,港口功能布局进一步优化,集疏运体系建设初见成效。通航能力提升明显,南京以下12.5米深水航道正式运行,荆江河段航道治理工程顺利完成,长江中游"中梗阻"初步打通。船型标准化取得积极进展,武汉至洋山江海直达1 140集装箱示范船投入运营。2020年长江经济带GDP总量占全国比重达到46.6%,长江干线年货物通过量达30亿吨,较2015年增长了40%。

第二,综合立体交通走廊体系初步形成。一是高速铁路基本形成东西、南北纵横交错分布格局。截至2020年11月,长江经济带铁路、高铁通车里程分别达4.37万、1.54万千米,较2015年增加9 120、7 824千米。二是高等级公路网络不断完善。2020年长江经济带高速公路里程达到6.37万千米,比2015年新增1.55万千米。三是网络化航空体系建设持续推动。长江经济带致力打造以上海国际航空枢纽和重庆、成都、昆明、贵阳、长沙、武汉、南京、杭州等区域航空枢纽为核心的民用航空网,总体运输能力不断加强。其中开通民航业务的机场数量达86个,航空客运、货运总量全国占比超过40%,特别是上海作为长江经济带最东部的领头羊,其航空业主导优势明显。四是多式联运体系逐步形成。多式联运示范工程建设不断推进,各省份有序推进三批次国家多式联运示范工程建设,加快培育多式联运工程项目。水陆联运业务增长迅速,各地加大运输结构调整力度,强化多式联运扶持政策落实,进一步发挥水运优势,着力优化运输网络结构、提升运输整体效能。江海河联运功能布局优化,江海联运配套设施建设加快。

2. "一带一路"多条国际通道持续推进

一是中欧班列成为国际多式联运的标杆项目。中国开行中欧班列城市超60座,其中西安、重庆、成都、3个城市年开行量均超过2 000列。日前,重庆、成都中欧班列开通南向通道,实现"东南亚—广西北部湾港—重庆国际铁路枢纽—欧洲"国际中转。中欧班列的开通大大改善了内陆城市的货运运输条件,成为联通"一带一路"重要国际通道。

二是多条国际战略通道有序推进。中巴经济走廊的喀喇昆仑公路二期升级改造项目、瓜达尔东湾快速路、"苏木段"高速公路等重大项目陆续施工完成。中老昆(明)万(象)铁路重点工程——国内玉磨段铁路南联山隧道贯通。皎漂港、中缅铁路等项目启动推进,将成为中国链接东南亚、南亚地区的国际大通道。北极航线的开辟,也为中国推进与俄罗斯以及东北亚地区合作带来新契机。中新南向通道(北部湾—重庆)从2017年开行48列,增长到2019年的923列,成为通往新加坡及东盟主要通道,进而辐射南亚、中东、澳大利亚等区域的复合型国际贸易物流通道。

3. 两大战略贯通发展载体不断涌现

一是搭建多个与"一带一路"贯通的新载体。上海的进口博览会、江苏的中哈(连云港)物流合作基地、浙江的义乌内陆港、江西景德镇国家陶瓷文化传承创新试验区、云南瑞丽国家重点开发开放试验区等新载体不断涌现,为推动长江经济带与"一带一路"融合发展提供了新载体,推动与"一带一路"沿线国家的投资贸易。2013年至2019年,中国与"一带一路"沿线国家货物贸易进出口总额从1.04万亿美元增至1.34万亿美元。

二是设立多个自贸区推动更高层次开放。至2020年,国家先后审批设立了21个自贸区,在促进区域经济发展的同时,对"一带一路"和长江经济带建设起到融合促进作用。在长江经济带11个省份中有上海、浙江、湖北、重庆、四川、江苏、云南、湖南和安徽9个省份设立自贸区,为推动长江经济带进一步对外开放,并与"一带一路"融合发展提供了重要的抓手。

四、长江经济带与"一带一路"贯通存在的问题

从融合发展角度,长江经济带发展与"一带一路"建设还存在"两个脱节",即"一带一路"建设和国内城市的关系脱节,长江经济带与"一带一路"的产地

和通道关系脱节。主要表现在以下几方面：

1. 落实缺乏统筹，集成有待提升

两者落实尚未实现高度统筹发展，缺乏系统集成。主要表现为：一是两者各自推进，缺乏系统布局。长江经济带黄金水道、沿江铁路与"一带一路"通道之间的关系没有系统布局，尚未形成以枢纽港、中欧班列、多式联运的链接枢纽与支点格局。二是各省份在落实中缺少横向合作。自"一带一路"倡议提出以来，据不完全统计，全国27个省份都先后争做"一带一路"的重要节点。沿海城市海上丝绸之路枢纽港的定位争夺更为激烈。从北向南，大连、天津、青岛、连云港、上海、宁波、厦门、深圳、海口等城市纷纷提出打造贸易物流枢纽、区域性国际航运中心等规划。

2. 融合发展的设施贯通体系有待进一步完善

长江经济带发展与"一带一路"建设的贯通融合，需要基础设施互联互通先行，为政策沟通、贸易畅通、资金融通、民心相通提供硬件支撑。目前，长江经济带立体综合体系和国内与国际通道对接有待进一步完善。

第一，国内大流通体系尚未建成。一是基础设施建设对国内大流通体系支撑不足。中国规划建设"八纵八横"高速铁路网，即以沿海、京沪等"八纵"通道和陆桥、沿江等"八横"通道为主干，城际铁路为补充的高速铁路网。"八纵八横"高速铁路网可实现相邻大中城市间1—4小时交通圈、城市群内0.5—2小时交通圈，更多基于人流考虑，而对货物流通有待进一步支撑，特别是横向铁路网对货流支撑不足。同时，国内流通体系还存在数字化基础设施、立体化高效运输体系、国际化航空物流网络等方面的短板。因而中国物流费用远远高于发达国家水平。2019年，中国的物流费用总额占GDP的比例为14.7%，远远高于国际发达国家水平。其中美国、德国、加拿大、英国、日本、韩国等发达国家的物流费用总额占GDP比普遍在8%—9%之间，印度为13%，巴西为11.6%。二是高铁货运发展存在诸多"短板"。目前中国铁路客主货少的主要原因可能在于：公路和水运等方式更加灵活和低成本；铁路货运"最后一千米"难题制约，且两端短驳费用增加综合成本；与高铁客运网络相比，高铁货运网络规划滞后，干线运输网络尚未形成，场站作业条件受限，高铁货运组织模式主要以捎带运输及确认车运输为主，受列车载运能力、停站时间等因素影响较大，服务货运需求的物流能力较弱，难以形成规模经济效益。三是现代化流通体系的制度环境有待进一步完善。要进一步完善公平竞争政策,营造宽松开放、激励有效的发展环境,加快建设竞争有序的统一大市场,进一步对标国际先进规则,加快商业、运输、快递、数据、金融等领域的对外开放,提高国内国际市场的接轨程度,完善市场治理的基础性制度,为国内大循环畅通和国内国际双循环相互促进提供完善的制度基础。

第二,多式联运体系有待进一步完善。多式联运是中国深化供给侧结构性改革,实现高质量发展的重要途径。目前中国物流成本是世界平均水平的1倍多。"十四五"期间形成以水运为基础,多式联运为支撑的现代物流体系,是降低成本、提高产业竞争力的关键。应充分利用中国内河航运的独特优势,形成以长江船型标准化为基础、多式联运为支撑的现代物流体系,发挥水运成本低、运能大的优点。目前,长江经济带多式联运还面临着跨省界跨部门缺乏协调,进港"最后一千米"有待打通,江海直达船型标准化不足,缺少多式联运协同发展云平台等问题。

第三,国际通道与国内枢纽的联通效率还有待提高。中欧班列是对接国际通道运输的重要方式,但在运行中还存在诸多问题。沿线国家轨道标准不一带来铁路换装、集拼装问题,大幅降低通行效率;返程空箱率相对较高,货物品类相对单一,造成班列运营经济性有所下降;地方财政补贴争抢货源,造成不公平竞争,脱离补贴运营难以为继,市场化运营有待强化;班列之间缺少拼装协调,货源分散,导致铁路资源浪费;缺少面对中亚、欧洲等国际通道的铁路枢纽港,具有多式联运功能的内陆枢纽港尚未建成。

3. 长江经济带动力源不足,产地与通道互动不强

在双循环背景下,长江经济带与"一带一路"融合发展的关键是产地与通道联动发展。长江经济带与"一带一路"经过八年建设,将由设施联通转向投资贸易联动,而长江经济带作为商品和产业基地的动力源还不足。

第一,长江经济带的产地功能有待进一步释放。一是长江经济带的产业转型升级任务依然艰巨。长江经济带产业规模大、集聚度高,大多处于价值链中低端,自主创新能力不强,缺少核心技术和自主品牌,尚处于以要素和投资驱动为主的阶段。长江上中下游要素禀赋优势存在很大差异。目前来看,符合上中下游资源状况的产业转型升级的定位、路径及重点任务尚需进一步明确。二是全流域产业协调联动发展的布局尚未形成。从沿江产业发展来看,各地区产业发展各自为政,自成体系,缺乏有效合理的产业协同发展体系,从

而导致地区间产业趋同现象严重,在产业资源争夺、承接产业梯度转移等方面存在激烈竞争,甚至是恶性竞争。三是产业链和创新链两链连接有待深化。在双循环新格局中,要加强补链、强链,建立区域产业链,完善现代化产业体系,提升产业发展竞争力和韧性发展。长江经济带拥有上海、南京、合肥、武汉、成都、重庆等中心城市,科教资源丰富,尚未形成区域创新协同,要承担起对"关键技术、关键设备和零部件、关键材料"的突破。

第二,长江经济带产地与"一带一路"的产地与通道互动不强。一是从国内循环格局来看,两带融合发展不仅带动中国东中西联动发展,也要带动南北联动发展。部分南北通道有待进一步贯通,如济南到聊城的高速铁路有待推进,这将有利于促进长江经济带与山东半岛经济圈的联动发展,为"一带一路"走出去扩大腹地。二是从国际循环角度,中国对"一带一路"建设更多集中在基础设施项目建设,与产业项目互动不强。对于"一带一路"沿线很多国家来说,基础设施的发展是一个着力点,要使其能够真正进入到产业化或工业化的过程当中。三是中国企业在当地的生产经营存在无序状态。目前,"一带一路"走出去的产业项目、园区项目、基础设施项目主要还是各自为政,在一个国家或一个区域内没有形成合力,反而留下"乱"的印象。四是缺乏助推企业"走出去"的平台。在"一带一路"沿线国家投资存在政权更迭、宗教冲突等多种不确定因素,缺乏助推企业"走出去"的平台和法律咨询、金融服务等专业服务团队。

4. 长江经济带关键节点功能不强,缺乏战略枢纽与支点

长江经济带与"一带一路"融合发展不能全面铺开,需要多个战略枢纽、支点作为突破口。目前,长江经济带上的战略支点功能不突出。

第一,长江经济带部分关键节点功能不强,存在"小马拉大车"现象。如作为欧亚大桥的桥头堡连云港市,与"一带一路"融合上具有独特的区位优势。但由于连云港市经济体量小,没有广阔的经济腹地,致使其与"一带一路"融合作用非常有限。2019年,连云港市GDP为3 139.29亿元,处于江苏省13个地级城市的倒数第2位。"一带一路"作为通道,需要发达经济腹地作为支撑。

第二,长江经济带主要节点城市功能定位不明确,竞争大于合作。一是从全流域角度看,呈现上下游扎实推进,中游抓手不多。长江经济带下游和上游分别以长三角城市群、成渝地区双核经济圈为载体,以沿海港口和内陆铁路枢纽港为抓手推进与21世纪海上丝绸之路和陆上丝绸之路经济带融合发展,并初见成效。但中游地区内部港口竞争激烈,与国际通道联系不多,战略支点功能不强。中游港口群发展缺乏规划（武汉、九江、黄石、荆州、宜昌、岳阳等港口），发展不平衡，功能分工不合理。二是从主要节点城市来看，竞争较为激烈。长江经济带上的直辖市、省会以及副省会城市有12个，如上海、南京、杭州、宁波、合肥、武汉、长沙、南昌、成都、重庆、贵州、南宁等城市，这些城市如何发挥特色在两带融合发展起着支点作用，有待进一步明确。

5. 融合机制尚未形成，民心相通有待推进

长江经济带与"一带一路"融合发展不仅需要设施联通，还需要在制度、机制等对接，为融合发展提供制度保障和平台载体。目前，无论是长江经济带本身还是与"一带一路"融合发展都尚未建立起合作机制。

第一，长江经济带需要进一步完善合作机制。长江经济带包括11个省份，各地区行政区经济明显。其中包括地市级政府100多个，部分地区存在追求局部利益最大化的倾向，产业规划、港口布局、基础设施建设、招商引资等方面存在重复建设问题。在长江经济带联席会议基础，可探索市长层面以及生态环境、产业发展等行业联席会议制度。特别是长江经济有五大城市群，城市群内部以及城市群之间都需要进一步建立区域合作机制。

第二，与"一带一路"融合机制尚未建立。一是"一带一路"沿线国家投资项目存在内部竞争，没有抱团协调机制。二是民间项目与国有项目之间的协调渠道少。三是长江经济带发展和"一带一路"建设的落实缺乏系统集成。长江经济带包括沿江11省份，而最大支流汉江所处流域不在其中。在长江经济带发展中，临江地区、沿江地区和流域地区三个空间层次关系未厘清，部分重要组成部分还未得到重视。

第三，人文交流合作平台有待搭建。在逆全球化背景下，加强与"一带一路"沿线国家和城市的民心相通尤为关键。但总体来说，融合发展的人文交流合作平台还很少。一是"语言""信息"仍是民心沟通的重要障碍。民心沟通需要有"听得懂的语言"、需要能"听得到信息"。这两项基础性"软工程"在"一带一路"建设中的布局、推广重视程度远低于基础设施的布局。目前，"一带一路"沿线国家学习中文，了解中国信息的需求很大，但是学习、了解的渠道却跟不上。二是文化内涵有待深度挖掘。历久弥新的长江文化、黄河文化以及运河文化等文化源头中，与"一带一路"沿线国家在饮食、宗教、艺术、科技等领域都有密切的文化交流，并延续至今。要进一步挖掘长江、黄河、运河等流域与"一带一路"沿线国家文化的渊源联系，建立对外交流平台，对于促进民心相通具有重要意义。

第三章　多式联运与"两带一路"贯通

贯通"一带一路"与长江经济带(简称"两带一路")主要取决于贯通成本的高低。除了交流、交易、资金、信息等成本外,目前最为关键是物流成本,而降低物流成本的关键在于是否能建立高效的多式联运体系。

一、"两带一路"贯通的物流成本分析

1. 中国的综合物流成本走势与国际比较

(1) 中国社会物流成本总量快速增长,占GDP比重平稳下降

从增长幅度来看,自2003年以来,中国社会物流总费用始终保持着增长的态势。2018年达到了13.3万亿元,是2003年的5.3倍。从增速来看,自2011—2016年,中国社会物流总费用增速持续走低。2014—2016年三年增速均低于同期GDP增速水平。2017年增速出现显著回升,为9.2%。2018年增速继续保持在较高水平,为9.8%。

中国社会物流总费用占GDP比例总体处于下降通道。如图3-1所示,2018年中国社会物流总费用占GDP的比例为14.8%,相较于2003年的21.4%降低了6.6个百分点。仅2013—2018年6年间,这个指标就下降了3.2个百分点;而2003—2013年11年间仅下降3.3个百分点。受产业结构进入"三二一"的发展格局的影响,中国社会物流总费用占GDP比例在2013年逐步进入下降的快车道,并呈现出逐渐加快的态势。中国社会物流总费用占GDP比例逐渐下降,说明中国物流业的发展方式不断升级优化,物流业的利润率也逐年上升,也意味着中国现代物流服务体系的逐渐完善,物流成本下降、效率提升、损失浪费变小。物流成本占GDP的比重这个数值从国际比较看,美国、德国、加拿大、英国、日本、韩国等发达国家普遍在8%—9%之间,印度为13%,巴西为11.6%,普遍低于中国(15%—18%)。

中国社会物流总费用占GDP的比例过去长期持续在高位徘徊,自2013年起出现明显下降,与此同时中国社会物流总费用规模也从过去的快速扩展向平稳发展转化。可见,中国物流业已经处于降本增效的转型期,并即将向成

长期过渡。

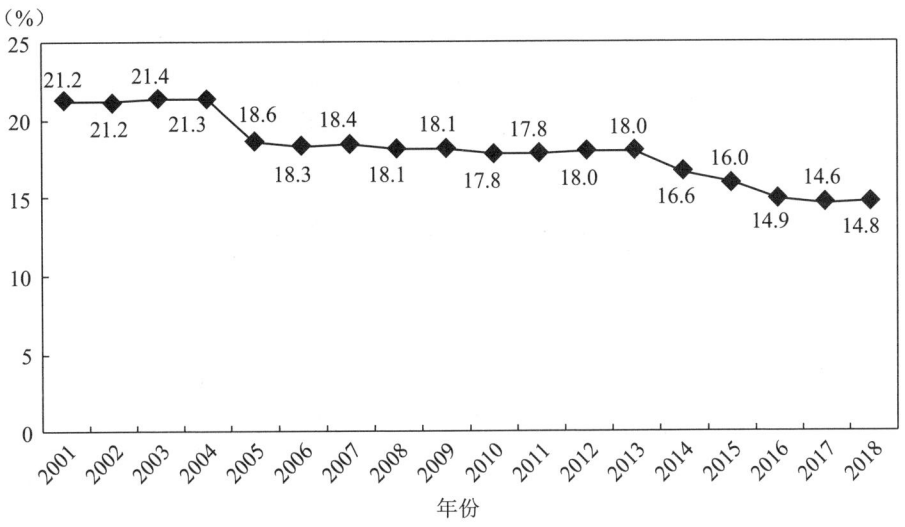

图 3-1　中国社会物流总费用占 GDP 比例变化趋势

数据来源：中国物流与采购联合会；中国统计年鉴。

(2) 中国社会物流成本结构不尽合理，保管和管理成本有较大下降空间

自 2001 年以来，中国运输费用一直在构成社会物流总费用中占据最大份额，保管费用位居第二，管理费用位居第三。但与美国、日本等发达国家相比，中国运输成本在社会物流总费用中的占比较日本和美国低；保管成本在社会物流总费用中的占比略高于日、美两国，而管理成本在社会物流总费用中占比则是日、美国家的三倍以上。中国保管费用占比较高直接反映出当前经济运行中存在诸多问题，比如库存高企、大量资金占压等，表明在中国经济活动中商品流动效率普遍偏低。中国物流费用中的管理费用占比是发达国家的 2—3 倍，这表明，中国企业物流管理观念落后、管理水平不高，且市场环境不完善，导致了不合理的制度成本和市场交易成本。

(3) 中国社会物流成本发展态势与中国经济发展阶段基本吻合

社会物流成本与第二产业中的钢铁、水泥等重工业行业有较强的相关度。一个国家第二产业所占比重越高，其社会物流成本就会越高，这与重工业产品本身体积大、重量大、运输及库存成本偏高等特点相吻合。由于处于工业化中后期，中国一、二产业比重较大，大宗商品对物流需求总量极大，且仍以低附加值资源性产品为主。中国产业布局也不尽合理，能源资源生产地与消费地逆

向分布,资源和产成品供需在空间上主要分布在西部、北部,制造业集中在沿海,市场又在全国乃至全世界,客观上决定了生产资料和工业产品跨区域、远距离运输的需求格局,也在一定程度上增大了物流运输成本。

在单位 GDP 的货运量方面,美国每万美元 GDP 仅需 7.7 吨货运量,而中国需要 48.7 吨。这是因为中国经济主要以基础建设和制造业为主,发达国家则以服务和金融业为主,对物流的需求量不同(见表 3-1)。

表 3-1　　　　　　　　中国与发达国家重要物流指标比较

	发达国家	中　　国
物流成本占 GDP	8%—10%	15%—20%
一般商品物流费用占商品总成本	10%—32%	50%—60%
物流企业占物流市场的份额	57%—80%	18%
货物库存时间(天)	14	15—40
资金周转(年/次)	8—10	1—2
全国平均货运单车年周转量(万吨千米)	68	43

数据来源:中国物流信息中心。

2. 不同运输方式的成本分析

(1)公路运输成本分析

公路运输是中国货物运输的主要方式,2017 年中国公路货运总量在总体货运量中的占比超过了 78%。中国公路运输的物品以重化工业的原材料等低附加值产品为主,主要包括:矿物性建筑材料、煤炭及制品、水泥、钢铁,以及农林牧渔的副产品。大宗货物占到了公路货物运输总量的近 50%。中国公路运输成本居高的原因:一是油价成本。油价上涨导致公路运输成本上升。2018 年,中国汽油价格约为 1.11 美元/升,美国仅为 0.84 美元/升,中国油价相较于美国高。二是市场组织成本。中国物流市场组织化程度低,专业货代市场行为不够规范,信息不通畅,以中小企业为主的物流公司的空载率高。随着互联网技术的应用,这部分问题正在逐步克服。三是公路收费模式提高物流成本。中国的交通基础设施建设采用市场化融资收费模式,通过收取过路、过桥费作为地方政府融资的方式。中国货运企业的过路过桥费平均占到了运输成本的 30% 左右,比发达国家要高出一倍左右。

(2) 铁路运输成本分析

铁路运输因为运价低、运量大、运距长，具有长距离陆地运输的成本优势。但是，中国在铁路运输方面的成本也相对偏高，原因主要有：一是中国铁路建设存在"重客运、轻货运"的取向。中国铁路建设一直是满足公共出行优先，满足春运高峰，但是货运一直偏紧，国家垄断经营，物流公司对接的制度成本高。高铁建设初期也未充分考虑货运需求。二是铁路与其他交通的衔接不畅。铁路适运的物品转至公路运输或海运转铁路运输的基础设施衔接度不够。各种运输方式标准不统一，产生大量不必要运输成本。

(3) 中国运输模式发展的滞后

一是甩挂运输的发展缓慢。美国早已实行挂车与牵引车差别化分类管理的模式。甩挂运输的成本低、运输效率高、作业时间短、节约能源消耗小，承担了美国90%以上的货物周转量。中国对这方面的发展则未予以鼓励。二是多式联运发展缓慢进一步导致运输成本的提高。中国的铁海联运、滚装运输、江海直达运输、集装箱联运等发展缓慢，公铁联运、海铁联运占比较低。在欧洲国家的成熟国际港口，海、铁、公多式联运运输货物量比重占货物运输总量的30%左右。反观中国，这个比重还不到5%。三是美欧发达国家集装箱运输占30%—40%为常见比例，而中国集装箱运输占比仅有5.4%。发达国家海铁联运占港口集装箱吞吐总量的20%—40%，而中国仅为2%左右，远低于全球20%的水平。

二、"两带一路"多式联运体系现状

1. 长江经济带的多式联运体系

交通运输部《深入推进长江经济带多式联运发展三年行动计划》指出，到2020年，构建具备竞争力的铁水联运系统，初步形成结构优化、布局合理、功能完善的长江经济带多式联运体系。重点推进上海和浙江达成小洋山支线码头建设、推进武汉至安庆段的江海直达建设、推进江海联运配套港口设施建设、完善区域内河运体系，推进长江经济带主要港口的铁路进港建设，提高铁水联运量。因此，长江经济带的多式联运方式主要包括以下类型：

第一，江海联运。由于江海联运货物不经中转，由同一艘船完成江河与海洋运输的全程运输方式，因此可以大大提高物流效率，降低物流成本。据调研，重庆到大连的江海联运时间仅需14天，江海直达能够实现每吨矿石运输费节约10%—20%。价格方面,一个集装箱价格相比于铁路直达便宜1/3。长江经济带发展战略实施以来,江海联运量稳步上升。2018年,长江干线货物通过量达26.9亿吨,其中江海联运量约为15.4亿吨,占比近60%,近十年年均增速约7.5%。但是,其中散货量居多,集装箱量仍不足。浙江舟山市正在研发建造2万吨级的江海直达1号,可以直达安徽马鞍山、芜湖,载重量能够提高13%,能耗比约提高12%。但是,目前江海联运与中欧班列存在类似问题,即各地区各自为政,开辟航线,没有形成系统的航线网络与枢纽,影响了整体效率。

第二,铁水联运。随着长江经济带发展战略的实施,铁路运输企业与航运企业特别重视铁水联运的发展。虽然铁水联运总量的增长速度较快,但其占港口吞吐的比例还较小,未来增量的空间较大。长江经济带的铁水联运发展主要呈现出以下的特点:一是集疏港货物种类以煤炭和金属矿石为主,在铁路集疏港货物品类中,煤炭占46.7%、金属矿石占36.9%、集装箱占4.2%。长江沿线铁水联运完成情况参见表3-2。铁水联运中沿江铁路的货运能力较为薄弱,主要体现为:进出川渝地区的铁路通道运载能力的饱和,中部沪汉蓉通道(上海—武汉—成都)仅有客运专线,目前没有货运服务;长江沿江的港口

表3-2　　　　　　　　　长江沿线铁水联运完成情况

铁路局	港口	2016年 完成情况(万吨)	同比增长量(万吨)	同比增长率(%)	2017年1—5月 完成情况(万吨)	同比增长量(万吨)	同比增长率(%)
武汉铁路局	枝城港	434	10	2.4	206	7	3.6
	汉阳港	11	−158	−93.5	6	1	20.0
上海铁路局	南京港	847	319	60.4	387	88	29.5
	芜湖港	434	−133	−23.5	212	−11	−4.8
	镇江港	17	−42	−71.5	12	10	500.0
南昌铁路局	九江港	865	295	51.9	416	295	245.5
广州铁路(集团)公司	城陵矶港	569	63	12.5	227	−29	−11.3
	华菱港	278	18	7.1	99	−24	−19.3
成都铁路局	万州港	512	−11	−2.1	233	25	11.8
	九龙港	110	29	35.7	82	33	76.0
	泸州	51	1	1.8	14	0	−3.0
合计		4 127	391	10.5	893	395	26.4

数据来源:中国统计年鉴。

多,但接入铁路的港口仅有12个,与此同时港口后方集疏运通道也存在能力不足的情况。随着中国经济社会发展模式的不断转变,大宗货物运输的总体需求将逐步下降,各交通运输方式之间的竞争也将更为激烈。随着长江通航能力的提升,水运成本的下降,价格优势会越来越明显。

第三,内河集装箱运输。长江经济带除了长江干线的江海联运外,长江支流河网密布,也是发展低成本内河集装箱运输的天然条件。在长江下游,从南京到上海能够从事集装箱业务的码头平均30千米就有一个,它们可以连接内河集装箱运输。譬如浙江湖州港集装箱2019年的吞吐量突破50万标箱。长江中游城市内河港口在经济发展潜力、货源腹地、港口码头建设方面和集装箱的通过能力方面,都有望成为内河集装箱装卸运输中的中坚力量。

2. "一带一路"多式联运体系组合

"一带一路"倡议提出以来,交通互联互通实现重大突破,在铁路、公路、海运、民航等领域均取得实质进展,跨国联运方式逐渐成熟,六大经济走廊的多式联运模式呈现出不同的特点。

(1)新亚欧大陆桥("水—铁—水"联运)

国际多式联运体系中,中欧班列经过七年的发展过程,已成为多式联运的标杆项目和示范项目,其建立在亚欧大陆桥的基础之上,主要的联运方式为"水—铁—水"的多式联运模式。2011年3月19日首列中欧班列开始运行,运行路径从重庆到杜伊斯堡,命名为"渝新欧"。随后,郑州开通了"郑新欧"专线、成都开通了"蓉新欧"专线、义乌开通"义新欧"专线、武汉开通了"汉新欧"专线等中欧班列线路。2016年,中铁总公司统一各地班列名称为"中欧班列",之后,中欧班列发展迅速,开行质量和货物品质不断提升,班列往返数快速增长。

货物结构方面,"渝新欧"的去程货源以重庆市的IT产品为主,经过近几年的发展,货源已经逐步发展到机械设备、汽车整车及零配件、咖啡豆等几十个品类,回程的货物主要是欧洲的汽车及零配件和机械设备,除此之外还有化妆品、啤酒、奶粉等;"汉新欧"班列现阶段承运的货物范围已涵盖木材、电子产品,以及大量的俄罗斯木材、法国红酒、德国肉类等;"义新欧"班列去程以义乌小商品为主,回程以服装、红酒、医疗器械、箱包、五金工具等为主。

(2)中蒙俄("水—铁—水"联运)

中蒙俄经济走廊是"一带一路"规划的六大通道之一,是亚欧大陆桥的主要通道,同时也是中国国内开行最早、运量最大、运距最短的大陆桥运输线路。中蒙俄大陆桥运输于1989年8月开通,主要联运方式为"水—铁—水"模式。天津港1991年开通第一个过境运输专列并成功到达乌兰巴托。在中蒙贸易、中俄贸易中,中国向蒙古国出口的产品主要是工业制成品,自蒙古国进口的主要是矿产品和畜产品;中国向俄罗斯出口金额最高的三类产品分别为机电产品、纺织原料及制品、贱金属制品,俄罗斯向中国出口金额最高的三类产品分别为矿产品、木及其制品、贱金属制品。

(3) 中国—中亚—西亚(铁海联运)

中国—中亚—西亚经济走廊东起中国,向西至阿拉伯半岛,是中国与中亚和西亚各国之间形成的一个经济合作区域,大致与古丝绸之路相吻合,是丝绸之路经济带的重要组成部分。其主要运输方式为铁路运输,同时加入海运,构成铁海联运。通过中国—中亚—西亚经济走廊,中国对中亚出口额最高的货物为鞋靴及零件,其次为服装及附件;从中亚进口额最高的货物为矿物燃料、矿物油及蒸馏产品,其次为无机化学品。对于西亚北非地区,中国出口额前两位的分别为"电机、电气设备及其零件"和"锅炉、机器、机械器具及零件";中国进口额前两位的为"矿物燃料、矿物油及其蒸馏产品等"和"塑料及其制品"。

(4) 中国—中南半岛("公—铁—海"联运)

中南半岛与中国陆海相连,是联通"一带一路"的重要桥梁和纽带。中国—中南半岛经济走廊东起珠三角经济区,沿南广高速公路、南广高速铁路,经南宁、凭祥、河内至新加坡,是中国连接中南亚的大陆桥。该走廊以铁路、公路为载体和纽带,通过公铁联运,开拓新的战略通道和空间,加快形成优势互补、共同发展的区域经济共同体。中国—中南半岛主要在建铁路项目有"雅万高铁建设项目"和"中老铁路建设项目"。就互联互通方面,中国面向中南半岛国家的多条国际公路、铁路通道、客货运输线路等口岸都在加快建设和完善中。通过中国—中南半岛经济走廊,中南半岛国家从中国进口的主要商品为机械、机械设备以及电器,中国对中南半岛贸易顺差较大。

(5) 中巴经济走廊(铁海、公海联运)

中巴经济走廊从南疆的喀什出发,越过喀喇昆仑山口,进入巴基斯坦境内,往西一直到瓜达尔港。这条走廊是一条包括公路、铁路、油气和光缆通道等在内的国际贸易走廊。在国际联运方面,中巴经济走廊采取铁海、公海联运模式。在道路基础设施领域,喀喇昆仑公路二期改扩建工程、拉卡公路木苏段的施工作业、瓜达尔东湾快速路陆续施工完成;在瓜达尔港方面,港口生产生活基础设施陆续完善,使其航运功能显著提升,靠港货船频度大增;从乌鲁木齐到拉瓦尔品第的"中巴经济走廊数字信息大通道"已正式全线贯通并投入商用。

(6) 孟中印缅(公—铁—水和公—铁—空)

孟中印缅经济走廊连接了中国和印度这两个世界上人口最多的国家,也连接着世界上重要的新兴经济体。孟中印缅经济走廊由东至西将中南半岛、东亚和南亚次大陆的铁路网连在一起,与此同时,这条经济走廊还将世界上货物吞吐量最大的港口和极为重要的航空港连接起来,因此经济走廊主要的国际联运方式为公—铁—水和公—铁—空。

三、战略支点城市的重点枢纽建设

随着"一带一路"建设和长江经济带发展战略的推进,长江经济带战略支点城市加大港口、铁路、公路、航空等多种交通方式集成,促进多式联运,为"一带一路"与长江经济带联动发展提供交通支撑。

1. 上海

上海通江达海,位于中国长江入海口和沿海经济黄金海岸线的中点,对内可以联系长江流域广大腹地,对外可以辐射太平洋及世界各地。上海是"一带一路"建设和长江经济带发展战略的交汇区,在长江经济带协同发展中发挥龙头带动作用,在"一带一路"中发挥桥头堡作用。上海海陆空综合交通体系完备,建有辐射全球、服务全球的交通枢纽。2017年全年上海港口货物的吞吐量达75 051万吨;集装箱吞吐量达4 023万国际标准箱,比上年增长8.3%。集装箱"水—水"运输方式的中转比例为46.7%,国际中转比例为7.7%。2017年全年上海港接待邮轮靠泊512艘次,邮轮旅客吞吐量达297.29万人次。上海浦东和上海虹桥两大国际机场联通了全球47个国家、297个通航点。

上海扎实落实"一带一路"建设和长江经济带发展战略,完善运输体系,优化运输结构,促进交通运输多种方式联运。具体表现为:一是落实多式联运,水运能力大大提升。从上海2017年交通运输方式结构来看,上海货物运输量排名最高的是水运,运输量为56 619万吨;其次是公路,运输量为39 743万吨。二是加强长江经济带港口联动发展,实施启运港退税政策。适用启运港退税政策的口岸包含南京市龙潭港、苏州市太仓港、连云港市连云港港、芜湖市

表 3-3　　　　2017 年上海货物运输量与旅客发送量及其增长速度

指　　标	单位	绝对值	比上年增长(%)
货物运输量	万吨	97 257.26	9.7
铁　路	万吨	471.89	2.5
水　运	万吨	56 619.19	16.1
公　路	万吨	39 743.00	1.8
航　空	万吨	423.18	9.4
旅客发送量	万人次	20 855.61	6.6
铁　路	万人次	11 616.65	9.5
水　运	万人次	176.13	2.4
公　路	万人次	3 419.00	0.5
航　空	万人次	5 643.83	4.9

资料来源：上海市 2017 年国民经济和社会发展统计公报。

朱家桥港、九江市城西港、青岛市前湾港、武汉市阳逻港、岳阳市城陵矶港，出口口岸为洋山保税港区，运输方式也均为水路运输。

随着"一带一路"建设的推进，上海作为中国对外的窗口之一，其交通枢纽国际化趋势明显。从海运上看，国际航行船舶数量有所增加，国内航行的海船与河船数量相对减少。从空运上看，国际航线网络不断拓宽。2017 年，上海浦东机场的国际通航点数量为 114 个，与周边的主要航空枢纽相比，较北京首都机场 139 个国际航点少 25 个，较香港机场 129 个国际航点少 10 个。2017 年，上海国际航线上的航班平均为 2 104 班次/周，与东京 2 499 班次/周相比，已较为接近，但与伦敦和纽约相比，差距仍较大。差距主要在于洲际航线的航班量。虽然亚洲经济体量大、人口密集、航空运输量大，但上海需要进一步加快洲际航线的发展，先行追赶日本的发展水平。

上海依托世界级的航空港和海港的枢纽地位，不断提升为"一带一路"服务的能力。上海已经与"一带一路"沿线的 24 个国家和地区实现了直航，通航点也达到了 47 个。通过上海机场口岸进出中国的"一带一路"航空旅客已经占到全国机场总量的 1/3。航空货邮方面，上海机场吞吐量也占到了全国机场总量的 50%。上海港国际班轮航线已经遍及全球的主要航区，已经与"一带一路"沿线国家和地区 100 多个主要港口建立了密切合作。

2. 南京

南京是全国重要的综合交通枢纽,长三角地区及华东地区唯一的特大城市。在南京的五种交通运输方式中,公路、铁路占有重要地位。南京公路网密度居全国中心城市前列,形态优化为"十五射六纵十横",加强与上海、浙江等周边省份规划的协调衔接。

表 3-4　2017 年南京各种运输方式完成货物运输量及其增长速度

指　标	单位	绝对值	比上年增长(%)
货物运输量	万吨	35 462.05	12.4
铁　路	万吨	1 393.15	7.2
水　运	万吨	14 840.00	7.4
公　路	万吨	14 974.00	12.2
航　空	万吨	8.19	7.6
管　道	万吨	4 246.71	36.9
机场货邮吞吐量	万吨	37.42	9.7
港口货物吞吐量	万吨	24 215.00	6.4
其中:外贸吞吐量	万吨	2 454.00	3.5
港口集装箱吞吐量	万标箱	317.00	2.7
货物运输周转量	万吨千米	33 315 316.75	34.1
铁　路	万吨千米	710 810.00	3.2
水　运	万吨千米	30 018 242.00	37.4
公　路	万吨千米	2 197 884.00	14.7
航　空	万吨千米	11 715.31	7.0
管　道	万吨千米	376 665.44	3.6

表 3-5　2017 年南京各种运输方式完成旅客运输量及其增长速度

指　标	单位	绝对值	比上年增长(%)
旅客总运输量	万人次	16 416.92	0.7
铁　路	万人次	5 066.04	11.1
水　运	万人次	21.76	5.4
公　路	万人次	10 160.00	−5.0

续表

指　标	单位	绝对值	比上年增长(%)
航　空	万人次	1 169.12	14.1
机场旅客吞吐量	万人	2 582.28	15.5
旅客运输周转量	万人千米	4 740 861.65	8.4
铁　路	万人千米	1 942 605.41	11.5
水　运	万人千米	40.89	5.0
公　路	万人千米	1 205 101.00	−4.7
航　空	万人千米	1 593 114.35	16.4

注：旅客运输总量中不含城市公共交通相关数据。民航运输量仅指东航江苏分公司完成数。
资料来源：南京市2017年国民经济和社会发展统计公报。

从以上表格来看，南京货物运输量排名最高的是公路，运输量为14 974万吨；其次是水运，运输量为14 840万吨。南京的交通运输方式主要为公路、铁路，但随着多式联运方式的推进，铁路和水运的运输能力不断增强。在"一带一路"建设和长江经济带发展战略推动下，南京市推进铁水联运、江海转运等多式联运。南京港区利用6条铁路专用线，将南京地区以及国内其他地区的货物运往中亚五国。南京港区实现了集装箱无需短驳，可直接在船舶与火车之间进行换装，这种模式目前领先于长江中下游的所有港口码头。南京港通过自身模式发展和设施建设也成为零距离对接"一带一路"建设和长江经济带发展战略的结合点之一。

3. 武汉

武汉地处长江及其最大支流汉江的交汇处，是长江中游特大城市，城市水域面积占总面积的四分之一。武汉是中国高速铁路的中心，高铁至北京、上海、重庆、深圳、香港等城市均在五小时左右。就武汉旅客发送量来看，排名第一的是铁路，发送量为18 074万人次。从表3-6来看，武汉货物运输量排名最高的是公路，2017年运输量为34 981万吨；其次是水运，2017年运输量为15 292万吨。增长速度最快的是公路，2017年比2016年增长21.1%；其次是航空、水运。武汉是中国中部航空枢纽，拥有40条境外直达航线，是华中地区唯一可直航四大洲的城市。

表 3-6　　　　　　　　2017 年武汉交通运输量及其增长速度

指　　标	单位	2017 年	比上年增长(%)
货物运输量	万吨	57 271.17	14.6
铁　　路	万吨	6 980.90	3.5
水　　运	万吨	15 292.25	6.7
公　　路	万吨	34 981.98	21.1
航　　空	万吨	16.04	16.0
旅客发送量	万人次	29 950.30	2.7
铁　　路	万人次	18 074.30	10.3
公　　路	万人次	10 410.00	−9.4
航　　空	万人次	1 466.00	12.8

资料来源：2017 年武汉市国民经济和社会发展统计公报。

武汉作为长江经济带重要中心城市，是"一带一路"与长江经济带贯通发展战略的重要节点，近几年交通条件不断改善，多式联运有序推进。武汉建成"轴辐式"多式联运物流中心，实现了以武汉为锚点，辐射国际和国内的轴辐式多式联运网络。武汉大力推进铁路进港区的一体化铁水联运设施建设，通过统一技术标准的方式打通铁水联运的"最后一千米"，进一步完善港口货运系统，2017 年水水中转比例提升至 45%，铁水中转比例提升至 10% 以上。武汉积极推进航空设施建设，逐步形成"快线为主的国内航线网、覆盖广泛的中短程国际航线网和重点突出的远程国际航线网"。武汉尝试构建与其城市圈内其他城市的"1 小时"通勤网络，构建与长江中游城市"2 小时"通勤网络，构建与京津冀、长三角城市群的"5 小时"高铁辐射圈。

4. 重庆

重庆地处长江上游经济带核心地区，是全国重要综合交通枢纽之一。重庆高速公路通车里程已达到 3 094 千米，高速公路密度为 3.67 千米/百平方千米，位居西部第一。重庆已成为长江上游地区最大的集拼港、中转港、运输港。重庆航道集装箱通过能力也达到 450 万标箱。重庆国际航线网络发达。2018

年以来,重庆市国际航线共开通11条,总量累计达到79条,其中客运有65条、货运有14条。重庆将继续增开至东南亚、南亚等周边航线,基本完成欧美澳战略性大线布局。

表3-7　　　　　　　　　　2017年重庆客货运输量

指　标	单位	2017年	比上年增长(%)
公路运输总周转量	万吨千米	28 738.7	11.2
客　运	万人千米	39 447	−8.6
货　运	万吨千米	24 794	15.1
铁路旅客发送量	万人	111.2	7.5
铁路旅客到达量	万人	102.1	2.1
铁路货物发送量	万吨	7.8	−12.8
铁路货物到达量	万吨	68.9	42

资料来源:重庆市2017年国民经济和社会发展统计公报。

从表3-7来看,铁路成为2017年重庆货物运输的一个最重要的交通工具,铁路货物到达量比上年多42%;铁路也成为多数居民出行的首选方式,铁路旅客的发送量增长了7.5%,到达量增长了2.1%。但公路仍是重庆主要的运输渠道。

重庆作为长江经济带发展战略与"一带一路"建设的交汇点,促进多式联运取得了阶段性成果。重庆正建设"服务+辐射"型航运中心,依托长江黄金水道、铁路网和高速公路,建立以重庆为中心,以港口为节点,以航运服务为支撑的沿江综合交通走廊,肩负起贯通"一带一路"和长江经济带的重要责任。同时,重庆依托"渝新欧"国际铁路,进一步探索水铁联运新方案。

5. 成都

成都地处盆地西部,出川交通方式曾相对比较单一。目前,成都公路、铁路建设稳步推进,航空、航运运输全面提升。2018年末全市公路总里程达26 294千米,其中高速公路达959千米,并建有双流机场、成都港口,推进了成都航运运输发展。

表 3-8　　　　　　　　2017 年成都交通运输量及其增长速度

指　　标	单位	2017 年	比上年增长(%)
全年货物周转量	亿吨千米	356.0	6.6
铁　路	亿吨千米	75.3	8.3
公　路	亿吨千米	267.0	6.0
航　空	亿吨千米	13.7	8.1
全年旅客周转量	亿人千米	1 056.9	6.8
铁　路	亿人千米	105.8	34.3
公　路	亿人千米	94.8	−25.4
航　空	亿人千米	856.3	9.2

资料来源:2017 年成都市国民经济和社会发展统计公报。

从表 3-8 来看,成都 2017 年货物周转量最多的是公路,其次是铁路。近年,成都公路的客运量下跌幅度明显。成都的运输方式在铁路和航空都有很明显的增长,但货运方式仍以公路为主。成都作为长江经济带中心城市,是"一带一路"与长江经济带贯通发展的重要节点之一。蓉新欧成为两者贯通发展的重要通道。2018 年,蓉欧快铁集拼集运返程班列从荷兰蒂尔堡正式起运,到 2020 年全年开行数量预计将达到 3 000 列以上,成都将成为国际铁路的第一港。成都铁水联运和公水联运等多式联运快速发展。基于蓉欧快铁和沪汉蓉的铁路,依托长江水道的支持,成都推进自身通江达海目标的实现。

第四章 "两带一路"多式联运贯通存在的问题

推进多式联运贯通，降低物流成本，是"两带一路"贯通的最紧迫问题。"两带一路"多式联运贯通至今仍未完全落地，原因有多个层面。本章总结分析了国际与国内通道对接问题、港口的竞争与合作问题、公铁水联运的衔接机制、交通运输税费成本问题、中欧班列的协调性问题、海关通关衔接效率问题等六个主要方面的问题。

一、国际与国内通道对接

1. "一带一路"大通道为完全畅通

第一，"一带一路"走廊的通行能力较低，缺少统一服务标准。"一带一路"沿线国家缺乏统一的技术标准和法规。例如新欧亚大陆桥、中蒙俄、中亚西亚、中南半岛已经实现了互联互通，但是由于基础设施和技术水平的差异以及规则，道路不通畅，特别是在一些靠近中国的国家，道路不足、基础设施和设备老化以及线路结构不合理，导致大通道通行能力严重不足。在铁路运输方面，由于各个国家/地区的技术标准不一致，因此在货运过程中需要换装/换轨。在公路运输方面，由于各国法律法规不同，对车轴重量和排放标准的要求不一致，导致车辆经常因不符合其他国家的标准而被拦截和处罚。同时，"一带一路"沿线的陆港没有引入国际贸易术语，这阻碍了国际物流体系的形成。"一带一路"沿线国家法规规范不统一，缺少双边或多边跨境运输规则，譬如《国际铁路货物联合运输协定》与《关于铁路货物运输的国际公约》是铁路运输方面的国际公约，但拥有两套不同的体系且没有统一的运单，造成中国与欧洲货物运输衔接困难。

第二，丝绸之路经济带港口公路基础设施建设落后。中国大多数国内公路是二级和三级公路，而海外公路仅是中国的三级和四级标准。交通状况不佳会导致运输能力降低。另外，一些边界河大桥的建设存在缺失和瓶颈部分，导致运输能力差和频繁的拥堵，严重影响了以口岸物流为特征的陆港建设。

2. 国内与国际大通道对接效益问题

第一,通道运输组织能力有待提高。先进运输组织方式的比重有待提高,譬如海上通道中甩挂运输、国际海铁联运的占比较低。另一方面,供应与运力之间的协调和组织能力仍然有待提高,设备装备的标准化政策不一致,导致物流成本大幅度增加,限制了国际物流运输的发展。

第二,国内协调机制和监管体系不健全。国际走廊的建设包括固定设施的建设、流动设施的运营和物流组织的管理三个方面,但是由于单方面的建设和运营涉及多个部门,部门之间的管理不协调,缺乏统一的标准,导致系统运行不畅。

第三,尚未建立有效的合作平台。"一带一路"沿线国家之间的运输互联互通是一个复杂的系统性项目,需要通道的畅通和沿线国家互通平台的建设,以实现双赢合作。目前,各国在运作模式和体制机制以及技术标准方面的综合考虑较少。国与国之间根深蒂固的合作还不够,政策交流和金融交流的发展相对缓慢。

第四,换装通关效率低下。"一带一路"沿线国家通道的国家轨道标准各不相同。中国铁路的轨距为1 435毫米,俄罗斯、哈萨克斯坦、蒙古国为1 520毫米,越南为1 000毫米,一些欧洲国家为1 435毫米,西班牙为1 674毫米。这导致铁路通过沿线国家地区需要多次更换。在另一个国家地区替换火车上的货物或替换轮轨会导致运输效率低下,并需要大量的人力和物力以及运输时间。另外,各国铁路调度与信号系统标准不一致,导致铁路机车跨境运输,需要按照国家有关规定更换信号调度设施,导致运输效率低下。

3. 缺乏国际、国内双向辐射的综合交通枢纽

"一带一路"建设需要依靠双向辐射的综合交通枢纽,形成多方向、多渠道的互联机制。为了促进沿线国家的经济发展和加强区域合作,有必要在综合交通枢纽的基础上建立多个资源要素分配中心。作为"一带一路"倡议者,中国需要加快建设具有双向辐射能力的综合交通枢纽。但是,目前国内综合运输网络不健全,交通枢纽建设滞后。特别是在"一带一路"方向的中西部地区,基础设施落后,产业基础薄弱,没有形成物流与产业发展相配套的综合运输枢纽。

长江经济带沿线的综合运输缺乏总体规划安排。长江下游规划中的深水航道虽连通,但许多瓶颈航道,由于航道太窄,遇到大船只能单向通行,仍存在一些潜在的安全隐患，难以有效发挥河海运输的作用。航道工程的时间安排缺乏总体规划，不能保证同时提高航道的通行能力。东西铁路的规划能力严重不足。跨河航道的建设滞后。沿河综合运输网络不健全，跨江融合、城际一体化服务功能不强。

长江水道的标准化问题没有彻底解决。2004年，上海发展研究中心曾提出长江黄金水道建设的"四个标准化"，即船舶标准化、航道标准化、港口泊位标准化、航运管理与服务标准化。历经十年，长江黄金水道建设后续跟进不多，使"四个标准化"成为一个口号。这主要表现为：一是各河段通航能力不一。其中水富至宜昌河段可通航500吨—3 000吨级内河船舶；宜昌至武汉可通航1 000吨—5 000吨内河船舶；武汉至湖口可通航5 000吨级海船；湖口至南京可通航5 000吨—10 000吨级海船；南京至长江口可通航3万—5万吨级海船。二是船舶标准的不统一，整个航道很难采取统一管理模式。尤其是江船、海船不能实现联运，长江货船必须经水水中转，才能到达外高桥港或洋山港。三是长江中上游的船闸、大坝多，标准、方式不统一，翻坝成本高。四是中游地区港口管理无协调，港口码头较多，吨位能级较小。

二、港口的竞争与合作

1. 过度竞争导致规模化不明显

第一，政府过度竞争，物流增值服务等多元化水平有待提高。中国东部沿海港口众多，受当地政府政策影响，各地盲目地扩张港口规模，忽视特有的发展模式，港口运营与当地经济发展不适应的同时，竞争激烈。

第二，港口发展重复投资，差异化定位不明确。新一轮工业革命最大的特征就是人们对个性化、差异化服务的需求。中国港口发展脱离港口空间布局实际，盲目照搬周边地区的港口运营模式，最终造成港口功能雷同，重复建设现象严重。按照国际标准，同等港口之间至少距离200千米，而中国长江沿岸每50千米就有一个1 000吨级以上规模的港口。

第三，国际化战略运用方面落后，没有充分立足海外市场。中国港口的吞吐量位列全球前列，但现代港口运营管理模式建立较晚。中国港口单体功能强大，但港口间的信息化、商业化等物流综合服务体系功能还不健全，没有完全突破传统港口的局限。

2. 缺乏统一规划,效率没有充分发挥

首先,长江沿岸各港口之间规划结构不合理,分工不够明确。长江沿岸港口群处于不同的省份,各省份在进行发展规划时不能统筹,造成发展不平衡,结构性矛盾凸显,分工不尽合理,各港口之间不能统筹协作。各港口不同的发展方向及目标导致港口之间的不合理竞争、岸线资源利用粗放,造成资源浪费,不利于其长期有序发展。其次,缺乏统一的信息共享平台。海上丝绸之路沿线区域各个港口的功能各异,主营业务不尽相同,操作流程也存在差异,建立沿线区域统一的信息平台面临一定的阻力。此外,各港口间的信息交流互通不足,共享性较差,在海上丝绸整个沿线区域内实现共享面临制约。

3. 长江三角洲港口群:港口合作不足的一个案例

长三角港口群内存在竞争与合作的关系,并且处于竞争大于合作的状态。主要竞争表现在港口腹地资源、岸线资源、货类货源等方面。长三角港口群的货物及集装箱吞吐量已居世界领先地位,区域内有全球货物吞吐量最大的宁波舟山港,有全球集装箱吞吐量最大的上海港,基本形成以上海为中心、江苏浙江为两翼的国际航运中心的格局。目前,长三角地区港口省份内整合的核心主体已经基本完成,利益协调方从原来的数十个将缩减为三省一市的四方,推进区域一体化发展的难度相对更小。国家层面,2018年12月,交通运输部与长三角三省一市政府联合印发了《关于协同推进长三角港航一体化发展六大行动方案》(以下简称《行动方案》)。《行动方案》明确了内河航道网络化、区域港口一体化、运输船舶标准化、绿色航运协同发展、信息资源共享化、航运中心建设联动化等六大行动的十三项主要任务。同时,苏浙沪皖四地不断加强港口联动协作,特别是加快推进小洋山北侧支线码头开发,启动了长三角港口合作的新阶段。在新阶段,一些制约港口一体化发展的瓶颈问题依然存在。一是港口间重复投资,竞争激烈。长三角各地港口扩张的同时,港口之间的竞争现象也日益加剧,所衍生出的港口竞争问题包括了吞吐量不足、结构性同质化矛盾、港口布局重复、功能不清、财政补贴和行政干预等现象。二是港口间合理的利益分配机制并未真正形成。各地政府部门围绕GDP与税收统计,以及地方行政管辖权等问题意见不统一,需按照市场化原则积极探索新的利益分配机制。三是港口群的基础设施体系效率有待提高。跨区域的基础设施的联通不足,多式联运枢纽还需要构建;存在港口信息化水平不高,信息系统分

割等问题;四是港口群的产业与贸易合作有待加强。长三角区域还没有形成港口群内有效的产业链、创新链。现有的自贸区离真正意义上的自由贸易港还有相当大的距离,尚未形成区域内自贸区之间的协同发展。长三角港口竞合关系网络的紧凑度比较低,说明港口间存在较大合作空间,可以从管理制度、资源整合、一体化规划等三个方面展开合作。

三、中欧班列的协调性

1. 补贴支撑的中欧班列面临着内忧外患

随着中欧班列在推进"一带一路"建设和扩大对外合作的战略地位日益凸显,国内各省份纷纷通过政府补贴打造中欧班列交通线。虽然在建设初期能够有效地培育市场,但给未来中欧班列的可持续发展带来了内忧外患。

第一,政府参与带来资源错配和不公平竞争。当前中欧班列的价格竞争,已经逐渐演变成为地方政府补贴的竞争。一些企业为高额补贴,舍近求远,导致市场资源错配,严重扰乱了市场正常秩序。同时,补贴也给地方政府带来了极大的财政压力。地方以政府预算的形式公示了对中欧班列的补贴。一些地方对中欧班列采取了相应的政策支持,重庆市和郑州市参照海运价格对班列公司进行财政补贴,郑州市还对1 500千米以内货源地的货物实行免费集结。中国地方政府财政收入东强西弱格局明显,吉林、甘肃、宁夏、青海、西藏等西南、西北、东北地区财政收入较少,在这场政府补贴的竞争中处于劣势,这与它们在中欧班列网络中的重要地位不匹配。

第二,班列补贴可能引发欧盟实施反补贴措施的风险。自2010年来,欧盟逐渐对华使用反补贴措施。欧盟反补贴法采纳了WTO《SCM协定》关于补贴的定义,规定了补贴的两个成立条件:出口国或原产地国政府提供财政资助,或GATT1994第16条意义上的收入或价格支持;赋予了利益。当前中国地方政府纷纷出台财政补贴措施对中欧班列予以扶持,成都对40尺集装箱补贴额度约2 500美元/箱,苏州补贴1 500美元/箱,合肥补贴6 000元人民币/箱,甘肃补贴20 000元/车。大部分班列费用的10%—40%由政府补贴,一些地方补贴甚至高达60%—70%。这种高额补贴未来可能被欧盟以"政府提供除一般基础设施外的货物或服务或购买货物"的方式认定为"补贴",成为欧盟反补贴的把柄。

2. 中欧班列高成本、低效益问题突出

当前中欧班列还处于培育阶段,所产生的效益有限,运行成本居高不下,企业无法独自承担高额运价,只有依靠政府补贴才可能实现常态化运行。中欧班列运营中的根本问题是高成本、低效益的问题。

第一,班列总货运量偏低,未实现规模效应。过去七年间,中欧班列快速成长,到 2018 年 3 月底累计开行突破 7 600 列,年运送货物总值达 160 亿美元。然而,相对中欧贸易总量,中欧班列运量仍有些相形见绌。2017 年,欧盟与中国货物进出口额为 6 444 亿美元,其中中国出口 4 225 亿美元,进口 2 218 亿美元。欧盟已是中国第一大贸易伙伴,中国则是欧盟第一大进口来源地和第二大贸易出口对象国,仅次于美国。相对于中欧贸易总额,中欧班列的年运送货物总值仅占其 2.5%,中欧班列总体运量偏低,效益不明显。

第二,回程货源少,双向运输不均衡。中欧班列到 2014 年才开始有了回程班列,2016 年回程达到去程班列的 50% 以上。铁路总公司 2018 年 3 月数据显示,通过开发"一带一路"沿线国家的纸浆、粮食、棉花等货源,中欧班列回程比例升至去程的 67%,比 2017 年同期提高 17 个百分点。虽然回程比例逐年提升,即使在回程货源少的情况下,有一些运营商仍然坚持返回,造成回程班列"重箱率"偏低。目前,中欧班列运输重箱比例为 88%,其中去程班列重箱率为 95%,回程班列重箱率为 77%。从物流运输的角度看,重箱率越低,运营企业的负担也就越重。

第三,运输货物附加值偏低,能承受的运费低。与海运和空运相比,中欧班列较适合运输对时间成本有一定要求的、附加值较高的货物。高附加值商品所能承担的物流成本更高。重庆有关部门分析"渝新欧班列"的货类市场后,认为单个集装箱的货物价值为 200—1 000 万元的货类最适合通过中欧班列运输。中国发出的单位集装箱货值只有 9 万美元,这类低附加值货物对运费的敏感性较高,能承受的运价较低。

第四,缺乏有效的整体运输网络规划,综合运行成本高。中欧班列的运行成本包括国内段运输成本、国外段运输成本、换装作业费、货运代理费、口岸费用以及其他费用,其中运输成本是最主要的成本。"甬新欧"班列的国内段运输成本占总成本的 34.3%,国外段运输成本占 55.8%;"渝新欧""渝满欧"的国内国外段运输成本共占总成本的 70% 左右。虽然中欧班列总体上规划了西、中、东三条通道,但每条通道下不同线路之间缺乏整体规划和协调,国内各地开往欧洲主要区域或同一目的地的班列线路重复,一方面造成线路的冗余和铁路运力的浪费，另一方面也不利于货物的集结，造成往返空载率居高不下，提高了物流成本。同时，由于国内中欧班列线路较多，与国外铁路运营商的价格谈判难度大，国外段运价高达 0.8—1.2 美元，约为国内段的 1.5—2 倍，导致中欧班列的总体运输成本较高。

中欧班列运营中需要解决的突出环节问题有：第一，通关过程中铁路换装/换轨、集拼装等问题。中欧班列轨道距离标准不统一问题，因为所经国家较多而很难得到解决，各国之间组织协调能力较弱，降低了通行效率。第二，进一步增加返程货物问题。各个城市中欧班列的"去程"主要是汽车、电子产品及相关零部件等高附加值产品。如苏州"苏满欧"班列运输中，液晶显示屏、电源板等电子产品占出口总金额的 50% 以上。2016—2017 年，中欧班列的返程空箱率有所下降，返程货物种类逐渐丰富。第三，中欧班列运营的政府补贴问题。由于接轨与空箱问题，导致目前中欧班列仍亏损开行，而需要政府补贴。第四，国内中欧班列开设的协调难题。中欧班列开设主要由各个城市的地方政府提出，虽"一带一路"建设调动了地方积极性，但由于缺少统一协调，造成运营方对内不计成本。第五，国内缺少对接国际通道的铁路枢纽港。上海洋山港可以说是 21 世纪海上丝路国际货运中转的枢纽港，但是面对中亚、欧洲的陆路国际通道，我们还没有建立起可以具有多式联运功能的内陆枢纽港，国内枢纽的规划滞后国际通道的建设。

四、公铁水联运衔接机制

1. 公铁水的运输方式存在瓶颈

国内铁路与其他交通的衔接不畅。铁路适运的物品转至公路运输或海运转铁路运输的基础设施衔接度不够。各种运输方式标准不统一，产生大量不必要运输成本。铁路、公路、水路可以联合运输，但由于主管部门太多，人为地割裂运输流程，且各有各的标准，导致各种运输环节间缺乏衔接、无法联动、效率低下。根据中国物流与采购联合会的调查数据，中国的商品流通中，因不必要的搬倒腾挪而产生的流通费用占到了流通总费用的 25% 左右。内河运输水道深度不够、桥梁净高不够，导致大型船舶不畅通，千吨级航道里程仅占通航总里程的 10%。

2. 尚未形成完善的集疏运体系

由于现行体制的条块分割以及缺乏统一性、系统性的规划,公路、水路、铁路和航空四种交通运输方式在发展上缺乏统一协调。主要问题是:内河航道等级偏低,公用码头能力不足;铁路枢纽和机场枢纽难以适应日益增长的快速通达要求。由于分散化管理体制与构建综合交通趋势的不适应,导致城际城乡交通与城市交通不衔接,各种运输方式不衔接,城乡区域之间不衔接,完整高效的集疏运体系未建立健全。

3. 尚未建立多式联运的信息化平台

中国物流主体众多、管理部门多头,各类物流信息分散,难以形成市场信息的有效对接。只有形成统一的多式联运信息化平台,使不同参与者实现信息共享,才能提高多式联运效率。由于缺少统一信息化平台,原有信息平台技术相对落后,难以符合互联网运用趋势。国家出台的《推进运输结构调整三年行动计划(2018—2020年)》等文件也明确提出,加快建设多式联运公共信息平台。

五、海关通关衔接效率

1. 海关通关便利化程度低

中国海关通关效率仍存在提高空间,譬如无纸化通关要求货物抵达目的地以后才能申报,比原来的货物到达口岸即可中转,将增加4—6个工作日。此外,遇到紧急情况时,亦不能改变装运工具。例如在实际运输中,如果上海至重庆的运输过程中出现紧急缺货时,不能通过改变江运方式为公路运输,从而减少运输时间,因为在无纸化通关模式中,货物抵达目的地以后才能申报。

2. 海关跨区管理协调问题

中国基层关区管辖分散在各行政区,口岸海关尚未成立区域性海关管理中心,通过设立直属及其下属海关机构进行管理,导致管理分散,且各个关区以单个地方行政区域进行划分,尚未形成大关区的管理模式。在顶层缺少统筹机制,导致货物在跨区运输、集拼、转运中,涉及不同行政区域的海关,信息需要重新提交。尤其在长江江海联运开通之后,涉及更多的跨区报关管理及出口统计问题。同样,在税收过程中,海关总署并非以区域性海关中心为单位,而是通过各行政区海关负责本区管辖范围进行征收,导致效率不高。在海关内部,企业在办理货物通关时需要经过五个环节,分别隶属于五个部门,部门之间分立存在,增加企业的成本。

3. "单一窗口"建设滞后

货物通关过程,涉及除了海关之外的多家管理部门,还包括国检、国税、边检等部门。由于部门之间信息不对称、沟通不协调等问题,导致效率低。所以,海关总署一直在努力会同各有关部门深化国际贸易"单一窗口",通过口岸信息化水平提高促进不同部门之间的协同。

第五章 "两带一路"多式联运集成研究

"两带一路"的多式联运体系建设是一个系统工程,不是一个环节、一个部门所能解决的问题,而是要从总体基础设施布局、城市与港口支点建设、信息化改造、交通工具衔接、海关制度改革等整体性地对接解决。

一、"一带一路"与长江经济带多式联运集成思路

1. "一带一路"与长江经济带贯通发展基本原则与思路

(1)"一带一路"与长江经济带贯通发展的基本思路

"一带一路"建设与长江经济带发展是构建中国区域发展新格局的重要内容。长江经济带覆盖中国11个沿江省份,各省份资源禀赋、产业发展等都具有一定的梯度性和互补性,通过发挥长江黄金水道的经济性,推动东部产业向中西部地区转移,带动中西部地区经济发展,共同繁荣;陆上丝绸之路经济带,依托国际大通道,共同打造新亚欧大陆桥、中蒙俄、中国—中亚—西亚、中国—中南半岛等国际经济合作走廊,将促进中国东中西区域协调发展;"21世纪海上丝绸之路",以重点港口为节点,共同建设通畅安全高效的运输大通道。

根据中国经济区域发展空间布局特征,依照《推动共建丝绸之路经济带和21世纪海上丝绸之路的愿景与行动》和《长江经济带发展规划纲要》要求,应充分发挥"一带一路"与长江经济带在中国经济发展中的轴带作用和全面推动中国对外开放的平台作用,通过铁路、公路、水运、航空等多种运输方式的协同优化,构建便捷、高效的多式联运集疏运体系,提升区域交通通达度,降低物流成本,实现"一带一路"与长江经济带的贯通发展。借助大通道贯通对接、城市群贯通对接和集疏运体系贯通对接,促进中国区域空间东、中、西的"横向中国"布局战略与南、北"纵向中国"布局战略相结合,达到网络化、全覆盖的中国区域战略布局。

(2)"一带一路"与长江经济带贯通发展的基本原则

一是以区域规划为引领。坚持以国家战略为指导,明确"一带一路"与长江经济带的空间布局和发展方向。重点协调跨重要区域的调控目标、需要统

一布局的区域性重大基础设施、重要资源开发、经济社会发展功能区划、政策措施的统一性等。

二是以生态文明为基础。推进绿色发展、循环发展,依靠节约环保带动,使资源节约型、环境友好型社会建设取得重大进展。共同构建区域生态安全屏障和区域环境共同治理机制,提高土地节约集约利用水平,提升能源资源利用效率,保障区域生态环境的良好发展势头。

三是以设施联通为抓手。依托长江黄金水道,加强沿江重要港口集疏运体系建设。加强长江流域港口的统筹发展,以上海国际航运中心引领长江黄金水道综合运输大通道建设。促进舟山江海联运服务中心建设,推进长江经济带与海上丝绸之路联动发展。

四是以经济转型为动力。实施创新驱动核心战略,推动城市群联动发展。加大长江经济带三大城市群联动发展,推进国际化和多元化发展,加速要素配置流动,加快科技创新中心体系建设。借力"一带一路"倡议,带动长江经济产业转型升级,推动企业"走出去"。

五是以对外开放为突破口。"一带一路"与长江经济带都是中国改革开放的前线,以自贸区、国家新区为抓手推动"一带一路"中国区域与长江经济带对外开放,激发市场活力,增强贯通动能,突破过往以沿海地区为主的开放格局,向沿海沿边内陆协同开放、整体开放转变,通过贯通发展融入和适应全球经济治理体系。

2. "一带一路"与长江经济带贯通发展的实施路径

(1) 构建网络化、全覆盖的中国区域战略布局

中国过去的战略布局为π形,即东陇海线和长江经济带两条横向线路与一条纵向线路沿海线向左旋转90度后形成,总体呈横向布局。为实现中国经济向高质量发展,中国经济的区域战略应通过南、北"纵向中国"布局战略贯通东、中、西的"横向中国"布局,从而实现网络化、全覆盖的区域战略布局。

"一带一路"与长江经济带贯通的实施,要梳理"一带一路"中国区域布局走向与长江经济带城市群的联动融合的发展关系,将"一带一路"中国区域的"四廊一点"与长江经济带的"五个城市群"对接联动,融合发展。其中,"四廊"主要为新亚欧大陆桥经济走廊、中蒙俄经济走廊、中国—中亚—西亚经济走廊、中国—中南半岛经济走廊;"一支点"为海上战略支点,即环渤海、长三角、珠三角、东南沿海地区的海上战略支点;"五个城市群"主要指长江三角洲城市

群、长江中游城市群、成渝城市群、滇中城市群和黔中城市群。

在原有π形布局的基础上,将"一带一路"中国区域的"四廊一点"与长江经济带实施贯通,形成多式联运节点,探究"一带一路"中国区域布局走向与长江经济带城市群的联动融合的发展关系,最终呈现网格化、全覆盖的区域战略布局。

(2) 发挥长江经济带在贯通战略中的核心功能

"一带一路"与长江经济带贯通发展,要充分发挥长江经济带的国际航运功能、黄金水道标准化功能、江海联运核心功能。在国际航运中心功能推进方面,要发挥长三角航运中心建设示范引领作用,实现上海国际航运中心、武汉长江中游航运中心和重庆长江上游航运中心为代表的长江流域上、中、下游协调发展,带动长江综合运输通道建设。重点发展长江流域航运港口体系、集疏运体系和航运服务业体系。针对贯通战略中港口规划布局问题,要明确区域性港口定位,优化港口产业结构,建设具有国际大区域、洲际区域的干线、支线汇集功能。针对贯通战略中的集疏运体系系统集成问题,要增加铁水和水水联运比重,提高公水联运效率,建立沿江大通关制度,确立贯通"一带一路"与长江流域的集疏运体系。针对贯通战略中的航运服务业体系功能布局问题,要聚焦航运服务功能,吸引国际航运要素集聚,优化长江流域航运服务政策环境,深化国际航运服务功能,开拓国际航运市场和专业领域。

要加强黄金水道标准化功能推进,重点推进长江黄金水道航运船舶标准化、航道标准化、港口泊位标准化、航运管理与服务标准化等"四个标准化"进程,促进"一带一路"与长江经济带贯通发展中的运输标准的形成。

在江海联运核心功能推进方面,要以建设上海国际航运中心为目标,与江苏、浙江两翼形成国际海航运中心组合港,重点与国家级新区的舟山港联合,共同建设国际江海联运服务中心,进而服务"一带一路"。要加强对江海联运发展的政策支持,如通过地方性适度补贴支线航运企业、政策支持江海联运技术开发等政策,推动长江江海直达运输,提高水水中转比例。要鼓励和引导内河集装箱运输发展,在集装箱船舶通行权、费收、适箱货"散改集"等方面给予政策扶持,推动内河船舶至沿海港口的直达运输。

(3) 借鉴长江经济带体制机制创新经验

在长江经济带特别是长三角地区,多种合作模式的创新体制机制有力地推进了区域发展。这些可推广、可复制的创新体制机制向长江经济带和"一带一路"推行,将会对贯通战略起到重要作用。

上海自贸区基本形成了以负面清单管理为核心的投资管理制度、以贸易便利化为重点的贸易监管制度、以资本项目可兑换和金融服务业开放为目标的金融创新制度、以政府职能转变为导向的事中事后监管制度等体制机制创新。这些可在长江经济带和"一带一路"贯通战略中适当予以推广与应用,利用投资管理、贸易监管、金融、综合监管等方面的制度创新,提升服务区域贯通发展的水平和扩大对外开放程度。

江苏省积极探索滩涂匡围和开发利用的新技术、新工艺,形成节约、高效的开发模式,以滩涂资源多功能开发为重点,积极发展特色临海产业经验。长江经济带和"一带一路"贯通发展中,可充分借鉴其土地资源利用方式的创新经验,按照依法、科学、适度、有序的原则,开发和保护并重,因地制宜、合理开发利用土地资源。

浙江舟山群岛新区可供借鉴的对外开放体制和机制,一是新区扩大口岸开放范围,探索适应地方特点的口岸监管模式,优化开放环境。二是中国(浙江)自由贸易试验区在政府职能转变、拓展贸易投资方式、金融管理和通关监管等方面的创新。为了充分发挥海洋海岛在贯通战略中的作用,还可借鉴浙江舟山群岛管理新体制机制,全面加强海洋海岛资源管理,激发海岛在多式联运中的枢纽作用。

安徽创新皖江城市带建立产业转移示范先行区,加强创新共建开发园区模式的应用,以开发园区合作共建为突破,探索区域经济一体化的合作方式,其先行先试经验,可推广至贯通战略中的产业合作应用。

长三角基本形成"三级运作、统分结合"的合作机制,即:以"省市主要领导座谈会"为决策层,负责统筹长三角区域经济、社会发展中的重大事宜;以"副省级区域协调会"为协调层,负责协调长三角联席会议制定的发展规划与战略;以长三角各省市的委办局为主体的执行层,负责贯彻实施决策层、协调层交办的区域一体化的各项任务。"一带一路"与长江经济带贯通发展可充分借鉴其成功经验,形成一套科学合理的区域合作协调体制机制。

(4)发挥长三角推动"一带一路"与长江经济带贯通的桥头堡作用

长三角地区是在长三角区域沿海、沿江、沿湾的核心区域,是"一带一路"与长江经济带交汇区,也是贯通战略中的重要支撑点。长三角区位优势明显,长三角湾区拥有"外通大洋、内联深广腹地"的优越自然区位和"水陆并举、四通八达"的便捷交通条件,进而成为中国双向开放的枢纽,带动长江流域乃至全国的对外开放。因此要充分发挥长三角发展优势,构建贯通发展的前沿阵地,打造贯通发展协作示范区,形成"一带一路"与长江经济带贯通的桥头堡。

一是构建贯通发展的前沿阵地。借助上海为首位城市的长三角城市群国际化优势,发挥上海国际航运中心、上海(中国)自由贸易试验区示范带动作用,打造"一带一路"与长江经济带连接国际市场的枢纽。借助长三角地区基础设施建设完善,产业基础雄厚,科技创新活跃,产业投资发达,形成贯通发展的前沿阵地。

二是打造贯通发展的区域协作示范。长三角是中国区域一体化程度最高的城市群,在市场化为主导的企业合作、港口联盟、创新协同等方面积累了丰富的区域合作经验,都可作为"一带一路"与长江经济带贯通发展的区域协调发展基础,形成贯通发展的区域协作示范。

二、贯通战略下的"一带一路"与长江经济带布局

1. 贯通战略中的通道对接

"一带一路"国内区域布局体现为"四廊一支点"。"四廊"主要为新亚欧大陆桥经济走廊、中蒙俄经济走廊、中国—中亚—西亚经济走廊和中国—中南半岛经济走廊。"一支点"为海上战略支点,即环渤海、长三角、珠三角、东南沿海地区的海上战略支点。其中,新亚欧大陆桥经济走廊、中蒙俄经济走廊、中国—中南半岛经济走廊与长江经济带联系也十分密切,是贯通发展中的重要通道。

(1) 新亚欧大陆桥与长江经济带贯通

欧亚大陆桥是指以铁路运输系统为桥梁,横跨亚欧大陆实现海陆联运的一种运输途径。新亚欧大陆桥,境外途经哈萨克斯坦、俄罗斯、波罗的海沿岸,境内途经山东、江苏、安徽、河南、甘肃、青海、新疆7个省份,到中俄边界的阿拉山口出国境。

作为"一带一路"重要的组成部分,新亚欧大陆桥经济走廊的发展建设具有重要意义。新亚欧大陆桥沟通亚欧非大陆,连接了东亚经济圈和欧洲经济圈,构建了有利于"一带一路"区域经济合作贸易往来的重要通道;新亚欧大陆桥构建有利于中国东中西地区协调发展,促进中国各地区发挥比较优势,减小东中西发展差距;新亚欧大陆桥构建有利于完善中国对外开放战略,在东部地区开放的基础上,进一步加强向西开放战略,实现东西两向的开放战略;新亚欧大陆桥也是中国重要的能源通道,是中国平稳发展的重要保障。

在总体思路上,根据国家西部大开发战略的部署,贯彻落实中央关于东中西部统筹协调发展的要求,以区域协调合作机制创新为突破口,以推进交通基础设施建设为抓手,加强区域经贸物流运输合作,切实推进新欧亚大陆桥和长江经济带的联动发展,提升区域整体竞争力。

在贯通原则上,坚持统筹兼顾、优势互补、互利共赢、点线面结合的原则,既要发挥政府的指导作用,又要充分发挥市场机制的主导作用,处理好长远与当前、局部与全部的关系,走可持续发展道路促进经济效益、生态效益和社会效益协调统一。

在区域联动机制上,在"国务院新亚欧大陆桥协调机制"和长江黄金水道协调机构的基础上,建立"新亚欧大陆桥—长江黄金水道"联动发展推进机构,制定"桥—道"联动发展统一规划,在中央与地方政府之间、地方政府之间、政府与企业之间、企业之间形成良性的互利共赢机制,为"桥—道"联动发展提供组织保障。

在物流运输上,提高区域的交通基础设施状况,推动区域物流运输产业的快速发展,拉动区域经济的快速增长。要以完善和提高宁西线和陇海兰新线铁路运输能力为重点,进一步完善铁路和公路网,突破区域经济发展中的交通瓶颈。在水运对接方面,提升长江黄金水道信息化建设,通过加强物流信息化建设实现与新欧亚大陆桥的对接。

(2) 中蒙俄经济走廊与长江经济带的贯通

2014年9月,习近平主席与俄蒙两国元首会晤时提出,把丝绸之路经济带同蒙古国"草原之路"、俄罗斯跨欧亚大铁路对接,进而打造中蒙俄经济走廊。具体而言,中蒙俄经济走廊包括两个通道,一是从华北京津冀到呼和浩特,再到蒙古国和俄罗斯;二是东北通道,即沿着老中东铁路从大连、沈阳、长春、哈尔滨到满洲里和俄罗斯赤塔,包括的主要城市有北京、天津、大连、沈阳、长春、哈尔滨等。中蒙俄经济走廊将中国的"一带一路"、蒙古国的"草原之路"及俄罗斯正在推进的跨欧亚大通道建设有机结合,在与长江经济带贯通发展中,要加强东北地区与长江经济带、京津冀地区与长江经济带的贯通。

第一,东北地区与长江经济带贯通。要加强跨区域物流合作,降低物流成本。在充分发挥东北地区铁路、公路交通设施基础较好优势的同时,加强东北港口和航空相关基础设施建设,提升区域性航运、航空物流运输能力,打造综合性、区域性物流中心和地区分拨中心,切实降低东北地区物流成本。一方面发挥中国东北地区在东北亚地理几何中心、沿边近海优势,促进大连港、丹东港、营口港、盘锦港、锦州港、葫芦岛港与上海、宁波等长三角沿海地区的航线往来。另一方面以东北地区与东部地区对口合作为依托,构建开放合作新高地,加大铁路、公路、桥梁、口岸、航线等重点集疏运项目的规划与建设。

第二,京津冀地区与长江经济带贯通。要借助京津冀协同发展契机,以京津冀交通一体化为基础,以产业转移为重要手段,加强京津冀与长江经济带的贯通。在产业转移方面,借助北京以疏解非首都功能为导向的城市功能调整契机,加强与长江经济带特别是处于长江流域中上游地区的合作发展。面对大批非首都功能向外转移,特别是一般性制造业、物流产业和大量批发市场外迁,向天津、河北转移的同时,拓宽产业转移地的选择范围,可以延展至长江经济带,以产业为纽带加强区域间的经济联系。

第三,长江经济带发挥好城市群的引领性作用。联动长江三角洲城市群、长江中游城市群和成渝城市群,借助长江经济带双向开放优势,引领贯通发展。一方面发挥城市群沟通协同作用,以长三角城市群为引领,联合长江中游城市群和成渝城市群,强化对华北、东北的辐射带动作用。另一方面以城市合作为重点,发挥上海、南京、武汉、重庆等重要节点城市作用,利用城市辐射影响力和要素集聚能力,加强与中蒙俄经济走廊国内区域城市的合作发展。以重点城市作为"一带一路"与长江经济带的贯通试点,进而带动其他城市融入贯通发展。

(3) 中南半岛经济走廊与长江经济带的贯通

中国—中南半岛经济走廊是中国与中南半岛连接的主通道,是中国"两带一路"建设布局的重要组成部分,也是中国—东盟自由贸易区和泛北部湾经济合作的重要内容。中国—中南半岛经济走廊自中国云南昆明和广西南宁到东盟16国,主要沿线城市包括昆明、南宁、贵阳、重庆、成都、广州、深圳,其目标是以黄金水道、铁路公路和航空为载体和纽带,构建沿线优势产业集群、城镇体系、口岸体系以及边境经济合作区,促进各类要素跨区、跨国流动,形成优势互补、区域分工、联动开发、共同发展的跨国经济走廊。

在要素合作方面,中南半岛经济走廊与长江经济带要在市场经济的制度框架下,按市场配置资源的运行规律,推动合作区域的各类生产要素自由流动,重点是推动人流、物流、资金流、信息流和技术流的无障碍流动。在与广西北部湾合作、珠江三角洲的深港都会合作、海峡西岸区域合作中,要重视多式联运体系与长江经济带的衔接,以优质高效的物流体系推动区域间的生产要素自由流动。

在制度合作方面,要加强广西北部湾与长江经济带区域地方政府合作,提高政府间制度合作的政策层级。可以参照长三角区域制度框架体系,如"三级运作,统分结合"的模式。广西北部湾与长江经济带区域共同建立重大决策机制,建立具有权威性的协调机构,落实区域合作发展的执行体制。在运作中,要通过决策层决定重大合作事项,建立合作平台。要通过专项、专题落实到部门和责任人,有计划、有落实、有检查和有考核。

在国际市场合作方面,广西北部湾与长江经济带要充分利用国家给予长三角和广西北部湾区域的政策叠加效应,按国际惯例,与世界接轨,创新国际合作体制,共同开拓东盟和国际大市场。

2. 贯通战略中的城市群对接

长江经济带发展的重点主要聚集在长江流域的三大城市群,包括长江三角洲城市群,长江中游城市群和成渝城市群。在"一带一路"与长江经济带贯通发展中,要重视城市群间的对接,特别是长江经济带上、中、下游参与"一带一路"的对接,依据各地区不同的自然环境特点和经济发展形势,构建各具特色的多式联运体系。

(1) 长江上游地区与"一带一路"贯通

一是建设长江上游地区与"一带一路"贯通对接的枢纽、节点与重要通道。一方面要构建内陆交通枢纽。重庆依托渝新欧国际铁路联运联盟,提升中欧贸易陆上货运大通道水平,打通长江经济带与海上丝绸之路互联的西南大通道。成都打造西部地区门户枢纽机场和跨境高铁国内枢纽城市,强化空中丝绸之路的核心支撑,形成通达欧洲、中亚、西亚、南亚、东南亚、非洲的陆上贸易大通道。另一方面要发展内陆交通支点和通道。云南推进"五出境"公路和"三出境"水路建设,形成"一带一路"连接交汇战略支点,构建面向东南亚和南亚的辐射中心。贵州借助南下出海大通道的枢纽优势,构建连接"一带一路"的战略通道,向北经成都、重庆连接欧亚大陆桥,向南连接广东、广西,对接21世纪海上丝绸之路。

二是扩大国际经贸和资金合作,打造内陆开放新高地。依托航空、水运、铁路三种口岸形态齐备优势,推进重庆自贸试验区建设,构建长江经济带上游服务贸易高地。借助大平台、大通道、大通关、大集群、大环境建设,深化内陆沿海沿边通关协作。把握中国(四川)自由贸易试验区与成都高新区叠加发展的历史机遇,进一步对接高标准国际规则,打造内陆开放型经济高地,构建国家向西向南开放桥头堡。

三是挖掘文化内涵,形成与"一带一路"国家合作和交流的纽带。注重挖掘长江上游城市的历史与文化,充分发挥重庆作为西部地区领事馆中心城市的影响作用,增强其历史文化的对外吸引力和认同度,提高城市的国际影响力,为长江上游与"一带一路"贯通营造良好的外部舆论环境。成都是丝绸文化的发源地,增进其与"一带一路"沿线国家和地区的人文合作,进一步拓宽对欧经贸文化交流合作渠道;进一步挖掘天府文化的内涵,注重文化载体建设,以新的时代视角审视其传承与创意展示,让天府文化成为全面体现新发展理念国家中心城市建设的文化基石。

(2) 长江中游地区与"一带一路"贯通

一是建设联通内陆、承接沿海中部交通枢纽和节点。武汉形成贯通对接"一带一路"的中部枢纽。推进武汉港口、公路、铁路建设,大力发展铁水联运、公水联运等综合运输方式,推进长江深水航道整治工程,加快武汉长江中游航运中心建设;提升"汉新欧"国际铁路货运班列国际化、市场化水平;加强并提升主城对外放射路与高速公路衔接通道的道路等级和设施条件,长沙和南昌形成贯通对接"一带一路"的重要节点。长沙培育发展"湘欧快线",打通面向西北的铁路通道,直接连通中国—中亚经济走廊。打通面向中国—东盟经济走廊和北部湾地区的通道,推动与东南沿海地区的对接,打造连通海上丝绸之路的通道。南昌借助于赣欧(南昌—鹿特丹)国际货运班列和赣欧(亚)南昌—河内国际货运班列分别联通"一带一路"的欧洲国家和东盟国家。

二是加大优势产业的产能输出与产业合作。推动武汉与"一带一路"国家与地区在机械设备、现代农业、基建工程、建筑建材、医药化工、生物食品等多个领域的国际产能合作。长沙进一步推进生物医药、电子信息、新材料、矿业、农业、食品、纺织、贸易等领域向"一带一路"的投资,对外投资方式从能源投资驱动向市场驱动、技术驱动的多元化发展。同时,通过制度创新加快长沙与粤港澳全方位对接融合,构筑基础设施衔接、产业配套互补的分工协作体系。

三是建立与内陆重点城市、沿边省份以及"一带一路"沿线国家的协调合作机制。武汉、长沙、南昌等城市坚持结构互补、互利共赢的理念,全面深化与内陆重点城市在各个领域的对接合作。利用边境省区对外口岸的地理特点,强强联合,探索共建合作产业园区。从地方层面推进与"一带一路"沿线国家政府的合作,构建地方政府间交流机制。

四是发展以多式联运为目标的综合立体交通走廊体系。降低物流成本,加大长江利益共同体的交通统筹协调能力,构建长江经济带立体交通走廊,支撑亚欧铁路网的建设,形成欧亚之间的大运量通道,使长江经济带向西高效联通丝绸之路经济带。重点推动建设武汉复合型国家综合交通枢纽建设,再选择一批条件成熟、规模合适、代表性强的铁路、航道、码头和物流园区建设,开展多式联运、综合开发等改革试点示范工程。支持重点港区实现"铁水""公水"无缝衔接。加大区际交通统筹协调能力,优化结构、提升能力,彰显高速公路快速通达的特性。优化客、货运枢纽,建设长江经济带综合交通枢纽,全面实现联程联运。实现枢纽与运输网络的一体化、单体枢纽间的一体化、枢纽内部换乘一体化、枢纽服务一体化。协调跨省(自治区、直辖市)铁路项目建设进度,确保各省境内路段同期建设。

(3)长三角地区与"一带一路"贯通

一是加快多式联运体系建设,建成综合化、立体化的交通网络枢纽。长三角地区是长江经济带与"一带一路"的交汇区,应加强上海港、宁波—舟山港、南京港等枢纽港口建设,构建以海铁联运、江海联运、陆海联运为主的长三角多式联运体系,使之成为贯通战略核心枢纽。

二是构建国际贸易、投资、金融、科技创新等领域的服务平台。上海自贸区建设服务"一带一路"的桥头堡,形成国际贸易投资、金融和科技创新三大服务平台。一方面打造方便快捷的跨境融资平台,利用境内外金融市场,为"一带一路"沿线国家和地区提供低成本和便捷的结算、融资与风险管理服务。另一方面通过税收、补贴等政策鼓励和引导各类市场主体针对对外投资服务领域,建立多元化的投资服务机构,为"一带一路"沿线国家或地区海外投资提供运营管理、投资方向、产业合作等方面的便利化服务。同时积极构建发达国家和发展中国家进行科技合作交流的平台;打造"一带一路"产权交易中心与技术转移平台,促进"一带一路"国家与地区创新要素、创新成果的转化及转让。南京和杭州作为长三角北翼和南翼的重要城市,发挥各自的科技优势和跨境电商平台优势,分别形成服务长江经济带与"一带一路"的科技资源集聚高地、科技合作基地,以及"网络丝绸之路"枢纽。

三是形成制度创新的高地,增强在制定国际规则和技术标准中的话语权。上海作为长三角地区的制度创新和对外开放的核心城市,要建设制度创新和对外政策沟通的平台高地。一方面积极开展制度创新成果的复制与推广。在实现高标准的贸易数据协同、简化和标准化基础上,向"一带一路"沿线国家与地区复制推广国际贸易"单一窗口"建设经验。另一方面推动先进交通技术标准国际化,积极参与国际行业标准与行业规则制定。积极参与国际贸易规则的制定,在现有的上海合作组织、金砖国家合作机制等合作平台基础上,构建双边及多边的贸易规则,参与次区域合作机制的活动。

3. 贯通战略中的多式联运集成体系对接

"一带一路"与长江经济带贯通发展的重点在于多式联运集成体系的构建,因此在通道对接、城市对接的基础上,应加强铁路、水运、公路、航空和多种运输方式的集成对接。

一是提升主要物流通道干线铁路运输能力。优化铁路运输组织,加强铁路系统内跨局组织协调,实现车船班期稳定衔接。开发铁路多样化、多频次班列产品,构建便捷、高效的货运班列网络。关注铁路双层集装箱、驼背运输产品开发,提升设施设备能力。积极研究高铁客货分线运输方案、大宗货物集疏港运输向铁路和水路转移、运输企业与客户门到门送达网络建设。

二是统筹优化"一带一路"与长江经济带地区集装箱、煤炭、矿石、原油、液化天然气、商品汽车等专业运输系统布局。着力推进集疏港铁路建设,加强港区集疏港铁路与干线铁路和码头堆场的衔接,打通铁路进港最后一千米,长江干线主要港口全面接入集疏港铁路。发展江海直达和江海联运,统筹江海直达和江海联运发展,积极推进干散货、集装箱江海直达运输,实现集装箱直达运输班轮化发展。

三是优化主要支点城市航空运输布局。长三角地区机场密度大、可达性好、空侧服务水平高,绝大部分地域单元能便捷地享受到航空运输服务。要发挥国际航运中心优势,打造贯通战略航空运输核心枢纽,发挥协调"两带一路"国内国外两大区域的枢纽作用。长江中上游地区机场相对密度较低,地区机场密度与空侧服务能力不足,集疏运体系不完善,机场可达性一般,应在加强自身航空运输发展提升的同时,作为其他运输方式的补充,在高附加值商品运输等方面发挥作用。

四是推进具有多式联运功能的物流园区建设,加强不同运输方式间的有效衔接。鼓励铁路、港口、航运等企业加强合作,加快发展集装箱铁水联运,促进海运集装箱通过铁路集疏港。在"一带一路"涉及的重点沿海区域和长江干线,打造"长途重点货类精品班列+短途城际小运转班列"铁水联运产品体系。

三、"一带一路"与长江经济带贯通中的重大区域战略

"一带一路"与长江经济带贯通发展涉及中国较多省份,涉及众多国家发展战略,是"一带一路"与长江经济带贯通发展的重要支撑。通过重点区域、重点项目和重大战略的示范引领,可带动贯通战略的不断深入。如长三角港口群协调发展、兰州西部物流枢纽建设、中欧班列建设与发展等重大战略和项目,可作为贯通发展战略的重要抓手。

1. 长江三角洲港口群协调发展

随着全球经济一体化进程加快,中国外向型经济深化发展,长江经济带建设、长江三角洲区域一体化等国家战略不断推进,长江三角洲港口群作为中国港口分布最密集、吞吐量最大的港口群,开始发挥越来越大的作用。长三角港口群省辖内港口资源整合基本完成并初显成效,省份间合作稳步推进,港口集疏运体系不断完善,为"一带一路"与长江经济带贯通发展提供了有力支撑。

(1)长三角港口群协同发展现状

当前,长三角港口群中苏浙沪各港口发展迅速,港口吞吐量不断上升,基本形成错位发展的良好局面,长三角港口群的协调发展取得了初步成就。

一是长三角港口群错位发展格局。在全球城市群港口竞争日益激烈的背景下,长三角港口群实施错位发展,力求形成合作共赢态势。长三角港口群以市场发展和政府推动为契机,大规模地开展区域港口合作,围绕上海的南北两翼港口群区域逐渐实施一体化发展。同时长三角港口群正通过资本渗透、相互持股等合作方式,形成新一轮的竞合发展模式,不断深化"共建共享"的合作理念。

二是港口群协同发展中地方政府职能转变。政府职能转变在港口群协同发展中正发挥着愈为显著的作用,集中体现在基础设施建设和有效制度供给上,如上海在洋山港区、浙江在宁波港、舟山新区等给予了重点支持。与此同时,各相关地方政府在建港土地优惠、贷款政府担保、税收减免、路桥费免收等方面支持长三角港口群一体化发展,大幅推进了上海国际航运中心和长三角港口群的发展。

(2)作为长三角港口群的发展方向:"五位一体"

未来长三角港口群应以资本为纽带、多式联运为契机,通过"五位一体"发

展,即合作开发大小洋山、沪舟海上大通道建设、江海联运协同发展、自贸区新片区建设与沪浙自贸区联动,以及海洋石化产业的协同发展,通过制度创新和机制创新,加快长三角港口一体化。

2. 兰州西部物流枢纽建设

在新的国家战略背景与格局下,兰州既是"丝绸之路经济带黄金段"的战略支点,也构成了与长江经济带贯通发展战略节点。兰州可借助地理区位优势,有效转化为经济发展势能,搭建高水平开放发展平台,成为"一带一路"与长江经济带多式联运系统集成重要组成部分。

(1) 兰州建设"一带一路"西部物流枢纽的战略作用

兰州"一带一路"西部物流枢纽的建设,具有多层次的战略意义,对中国"一带一路"城市网络构建、国家开放格局调整、国家战略安全态势塑造等领域将产生重要的推进作用。

从"一带一路"城市网络构建上看,中国城市体系中西部城市的网络连接度整体上较为有限,需要塑造战略枢纽城市的支撑作用。在地理区位上,兰州作为连接"一带"和"一路"的"钻石节点",在推动建设"一带一路"中的战略意义日益凸显。兰州建设"一带一路"西部物流枢纽,是该城市与"一带一路"城市网络实现对接,进而完善中国"一带一路"城市网络体系的重要战略举措。这种作用的发挥,关键点在于充分利用兰州的区域交通枢纽核心功能,提升其对国际物流的承载与配置能力。这需要兰州凭借较高水平的铁路站点、机场、高速公路等交通基础设施,对接亚欧大陆桥、长江水道、东部沿海出海通道等发展轴,形成内联外通的设施体系,从而推动中国西南、西北地区与境外基础设施互联互通,并带动门户枢纽地区发展。

从国家开放格局上看,兰州的西部物流枢纽建设,有助于形成中国西部的开放型发展节点,进一步提升东、中部城市与城市群与"一带一路"西部通道及城市节点的连通性,从而使城市间开放互动网络更为完整与高效。同时,"一带一路"城市网络国内西部段的整体发展,有助于带动西部开放水平与经济发展水平的升级,从而在战略上保障西部的稳定,建构中国"两个扇面"的开放总格局。

从战略格局上看,兰州西部物流枢纽建设,对中国国家总体安全体系建设具有多层面的贡献。第一,加强兰州新区西部物流枢纽建设,将使"一带一路"要素资源的进入更加充分地依托陆路通道,有利于提升中国的能源、资源安全保障水平。第二,加强兰州新区西部物流枢纽建设,将使兰州乃至甘肃地区成为中国战略西进的桥头堡。第三,加强兰州新区西部物流枢纽建设,有助于充分发挥兰州对西部地区的辐射带动作用,促进西部经济发展活力与稳定度,降低区域间发展的不平衡,从而提升国家地区间发展的整体均衡性,降低边疆地区发展的不确定性。

兰州"一带一路"西部物流枢纽定位视角,需要跳出兰州本地层面,从国家战略层面,结合"一带一路"倡议和长江经济带发展中的多式联运系统集成角度加以谋划。一是兰州建设西部物流枢纽,要通过多方向物流大通道的构建,提升辐射能级与区域经济带动作用,从而使其充分发挥贯通战略"向西开放"的战略平台,以"大开放"促进贯通战略发展。二是以西部物流枢纽促进"建设大平台、构建大通道、形成大枢纽、发展大产业"策略的全面实施,推动兰州市的经济转型升级,进而为"一带一路"和长江经济带贯通发展建构西部战略"支撑点"。三是兰州枢纽地位的提升,有助于西部城市体系的联动,进而构建中国"新西三角"经济圈,平衡中国国内产业经济布局。

(2) 兰州"一带一路"西部物流枢纽的主体功能

兰州"一带一路"西部物流枢纽在贯通战略中的主体功能,是建成中国西部的门户枢纽,形成中国与沿线国家合作的西部门户和枢纽。要充分发挥兰州物流枢纽功能,围绕门户通道优势,在强化"一带一路"与长江经济带交通设施和产业对接两端发力,增强其辐射能力。

兰州新区作为西部第一个国家级新区,拥有独特的区位和交通等优势,可将其作为试点地区,探索解决当前区域高质量发展布局中存在的上述三个问题。一是区位优势。兰州新区位于东中部地区联系西部地区的桥梁和新欧亚大陆桥通道交汇点的关键区位,被誉为"一带一路"甘肃黄金段的"钻石节点",是几乎所有中欧货运班列的必经之地,在丝绸之路经济带上的地理位置不可或缺。发挥兰州新区在"一带一路"建设和国际物流大通道中的独特区位优势,将其建设成为西部物流枢纽,一方面可使整个西北乃至西部地区的"一带一路"建设和向西开放有了实质性抓手和平台;另一方面也有助于发展形成新的西部区域增长极,填补西北在高质量发展区域布局中的短板,促进中国区域经济更协调均衡发展。二是交通优势。兰州新区及其所处的兰州地区交通优势突出,6条重要铁路运输通道在此交会。从国内来看,随着兰渝铁路、兰成铁路等重大基础设施的建成通车,兰州"座中四联"的区位优势向"座中六联"转变,"承东启西、沟通南北"的区位优势更加突出。从国际来看,兰州经河西走廊、霍尔果斯可达中亚、西亚地区,经格尔木、拉萨可通尼泊尔,经重庆、贵州、广西可至东盟,其在"一带一路"国际互联互通中的交通枢纽位置具有无可替代的战略意义。目前,全国现有的中欧国际货运班列普遍面临成本及货源双重困境,回头货不足,物流集散功能缺失,发展方式显得非常粗放。为此,可依托兰州新区优越的交通条件,打造西部地区承东启西、面向国际的综合交通枢纽和物流组织中枢,加强物流集散和组织编排,推动中欧货运班列高质量发展。三是国家级新区优势。由于多种原因,近年来部分国家级新区的发展不尽如人意,兰州新区是较为突出的案例,对兰州新区的规划反思和策略调整对于其他国家级新区也具有一定借鉴意义。对此,可选择兰州新区开展国家级新区由超常规发展向高质量发展转型的建设试点,深入挖掘兰州新区自身战略目标的特殊内涵,结合自身特色来设定独特的发展功能、战略定位及发展路径和模式,力争特色发展,真正实现国家级新区的高质量发展。

3. 中欧班列建设与发展

中欧班列,是由中国铁路总公司负责运营,连接中国与欧洲,途经"一带一路"沿线各个国家和区域的集装箱班列,是最高品质和最高等级的国际铁路联运列车。中欧班列不仅加强了中国与"一带一路"沿线国家和地区的经济社会联系,也是"一带一路"与长江经济带贯通战略的重要组成。

(1) 中欧班列开行情况

中欧班列发展至今,经历了自发探索(2004—2010年)、争相发展(2011—2015年)、规范合作(2016年以后)三个发展阶段。截至2018年,中欧班列共开行专用运行线65条,其中去程45条,回程20条。

(2) 中欧班列运行中存在的问题

当前中欧班列还处于培育阶段,所产生的效益有限,运行成本居高不下,企业无法独自承担高额运价,只有依靠政府补贴才可能实现常态化运行,高成本、低效益是其根本问题。

一是班列总货运量偏低,未实现规模效应。尽管近年来,中欧班列快速成长,到2018年累计开行突破7 600列,年运送货物总值突破160亿美元。然而,相对中欧贸易总量,中欧班列运量则有些偏低。欧盟已是中国第一大贸易伙伴,中国则是欧盟第一大进口商品来源地和第二大贸易出口对象国,相对于中欧贸易总额,中欧班列的年运送货物总值仅占其2.5%,中欧班列总体运量偏低,效益不明显。

二是回程货源少,双向运输不均衡。中欧班列到2014年开始了回程班列,2016年回程达到去程班列的50%以上,2018年达到67%左右。虽然回程比例逐年提升,但是有部分班列回程货源较少时仍坚持返回,造成回程班列重箱率偏低。2019年前三季度,中欧班列运输综合重箱比例为93%,其中去程班列重箱率为99%,回程班列重箱率为83%。从物流运输的角度看,重箱率越低,运营企业的负担也就越大。

三是运输货物附加值偏低,能承受的运费低。相较空运、海运,中欧班列更适合附加值较高的货物,高附加值商品所能承担的物流成本更高。中国发出的单位集装箱货值只有9万美元,这类低附加值货物对运费的敏感性较高,能承受的运价较低。

四是缺乏有效的整体运输网络规划,综合运行成本高。中欧班列的运行成本包括国内段运输成本、国外段运输成本、换装作业费、货运代理费、口岸费用以及其他费用,其中运输成本是最主要的成本。"甬新欧"班列的国内段运输成本占总成本的34.3%,国外段运输成本占55.8%;"渝新欧""渝满欧"的国内、国外段运输成本共占总成本的70%左右。虽然中欧班列总体上规划了西、中、东三条通道,但每条通道下不同线路之间缺乏整体规划和协调,国内各地开往欧洲主要地区或城市的班列线路重复,一方面造成线路的冗余以及铁路运力的浪费,另一方面也不利于货物的集结,造成往返空载率还相对不高,造成物流成本提升。同时,由于国内中欧班列线路较多,与国外铁路运营商的价格谈判难度大,国外段运价高达0.8—1.2美元,约为国内段的1.5—2倍,导致中欧班列的总体运输成本较高。

(3) 加强铁路与地方政府间的统筹管理

为提升中欧班列的经济成效,确保班列长远发展,应进一步加强铁路部门与地方政府间的统筹协调,统一对当前中欧班列线路进行规划,共同负责班列货物的分拨、集拼、运输等组织管理,实现中欧班列运输效率的提升。此外,应加强对新开班列的管控,按照"控制总量、优化结构"的原则,重点向远离海洋港口的中西部地区倾斜,控制东部沿海地区尤其是航运业发达的长三角、珠三角地区盲目跟风。

(4) 全国统一中欧班列的地方补贴额度与时间表

建议由财政部出台地方扶持指导价,统一中欧班列的地方补贴标准,以限制地方间的无序竞争。成立"中欧国际班列基金",由中国铁路总公司管理,由沿线城市或始发城市共同筹资,将地方政府补贴转变为资金注入,以此规范各地班列补贴,逐渐实现归口管理。推行对各地班列的绩效考核,对长期亏损线路加以取缔或淘汰。另外,制定全国统一的中欧班列路线图和运行时间表,进一步规范班列运行。

4. "一带一路"支点城市建设

(1) 符拉迪沃斯托克:俄远东开发与北极航线潜力港口城市

符拉迪沃斯托克是中国"一带一路"倡议与俄大欧亚联盟的交汇点,是俄罗斯在远东地区最大的城市和港口。符拉迪沃斯托克是俄远东相对发达、知名度最高的城市。2010年符拉迪沃斯托克南部俄罗斯岛被批准建立旅游休闲经济特区。符拉迪沃斯托克是2012年APEC会议举办城市,俄投资200亿美元用于完善其基础设施。北极航线将成为远东开发的战略通道,从东亚到西欧的海洋运输,走"北极航线"则可以缩短30%—40%的距离,将对全球远洋运输航线的调整、对亚太产业结构的布局调整产生根本性影响。符拉迪沃斯托克的产业主要是满足东北亚市场需求的资源加工产业,能源、矿产、水产品、农产品等资源在当地生产加工后就近覆盖市场。以俄国内、欧洲与亚太市场为目标的加工制造业,以及能源加工中PX类项目,在远东有成本与港口优势。需注意的风险在于,俄罗斯虽然希望中国帮助其投资开发远东,但是仍缺少预期稳定的招商与商业环境。北极航线的成熟还要有一段时间,同时符拉迪沃斯托克城市布局相对紧凑,地形结构狭长,空间拓展可能性有限。建议建立"中、俄、韩为主发起国建立多边开发机制",参照中国新加坡苏州工业园区模式,建立开发区"国家间合作模式",有利于跨国多边合作机制的建立,来解决上述问题。建议符拉迪沃斯托克可以作为上海参与的战略选项。

(2) 吉布提:非洲市场与石油通道的战略支点

吉布提位于非洲东北部亚丁湾西岸,面积23 200平方千米。吉布提战略位置极为重要,是美国在非洲的最大军事基地和法国海外最大的军事基地,中国也在此地建设有保障基地。吉布提地处欧、亚、非三大洲的交通要冲,扼守红海通往苏伊士运河的入口,是"石油通道上的哨兵",拥有等同于苏伊士运河的战略地位和经济价值。吉布提拥有优异的海港条件、广阔的非洲经济腹地,能够方便地对接"东南非共同市场"近4亿人的经济腹地。吉布提的"2035年愿景"是"打造成地区性的航运港口和商业中心,成为东非的迪拜,进入中等收入国家行列"。中国在吉布提完成了五个国家级的投资项目,已完工的亚吉铁路连通埃塞俄比亚首都亚的斯亚贝巴和吉布提首都吉布提市,是埃塞俄比亚重要的出海大通道。法国长期经营吉布提,因此吉布提也可能成为中法"一带一路"合作点。但是,吉布提自然资源贫乏,工农业基础薄弱,短期内较难形成现代城市与港区。吉布提自由贸易区等项目的建设仍以央企为主,面临着缺乏货源、缺少后续资金等问题。建议以服务国家战略为出发与立足,利用上海的资源,发挥撬动与支撑作用。上海达之路控股集团有限公司等在吉布提购买了近100平方千米的土地(市区项目4.25平方千米),可由上海国有企业进行收购,统一将其纳入招商局建设的吉布提国家自由贸易区范围,并与上海自由贸易试验区联动发展。

(3) 贝尔格莱德:复兴中的中东欧门户城市

贝尔格莱德作为塞尔维亚首都(也是前南斯拉夫首都)是整个巴尔干半岛的重要支点与门户城市,位于萨瓦河和多瑙河的交汇处,是亚洲水陆进入欧洲的巴尔干之钥。"一带一路"中东欧"16+1"重点项目匈塞铁路项目,预计2024年完工后,将加速巴尔干地区与欧盟的融合发展。对于中国而言,巴尔干是"一带一路"进入欧洲除海上丝路外的重要陆路通道,并且是途经人口多、国家多、民族多的地区,更有利于开拓双边贸易空间,促进双边交流。两国关系稳定可靠。塞尔维亚将中国视为其在国际上最可靠的朋友,塞尔维亚也是中国在中东欧地区首个建立全面战略伙伴关系的国家。塞尔维亚经济正处于战争与经济危机后的复兴初期,2015—2017年经济增长率分别为1%、2.8%、1.9%。塞尔维亚营商环境条件好,具有高素质的人力资源,拥有一大批技术熟练的高级技工,大学毕业生年增长约3.5%,其中1/3毕业于技术专业,工程师水平世界闻名。贝尔格莱德大学是全球著名大学,40个校区分布于贝尔格莱德各地,拥有在校学生7万余名。微软已在贝尔格莱德建立全球研发中心。塞尔维亚人均GDP 5 000美元,营商成本比较低,懂英文的人口比例约占40%,人均月工资524欧元,公司所得税率15%,均低于所有欧盟国家,电、气、燃料、通信费用在欧洲37国中最低。塞尔维亚交通便利,连接欧美大市场。目前正形成多瑙河水运、泛欧11号公路、匈塞铁路等多式联运体系。塞尔维亚尚未加入世界贸易组织,但与欧盟、俄白哈关税同盟、土耳其等签有自贸协定,也是中欧自贸区成员,并享受美国给予的最惠国待遇。缺点是经济复苏面临一些不确定因素。科索沃战争结束已近20年,但科索沃问题一直没有解决,欧盟一直要求塞尔维亚承认科索沃独立作为其加入欧盟的条件。若欧盟继续走向一体化,科索沃问题会进一步缓和。

(4) 达沃市:菲律宾南部最大港口城市

达沃是菲律宾棉兰老岛最重要的城市,是菲律宾第三大城市,是杜特尔特家族的长期经营所在地。菲律宾是中国"一带一路"建设投资重点。选择达沃可以减少投资政治风险。达沃为棉兰老岛的贸易中心,希望利用本地大学,以及通信、输电等基础设施的优势发展,设想建设以信息技术产业为主的"硅湾"。达沃也是中菲合作热门城市。首届中菲"一带一路"经济合作论坛在达沃举行,达沃海港项目由中交疏浚承建,棉兰老岛铁路项目、达沃市高速公路项目2018年开工。达沃经济体量小,产业基础薄弱。农业及旅游相关产业仍然是达沃的最大的经济支柱。达沃港口不在"一带一路"的主要国际航线上,其腹地市场也不大。建议将菲律宾达沃作为中菲合作的窗口城市,上海不实质介入项目投资合作,但可在农产品贸易、旅游合作、城市建设合作方面给予合作支持,并帮助其推介引入投资者。

(5) 万象:贵老合作打造产业合作园区

按照习近平总书记对贵州的重要指示精神,贵州要走出一条"有别于东部、不同于西部其他省份"的改革开放发展新路。"近海、近边、近江"的贵州,找准开放定位,在"一带一路"建设的开放机遇中,实现内外联动发展,事关贵州改革开放再出发全局。老挝、越南是"一带一路"仅有的两个社会主义国家,中老之间具有更稳定的双边关系与互补可能。作为中南半岛内陆"陆锁国"的老挝,与贵州间在地理位势、资源条件等方面有相近之处,两个"内陆经济体"有互补共鉴的实际需求。贵州虽属中国西部,但在开放"走出去"过程中,具有自身比较优势,只要找准定位,可通过内外联动,实现对外开放与内向发展的互动结合。"一带一路"倡议提出以来,贵州与其沿线国家政府间合作不断深化,先后在境外设立了贵州驻柬埔寨、印度、马来西亚、吉尔吉斯斯坦等国商务代表处,走出去企业达到140多家,为贵州走出去建设老挝等海外产业园积累了宝贵经验。老挝是参与"一带一路"合作最积极的国家之一,自1986年实行革新开放后,基本建立了适合经济发展的市场经济体系和管理模式,为吸引外资提供了适宜投资的宏观经济环境。贵州与老挝空间距离相近、地理特征相似。中国所有省份中,贵州陆路距离中南半岛的越南、老挝、缅甸最近,与老挝是"近邻"。二者在自然地理、生态环境、区位特点等许多方面有相似之处。老挝境内多山,80%为山地和高原,森林覆盖率达72%,有"印度支那屋脊"之称。老挝贫困但不贫瘠,与贵州相似,其境内土地、矿产、森林和水资源极其丰富。除此之外,老挝宗教文化气氛浓厚、文物古迹众多,于2013年被欧盟理事会评为"全球最佳旅游目的地",旅游业成为其经济发展的新兴产业。

第六章 推动"两带一路"贯通发展的思路与建议

在长江经济带发展战略与"一带一路"五通工作基础上,从"设施联通、产业链接、园区合作、城市互连、资金互通、绿色共建、文化相通、贸投共促、开放融合、机制保障"等十个方面,进一步推动对接融合,成为"十四五"落实国家"双循环战略"的增长轴与突破口。

一、推动"两带一路"贯通发展的总体思路

1. 提高"一带一路"与长江经济带贯通的战略认识

要从落实国家战略高度,提高"一带一路"与长江经济带贯通发展的战略认识,构建贯通发展的战略协同、产业协同、布局协同。

第一,促进长江经济带与"一带一路"的战略协同。长江经济带发展与"一带一路"有机融合,对于推动区域对接、统筹协调发展、战略系统集成具有重要意义,也是推动中国区域发展由"行政区经济"转向"功能区经济"的重大转折。改革开放以来,从国家层面发布了多项区域规划、战略规划、发展战略区等,部分规划之间有交叉、重叠,甚至有些政策之间有矛盾,亟待从国家战略层面统筹协调,建立国家战略规划衔接机制。一是坚持以国家战略为指导,明确长江经济带与"一带一路"的空间布局和发展方向,重点是跨重要区域的调控目标,需要统一布局的区域性重大基础设施、重要资源开发、经济社会发展功能区划、政策措施的统一性等内容。二是建立长江经济带与"一带一路"贯通对接的协调机制。建议国家发改委等主管部门,积极协调两者在贯通对接中的关键矛盾和问题,尤其是突破跨区域合作中的体制机制障碍,增进区域间在推进两者贯通对接中的合作。

第二,促进长江经济带与"一带一路"的产业协同。推动区域产业转型升级,建立区域协调发展新体系。"一带一路"和长江经济带同时联系起东、中、西三个不同发展区域,在经济发展水平上也呈现出高、中、低三种不同阶段。在产业分工上,长江经济带各地区呈现梯度化差异,丝绸之路经济带大部分地区同样面临着产业结构单一的问题。加强两者的互联互通,将形成跨区域产

业链,推动区域间产业结构的调整和升级,在中西部地区培育出一批新的区域经济增长极,有助于实现沿海地区与内陆地区的协调发展。同时,"一带一路"具有能源、技术、资金、人才等方面的资源优势和市场优势,而长江经济带具有基础设施、产业转移、生态环境等方面的区域合作经验,两者可以形成优势互补,功能上的相互促进。

第三,促进长江经济带与"一带一路"的布局协同。促进深化改革与对外开放的联动发展,以开放促改革。长江经济带和"一带一路"在空间上横跨了中国的东中西部,"一带一路"更是向周边国家纵深,中国进入新常态之后以出口导向和重工业化为主发展模式都亟待转型,两者的贯通对接不仅能够促进长江经济带经济结构的优化,在改革中推动发展,同时也可以实现对碎片化区域发展方案的整合,充分发挥长江上游、中游、下游地区各自优势,统筹东、中、西部地区的发展,形成沿海、沿边与内陆开放的有效衔接与互动,构建全面对外开放并且是双向开放的新格局。

2. 发挥长三角一体化引领作用,打造两大战略贯通枢纽

长三角地区地处"一带一路"与长江经济带交汇处,肩负着对内带动中西部地区发展和对外参与全球竞争的双重任务。日前长三角一体化上升为国家战略,必须有效突破,助力长江经济带与"一带一路"的发展。

第一,打造"长三角组合港",成为海上丝路的国际枢纽港。长三角城市群拥有"外通大洋,内联深广腹地"的优越自然区位和"水陆并举、四通八达"的便捷交通条件,是中国"一带一路"的交汇点,也是贯通战略中的支撑点。整合上海、浙江、江苏境内沿江沿海港口资源,超前规划,形成港口间的分工与联动;推进港口间基础设施的互联互通,建设区域性航运枢纽;完善组织和管理模式,实施跨省份港口群利益的有效协调,参照纽约港模式,打造世界第一组合港。一是明确战略定位,建设具有全球影响力的世界级港口群。长三角港口群要顺应世界航运发展新趋势,呼应新时代改革开放再出发新指向,策应高质量发展与交通强国新要求,进一步明确与长三角世界级城市群地位相匹配的世界级港口群的战略目标定位。加快从城市港口、省市港口建设竞争为主的规模增长阶段,向城市群港口协同合作为主的高质量发展阶段转变,打造长三角高质量一体化发展和长三角改革开放再出发的港航新高地,实现世界级港口群与世界级城市群联动建设,彰显"一带一路"与长江经济带重要交汇地带的独特优势,巩固亚太地区重要的国际门户和西太平洋的东亚航线要冲地位,提升全球重要的现代服务业和先进制造业中心作用。二是深化体制改革,建立统一化管理体制。长三角港口群进入高质量发展阶段,亟待深化港口管理体制改革,由各省份分别管理港口体制,转变为统一管理长三角港口群港口的体制。主要体现在两方面:一方面,加强跨区域港口协调,设立长三角港口管理局(或长三角港口管理委员会),做实上海组合港功能。长三角港口管理局代表国家(交通运输部)发挥统一的规划、协调、管理职能,加强港口群跨区域协调管理,加强港口管理机构和地方政府之间的联系和协调,改变行政体制分割、多头管理的模式。另一方面,积极主动衔接国家有关部委规范港口行业的发展,对各港口制订相同的服务标准、统一的资费标准,通过具有较强宏观控制和协调职权的区域港口综合行政协调机构,有效推进区域港口密切合作、协调发展。三是联动自贸区,打造港航领域改革开放新高地。深化自由贸易试验区改革开放,鼓励和支持上海自贸试验区、浙江自贸试验区制度创新的经验在长三角港口群更大范围内可复制、可推广,特别是在港航领域实现联动推进。抓紧研究制订长三角港口群自由贸易试验区改革创新专项行动计划。探索形成具有最高开放度和重大标志意义的制度体系、监管体系、政策体系、管理体系,加快实施通关便捷化、贸易便利化、港航业务国际化突破性和针对性的新举措,打造长三角港口群港航领域自贸区制度创新试验和深化改革开放新高地作用。有效破除内外贸水水中转、税收协调、口岸监管等一体化的制度障碍,聚焦港航内外开放联通、集疏运体系建设重点领域和关键环节,利用上海、浙江两个自贸试验区推进制度创新的重大机遇,按照最高标准、最好水平要求加快改革创新步伐,为长三角港口群参与国际航运资源的配置提供更多机遇,进一步提高长三角港口群在国际竞争中的竞争能力和话语权。

第二,加快多式联运体系建设,建成综合化、立体化的交通网络枢纽。以区域内轨道交通、城际铁路、高速公路等快速干道建设为契机,加快城市通道的配套与衔接,共同完善交通、物流网络,不断提高运输能力和服务水平,形成长三角城市群1小时通勤圈。加强上海港、宁波—舟山港、南京港等枢纽港口建设,构建以海铁联运、江海联运、陆海联运为主的长三角多式联运体系,使之成为贯通战略核心枢纽。要加强长三角的空港设施能力,优化航空运输网络,建设具有全球影响力的国际航空枢纽。

第三,发挥长三角制度合作的引领作用,加强与长三角一体化发展战略、长江经济带发展战略、"一带一路"建设的对接,推动区域一体。加快长三角江海联运服务中心建设,引导长江经济带的船舶标准化、航道标准化、港口泊位标准化、航运管理与服务标准化等四个标准化，充分发挥长江经济带"黄金水道"功能。发挥上海及长三角的国际航运中心优势，推动航运港口企业参与21世纪海上丝绸之路支点港口建设。发挥中国极地研究中心及其拥有"雪龙"号科学考察船等优势，积极参与北极开发利用，在共建经北冰洋连接欧洲的蓝色经济通道上发挥重要作用。以上海建设"全球海洋中心城市"为抓手，推动长三角海洋经济合作，积极落实海洋强国战略。

第四，长三角要充分发挥沿海对外开放优势，借助自由贸易港、自贸区建设契机，花大力气建设服务"一带一路"的桥头堡。一方面，扎实推进增设上海自由贸易试验区新片区工作，分类分区域深化自由贸易试验区改革开放。其一，将上海自贸区服务业开放等部分政策，率先在临港周边陆地地区进行可复制、可推广，就地消化上海自贸区政策。其二，在大、小洋山港探索自由港政策。其三，在上海自贸区核心区探索不可复制、不可推广的政策，进一步推动自贸区金融开放，深入融入全球城市网络体系。另一方面，上海、浙江、江苏要加强中国（上海）自由贸易试验区与中国（浙江）自由贸易试验区、中国（江苏）自由贸易试验区的沟通协作，提升自贸区开放程度、便利化水平。积极探索自由贸易港建设。发挥长三角自贸区网络优势，将可复制、可推广经验不断推向长三角全区域，打造统筹沿海、沿边、沿江和沿陆开放，促进对内对外开放联动的协调发展示范区。

3. 以利益为纽带，建立长江经济带多式联运体系

长江经济带高质量发展的共同利益增量可来自五个方面：一是充分利用黄金水道，降低物流成本；二是船型标准化红利。长江近13万艘船舶标准化更新改造将有助于沿江造船业的转型发展。三是三大城市群建设将形成四个立体交通枢纽，带来发展的枢纽红利。四是多式联运的发展，促进沿江港口城市成为区域中心城市，真正贯通长江经济带与"一带一路"互动发展。五是上述四个方面整体提升长江经济带产业竞争力，形成共享发展格局。

第一，实施黄金水道"桥—坝—航道—船"的系统建设工程，全力推进黄金水道标准化。长江黄金水道的物流运输功能发挥不足，主要是没有建立降低长江经济带的物流成本的供给侧改革机制，当前首要全力推进的是黄金水道标准化和船型标准化。长江黄金水道承担了中国55%的内河航运总量。长江航道水深不一、支流航道等级较低、三峡船闸拥堵，限制了内河航运发展。目前，各项工作分头开展，如果出现一个环节的"短板"，整体上就会事倍功半。

标准化船型要与桥梁的高度、水深配套。建设三峡以上水坝综合翻坝转运体系，尽快提高三峡船闸通过能力和翻坝转运能力。对于上游在建大坝，要防止有关企业为节省成本，而缩建船闸与生态设施工程的现象。全面推进长江干线航道系统化治理，加强长江干线航道的信息智能化管理，提高航运发展水平。重点推动长江支流航道建设。加快汉江、赣江、资水等长江支流航道的升级改造和港口建设，打造长江千吨级支流航道网。提高跨越长江的公路、铁路南北与通道的运输能力。在长江经济带建设以空港与支线、通用机场群组合的航空运输体系。充分发挥船型标准化带来的沿江造船业发展，使之成为政府、企业、产业的共同发展红利。要进一步落实推进长江航运船型标准化、绿色化，用五至十年时间，实现船舶更新改造，获得降成本、抓保护与船舶产业振兴三大好处。

第二，合理港口布局，以组合港、合作参股模式建立港口利益共同体，提升港口辐射带动能力。进行港口再组合，避免港口重复投资，优化港口产业结构。下游地区港口群，配合上海国际航运中心和东部沿海港口建设，形成以上海港为龙头，江苏沿江沿海港口和浙江沿海港口为两翼，以港口集团为主体，市场化配置港口群布局。在集疏运体系建设上，加强航运中心政策与制度建设，促进沿江港航联动发展，加强信息化建设实现多种运输方式的有效衔接，加快航运中心集疏运一体化服务系统建设，推动江海联运船舶研发应用，明确区域性港口定位。启运港退税试点等政策有待进一步扩大，退税效率还需进一步提高，将洋山港打造成具有国际竞争力的枢纽港。

第三，发展以多式联运为目标的综合立体交通走廊体系。降低物流成本，加大长江利益共同体的交通统筹协调能力。要抓住长三角这个龙头，构建以黄金水道为主的多式联运体系，突破江海联运功能不强、沿海铁路建设薄弱、港口集疏运靠收费高速公路、铁水联运比重不足2％等所造成的高物流成本瓶颈。构建长江经济带立体交通走廊，支撑亚欧铁路网的建设，形成欧亚之间的大运量通道，使长江经济带向西高效联通丝绸之路经济带。开展多式联运、综合开发等改革试点示范工程。支持重点港区实现"铁水""公水"无缝衔接。抓住与陆港衔接的关键节点和重点工程，优先打通缺失路段，畅通瓶颈路段，提升国际运输通道的基础设施保障能力。加大区际交通统筹协调能力。抓住与陆港衔接的关键节点和重点工程，尽快打通长江上游瓶颈，优化结构、提升能力，彰显高速公路快速通达的特性。优化客、货运枢纽，建设长江经济带综合交通枢纽，全面实现联程联运。实现枢纽与运输网络的一体化、单体枢纽间的一体化、枢纽内部换乘一体化、枢纽服务一体化。协调跨省份铁路项目建设进度，确保各省境内路段同期建设。

第四，超前布局应用磁悬浮交通网络。未来交通网络，必须要有超前的布局。在长江经济带城市群交通网络建设中，建议结合科技部最新的磁悬浮轨道高速国家战略项目，研究论证建设高速与中速磁悬浮交通的可行性。磁悬浮轨道能满足未来500千米时速以上的高速交通需要，并克服长江经济带山地地区的爬坡等技术难题。通过高速磁悬浮实现五大城市群之间的城际交通网络；通过中低速磁悬浮实现城市群内中心城市之间、中心城市与周边城市之间的快速通达。

第五，以物流信息系统的整合来推进长江经济带多式联运体系的建设，加强长江经济带与"一带一路"贯通对接的信息系统建设。长江经济带多式联运受到的限制较多，比如基础设施之间缺乏有效衔接，缺乏多式联运集成服务商群体，缺乏信息化对接以及缺乏统一的标准化等。多式联运不仅仅是公、铁、水、空等多种运输方式的简单组合，更是各种运输方式的复杂系统之间的高效衔接。要依托跨区域的联通重要枢纽和节点城市，整合各地铁路、水运、空运的政府部门、货运部门的信息系统，形成政府和企业两套大数据信息系统，作为助力多式联运交通枢纽、提高物流运输效率的重要抓手。

4. 加快国家大通道建设，贯通长江经济带与"一带一路"通道

第一，总体规划长江经济带立体交通走廊与"一带一路"大通道互联互通。应建设若干个中欧班列物流枢纽，支持将"渝新欧"国际铁路建设成为中欧铁路主通道，推动中南半岛、孟中印缅经济走廊、第三欧亚大陆桥、大湄公河次区域等国际经济廊道建设，打通面向印度洋的战略出海口。依托澜沧江—湄公河黄金水道、昆明—曼谷国际大通道、泛亚铁路中线，总体规划中国与南亚互联互通合作，研究确定合作的重点领域和优先项目。建议将建设第三亚欧大陆桥列入国家战略。

第二，建立"新欧亚大通道"，加强"一带一路"与长江经济带贯通发展。长江经济带发展与"一带一路"建设，两者任务既有不同，又有一定关联性。长江经济带发展战略统筹长江流域九省二市之间的协调发展，自古以来一直是中国经济发展的支撑带，是"一带一路"重要的制造与贸易腹地。"一带一路"建设承担对外开放发展重任，服务企业双向投资贸易，建立全球配置资源能力。两者在发展目标、空间布局、交通网络、产业发展，以及信息和文化交流上可以进行充分的互动契合,并需要有足够的重视。建议建立"新欧亚大通道",使长江经济带成为连接丝绸之路经济带与21世纪海上丝绸之路的交通走廊与经济走廊。目前长江经济带沿线城市开出"渝新欧""汉新欧""苏新欧""义新欧"等形成"X新欧"的通道模式,其实质上已经成为长江经济带连接"一带一路"的重要表现,并逐渐超越原有的"欧亚大陆桥",成为带状的"新欧亚大通道"。由于通道走廊与经济走廊相重合,更具有发展空间与战略意义。

第三,建立西向国际通道的对接枢纽。进一步打通长江经济带立体交通走廊与"一带一路"国际大通道之间的链接。打通中巴伊国际运输通道,破除长江经济带向西开放障碍。适时推进泛亚铁路建设,有助于通过云南实现长江经济带中国—中南半岛、孟中印缅经济走廊的高效联通。其中,目前迫切需考虑实施的是,以兰州为中心的国际港务区和铁路枢纽定位为向西开放的国别班列重新编组中心。甘肃是中欧班列必经之道,建议充分利用兰州、武威、天水三个国际陆港基地,对列车实施重新编组,编为国别班列,一列发至一个国家,提高运行速度,也降低运行费用。将兰州新区西部物流枢纽建设提升为国家战略。兰州新区作为国家级新区应体现国家战略意义,而非一般意义的地方开发区。为推动"一带一路"国际物流通道高质量发展,建议以兰州新区为核心载体,打造西部特别是西北地区的综合交通枢纽和物流组织平台,推动中欧班列高质量发展,并成为引领带动西北乃至整个西部新一轮开放的战略引擎和支撑平台。提升兰州综合保税区枢纽平台的功能和能级。综合保税区是兰州新区最核心、最高端的战略平台,将兰州新区建设成为西部物流枢纽,关键是加快完善和提升综合保税区的功能。建议从国家战略层面,鼓励和支持兰州新区用好用足综合保税区这一枢纽平台,打造"一带一路"国际物流枢纽。适时在兰州综合保税区基础上,设立自由贸易试验区,以更高水平的开放平台带动西北和西部地区高质量发展。

5. 提高运量、优化网络,提升中欧班列运行效率

当前中欧班列的运行价格由政府补贴与企业共同承担,长久的政府补贴必然严重阻碍中欧班列可持续发展。根据经济学中成本收益分析,可考虑通过规模效应降低班列运营成本,通过提高货品附加值提升企业可承受运价两方面入手,逐步实现从政府主导到市场化运作的转变,提升班列的市场竞争实力。

第一,提高中欧班列往返运量。按照中欧班列的发展趋势,预测中欧班列货运量将继续增加,但增速将放缓。随着中欧班列运量的提升,固定成本被分摊,单位运量成本将下降。预计到2024年,政府补贴逐年减少直至退出,这一期间补贴估算为62亿元。建议从两方面提高班列的往返运量:一是提升班列运行时效,增强铁路运输优势。建议加强科技和信息化技术的应用,提高海关检验检疫效率,实现区域通关、监管一体化,缩短查验时间。由国家发改委、商务部、中国铁路总公司统一部署,协调班列所在省、市政府,加强相关部门的信息互通共享。国际上,加快沿线各国的通关信息共享、监管共认,支持中欧班列通道上基础设施的共建,提高国外段运行时效。二是积极拓展回程货源,提高回程重载率。加强与沿线国家政府合作,以国际产能和装备制造合作为契机,推动中欧班列连向中国在沿线国家建设的境外经贸合作区,以及有关国家工业园区、自由港区延伸,鼓励企业开拓海外市场,与欧洲当地物流、货代等企业紧密合作,吸引更多境外货源通过中欧班列运输,提高回程重载率。

第二,优化班列物流网络。构建中欧班列物流网络,实行集成运作。在现行中欧班列开行城市中合理设立若干中转枢纽,运输成本可实现最大降低12%,政府补贴也将较正常情况提前3年退出,可实现节约补贴约37亿元。建议在各省份建立"集结中心",在西南、西北、中部地区建立若干全国性的"中欧班列物流枢纽",集聚各地货源,形成规模经济效应,降低物流成本。同时,提高中国与中欧班列沿线国家谈判的效率和话语权,有效降低中欧班列总体运行费用。基于经济性和运输地位等要素进行模拟,建议将重庆、兰州、郑州分别作为西南、西北、中部地区的物流枢纽。建立各线路协作机制,实现班列优化。建议中国铁路总公司牵头,统一规划,形成区域联动,根据"一带一路"规划、地区产业布局明确其功能定位,加强资源整合。

第三,提升货品附加值,通过提高效益抬高企业可承受运价。近十年,中国对欧洲出口货品中,运输设备,光学、钟表、医疗设备等高附加值货品占比持续上升,纺织品及原料,鞋靴、伞等轻工产品,皮革制品、箱包、陶瓷、玻璃等低附加值货品占比持续下降。中欧班列作为未来中欧贸易的重要载体,货品结构也将随之调整,光学、钟表、医疗设备等高科技、高附加值货品占比将逐渐增加。根据货品结构的变化趋势预测,随着中欧班列货品附加值的逐年提升,企业可承受价格将逐年提升,政府补贴可较正常情况提前2年退出,可实现节约补贴约16亿元。为提升班列的货品附加值,建议从以下两方面着手:一是加快产业升级,推进中西部地区高新技术产业发展。国家层面应加大对西部地区高新技术产业发展的政策扶持和资金投入力度,通过整合资源、集成优势,大力推进高新技术及产业化发展。地方层面,中西部地区政府应进行更深入更广泛的体制改革和观念上的突破,聚集产业升级所需的智力、人才、资金等生产要素。二是提高安全性能,减少高附加值货品运输的安全隐患。

第四,建立政府逐步退出的市场化运作机制。短期内,为吸引货源,提高中欧班列运量和运值,实现规模化运作,政府补贴是重要补充手段。但从长期来看,通过运量的提升,物流网络的优化,以及货品结构的调整,政府补贴将逐渐退出。情况1:随着运量的提升,政府补贴退出时间预计在2024年,其间政府补贴约为62亿元;情况2:若优化物流网络,政府补贴可提前3年退出,节约补贴约37亿元;情况3:若调整货品结构,政府补贴可提前2年退出,节约补贴约16亿元;情况4:若同时优化物流网络和调整货品结构,政府补贴提前3—4年退出,节约补贴约42.6亿元。建议各地政府参照此时间线,建立政府补贴为期5年的逐年退出机制,最终实现市场化运作。同时转变政府职能,对各地中欧班列进行绩效考核,将载货量、货值作为反映班列实际运营情况的重要依据,对于长期亏损的线路交由市场淘汰。

6. 以开放促进长江经济带与"一带一路"互联互动

在对外开放方面,长江经济带面临国家战略部署与项目、资金安排力度较弱、大通关衔接不足、自贸区带动作用有限等问题。因此要以开放发展为途径,推动长江经济带高质量发展,促进与"一带一路"贯通发展。

一是以自贸区、自由港为载体推动东西双向开放。长江经济带对外开放总体上仍然存在比较明显的不均衡问题,各口岸之间没有通过国际贸易单一窗口相联结,海关特殊监管区之间形成封闭运作体系,制约市场一体化。目前,全国11家自贸区中,长江经济带流域分布有上海、浙江、湖北、重庆和四川5家,分别处于长江经济带的上游、中游和下游,这为解决长江经济带协同开放问题创造了条件。笔者建议:第一,建立长江经济带口岸国际贸易单一窗口,促进贸易便利化。国际贸易单一窗口建设不仅是一国贸易便利化的重大基础设施,而且是推动政府职能转换的抓手。上海自贸试验区国际贸易单一窗口已在平台资源整合、系统模式选择和数据元标准化等方面取得了突破性进展,可以跨区复制推广。第二,推进长江经济带区港一体化与跨区海关监管一体化。区港一体化是指海关特殊监管区和港区(航空港、海港或者内陆港)之间的一体化监管体制,在中间产品贸易不断进出的条件下,对企业提高进出口效率有重要作用,但目前存在的主要问题是各监管部门的数据不共享,海关监管内部存在着制度障碍。第三,建立长江经济带自贸试验区海关特殊监管区的主分区制度。修改或者暂停相关海关特殊监管区的法律,打破海关特殊监管区域和非保税区域之间的割裂,适应各片区对保税的要求,形成联动效应,全面建立长江经济带自贸试验区货物状态分类监管制度。第四,在上海、舟山设自由港,开展境内关外的集装箱以及散货转口贸易业务,提升国际中转率,使长江口世界最大港口成为真正意义上的国际航运中心。

二是加强长江流域国际运输及合作的能力建设。建立中欧通道铁路运输岸通关协调机制,打造"中欧班列"品牌加强长江内陆口岸与沿海、沿边口岸一体化通关与协作。优化海关特殊监管区域布局,对符合条件地区增设内陆口岸。创新加工贸易模式,扩大跨境贸易电子商务服务试点省市。

三是加强对外开放平台与国际战略通道建设。加强国家重点开发开放实验区、边(跨)境合作区、综合保税区等开放平台建设,支持边境贸易、边境经济合作、边贸口岸发展。加快推进孟中印缅等重要国际经济走廊建设,实施"境内关外"模式,由单纯边境贸易向贸易投资、经济技术合作、产业链联动同步发展转变,最终形成通道口岸—开放城市—纵深腹地的沿边区域开发开放经济带。

二、促进"两带一路"贯通发展的具体建议

1. 加强内外联通的基础设施统筹布局

(1)布局"两带一路"的"两廊四通道"融合发展新格局

设施联通是融合的前提与基础。以"两廊四通道"为重点,打通长江经济带与"一带一路"融合发展堵点,形成"纵向贯通、横向连接"设施联通。加强长江经济带与"一带一路"的贯通衔接,构建区域融合发展新格局。

第一,以"四个通道"建设加强南北协调发展。发挥融合发展中的通道作用,重点打造"一带一路"与长江经济带上、中、下游以及沿海地区四大融合发展新通道,促进长江经济带立体综合体系与国内与国际的有机对接。长江经济带与"一带一路"要形成"纵向贯通、横向连接"设施联通。长江经济带"黄金水道"、沿江高铁等建设项目推动了纵向贯通,下一步需关注四条横向连接线。上游地区重点打造兰州—成渝—北部湾大通道,以兰渝铁路为基础,将兰州纳入西部陆海新通道,形成贯通中国西部地区、北接"一带"、南连"一路"、协同衔接长江经济带的国际贸易大通道;中部地区构建西安—武汉通道建设,利用

"西十高铁"规划建设对接"汉十高铁",形成西安至武汉间便捷高铁通道,改变西北至华中、华南、赣闽等地经郑西—郑武高铁"拐角"绕行的格局,加强关中城市群与长江中游城市群联系,带动沿线经济社会融合发展;下游地区加强南京—郑州通道建设,促进长江经济带建设、长三角高质量一体化发展与中部崛起国家战略对接;沿海地区加强沿海大通道建设,"五位一体"推进长三角港口一体化。以上海国际航运中心为基础,南向积极对接海上丝绸之路,北向链接连云港、大连,积极参与北极航线开发,缩短海上运输航程和运输时间的同时,拓展能源和资源供给渠道,降低中国能源和经济的安全风险。

第二,以"两廊"建设推进全覆盖的区域战略布局。借助大通道建设促进中国区域空间东、中、西的"横向中国"与南、北"纵向中国"战略布局相结合,达到网络化、全覆盖的区域战略布局。一方面,发挥长江经济带陆海通道作用,促进长江经济带上中下游协调发展,借助沿海沿江沿边的区位优势,以长江经济带综合立体交通走廊建设带动海陆双向开放,形成沿海与中西部相互支撑、良性互动的新格局。另一方面,以长江经济带支撑欧亚大陆桥经济走廊发展,以新通道建设为载体,带动南北均衡发展,形成长江经济带与"一带一路"建设深度融合的全方位对外开放新格局。支持国内大循环的同时,促进与"一带一路"国家地区对接,助推国内大循环为主体、国内国际双循环相互促进的新发展格局的构建。

(2)打造长江经济带与"一带一路"多式联运样板工程

总结《长江经济带多式联运发展三年行动计划》的成绩与困难,进一步组建"长江经济带与'一带一路'多式联运推进小组办公室",从全国层面统筹协调落实具体工作,做好央地对接工作,深入推进落实多式联运。一是进一步落实联运项目,打通多式联运衔接点。一方面,贯通多式联运运输链,加快建设进港铁路线。着力解决"最后一千米"和两种运输方式的"中间一千米"高消耗,加强主要运输节点和枢纽的基础设施建设,完善集疏运体系建设,加快建设进港铁路线,完善与铁路相关的仓储、装卸、配送等配套基础设施建设,完善疏港公路和铁路集装箱中心站建设,积极开展内陆"无水港"建设等提升了多式联运效率。另一方面,促进多式联运管理体制和货运运输标准统一化,建立统一的多式联运制度。二是健全多式联运法规政策。国家加快制定多式联运的相关规章。加强多式联运的标准、规范建设,统一和规范铁水联运市场,出台多式联运发展的价格体系和扶持政策。三是打造多式联运信息互联共享平台。国家应协调、开放多式联运信息的共享、交换,提升社会整体物流水平和业务协同能力。以智慧物流产业平台和"信息大脑"为支撑,构建多式联运数据交换平台,结合智慧化港口建设、智能运输装备升级、无纸化单证使用,系统性解决多式联运信息化和装备智能化问题,要形成国家统一与市场竞争相结合的多式联运"信息大脑",实现多式联运"一单制"。

(3) 提升中欧班列运营效能,进一步提升中欧班列功能作用

中欧班列在新冠疫情期间发挥了重要作用,也体现出"一带一路"通道布局的前瞻性。一是进一步加强中欧班列铁路通道运输能力建设。改扩建设境外铁路,推进口岸站场扩容改造,打通国际多式联运通道建设的断链点;优化中欧班列国际物流服务流程,进行国际物流运输方案的协同决策,如增开国际邮包专列,提供"门到门"全程运输服务、联合进行货物多程运输服务、中欧冷链班列等。二是统筹建立中欧班列运输协调机制。优化线路布局,整合货源,通过中欧班列共生企业选择机制和主体企业协同机制提升中欧班列运营效率。三是建立国内外中欧班列运输服务公共信息平台。铁路运输管理部门以市场化导向开发"铁路货运"第三方平台,将地方政府及沿线国家的中欧班列路线及其他货运路线信息,提供线上服务,整体提高中欧班列效率。四是国家统一扶持政策标准。从"一带一路"建设全局考虑,在内陆地区建设几个高能级的中欧班列枢纽节点,将重庆、成都、兰州建设成为西部物流枢纽中心,将河南郑州建设成为中部物流枢纽中心。由财政部出台地方扶持指导价,对中欧班列物流枢纽如重庆、西安、郑州等加大投入,而对地方性中欧班列要适时建立退出地区补贴机制。成立"中欧国际班列基金",将地方政府补贴转变为资金注入,以此规范各地班列补贴,逐渐实现归口管理。

(4) 发展货运高铁,提高货运铁路运营效能

要充分挖掘高铁运输能力潜能,结合新冠疫情后客运需求下降、物流配送需求上升的态势,增加货运高铁的配置。一是加强高铁货运基础设施建设。做好高铁货运网络和节点规划。根据客货运需求和线路能力供给,改扩建提升既有高铁车站的货运作业能力,满足更大批量的高铁货运需求。二是丰富高铁货运组织模式。加快货运动车组以及高铁货运车厢等高铁货运装备的研发、生产与投运,积极发展高铁货运车厢运输。三是建设高铁货运物流公共信息平台。加快高铁与航空、公路等物流标准对接,推动高铁货运操作标准、信息标准、运行标准和设备标准的建设工作,加强与航空公司、机场的合作。

(5) 增加国际货运空港布局,增设"一带一路"国际机场经停航线

国际机场日益成为国际物流的重要组成,也是促进对外交流的重要保障。

中国国际货运空港机场布局方面存在一定不足，一方面，中国航空市场的国际化水平偏低。另一方面，中国长期以来没有独立的货运机场，过于依赖于客机带货模式，航空运力短缺。因此要增加国际货运空港机场布局，增设"一带一路"国际经停航。

第一，加强国际货运空港枢纽群建设。一是优化提升干线航路网络骨架。以中国京津冀地区、粤港澳大湾区、长三角城市群以及成渝城市群所在四大国际枢纽机场群为核心，以国家门户枢纽和其他国际枢纽机场为补充，打造全方位的国际航空通道，共同构建以辐射亚洲为核心的近程国际航线圈和以通达五大洲为目标的远程国际航空圈层。二是完善"两带一路"航空枢纽建设，拓展运输合作范围。加强建设各地区的国际航空枢纽，加强中国各区域国际空港与其他国家之间的联系，进一步增强沿线国家航空的运输关系网。重点结合"一带一路"建设中六大经济走廊和长江经济带沿线城市群，布局国际空港建设。三是强化"南南合作"，开拓直达新兴经济体的"空中丝绸之路"。结合地方合作，开拓直达新兴经济体的"空中丝绸之路"。譬如湖南与老挝的经济交往密切，专设长沙至万象国际航线，国内其他城市可从长沙转机至万象。大力拓展以"南南合作"为特色、以衔接"两带一路"为重点的通航对象。重点发展外交、经贸、人文等性质的航线，在南亚和东南亚构建以昆明长水机场为主体的国际经贸旅游航空圈，服务于孟中印缅经济走廊和大湄公河次区域等。

第二，完善优化国内枢纽机场建设。一是进一步完善综合性枢纽机场建设，鼓励航空公司和物流企业深度融合，鼓励传统航空公司转型发展，促进传统运输业向货流、物流两端进行延伸发展。同时，强化现有国际机场通达性建设，加快推进交通网络建设，提升重点路段通行保障能力，强化机场城际铁路、机场地铁，以及机场市区主干道升级改造，提高机场与外部交通的通达性、链接便利性。二是有序推进专业化货运枢纽机场建设。鼓励企业积极探索航空货运发展的新模式，支持拥有全货机机队的专业化航空物流企业入驻机场，打造高效、专业的全货机运营平台。三是探索发展支线航空货运。中小城市通过支线货运航班与枢纽机场连接，为枢纽机场集散货源，加快货物的周转和分拨效率。"小机场"可助力"大枢纽"，提升支线货运航线网络对航空货运枢纽的支撑作用。四是将有条件的地级市机场升级为国际机场，并开辟国际航线的经停航线。譬如景德镇市有1万人洋漂、5万人景漂，每年围绕瓷器文化交流往来众多，可以升级为国际机场，并配置国际经停航线。

2. 深化产业链合作创新，打造产业合作共同体

第一，调查研究重点产业的对接路径与合作方案。打通基础设施是为了增进产业合作，实现共同增长。长江经济带产业由东向西的梯度转移与"一带一路"企业"走出去"，具有产业间的替代与互补关系。形成内外双循环相互促进格局，需要全局把握与处理两者间产业链的分工合作关系。建议围绕长江经济带重点打造的电子信息、高端装备、汽车、家电、纺织服装五大世界级产业集群，在基础设施联通的基础上，围绕产业链加深长江经济带与"一带一路"沿线国家的合作关系。譬如长江经济带的纺织服装、家电产业链的生产环节已经向"一带一路"沿线国家密集转移，形成生产在外再进口国内市场或出口第三方市场的格局。国家层面需要结合每一个行业的特点，跟踪分析产业链转移与合作的趋势，并组织引导产业与企业的合理转移。产业链是双向投资与贸易的结果，但是国家层面在产业政策上需要有战略性判断与预案。

第二，打造若干区域化对接的产业合作共同体。中美贸易摩擦、新冠疫情等因素，导致未来一段时期全球产业链的布局将更多考虑安全因素。产业链的就地化、区域化、多元化布局将成为企业全球化战略与国家产业战略的选择。围绕长江经济带与"一带一路"沿线国家的区域市场形成打造若干产业层面的合作共同体市场，区域性合作层面加深"一带一路"的产业合作。譬如打造长江经济带亚洲供应链合作区、长江经济带与孟中印缅产业合作联盟、长江经济带与黑海联盟产业合作等。通过密切对等的区域产业合作联系，把"一带一路"沿线各个国家和地区真正结成利益共同体，更加充分地释放合作红利。

第三，加强长江经济带与"一带一路"产业创新合作。"一带一路"产业合作除了产能合作，要更加突出创新合作。"一带一路"沿线国家与中国改革开放初期类似，具有引进消化技术的诉求，通过创新合作，一方面在后发国家可以树立高水平产业合作的形象，另一方面大批"一带一路"国家先进技术与高端人才可为我所用。譬如塞尔维亚拥有受过良好教育的人才，且在信息技术、非转基因作物种子等领域处于世界领先，类似的国家不在少数。建议：一是设立长江经济带与"一带一路"国际合作科研项目基金。鼓励长江经济带沿线发达城市、园区、科研院所、企业，加强与"一带一路"国家开展联合创新合作，推动创新产业化。二是在上海临港新片区设立"一带一路"科学院。发挥上海临港新片区开放优势与长三角科研产业优势，吸引与培养"一带一路"沿线国家的优秀人才，参与"一带一路"的创新与产业合作。

3. 建立园区合作网络，支持地方品牌园区海外布局

第一，建立长江经济带与"一带一路"的园区合作网络。园区是企业"走出去"的可靠平台，是产业链接的重要载体。"一带一路"倡议实施以来，海外园区得到了长足发展，但从总体水平看，海外园区还处于初期发展阶段，各类园区水平参差不齐，彼此间也缺少合作协同。从国家层面而言，缺少像日本、新加坡海外园区布局的有序性。因此要以园区合作为切入点促进有机融合发展，深化双边经贸合作关系，构建"一带一路"沿线国家高标准自贸区网络。鉴于长江经济带是园区发展模式最为成熟、成功的地区之一，沿海发达地区的园区发展已经进入和具备海外投资布局的能力，因此建议：一方面国家支持推动组建"长江经济带与'一带一路'的园区合作网络"专业平台。以社会化市场化运作方式，促进园区投资布局及海外合作协同。另一方面推动长江经济带园区或企业发起"长江经济带与'一带一路'海外园区开发基金"。可以在国内外同步募集，投资用于海外园区或国内本土园区的合作开发。

第二，推动长江经济带品牌园区在海外重点区域的投资布局。长江经济带已经打造出江苏苏州工业园区、上海临港（漕河泾）等国内外知名的园区开发品牌，白俄罗斯工业园等国外园区多次上门学习。但是这些品牌尚未在"一带一路"海外布局。随着本土园区城市化进程进入尾声，可鼓励国内园区积极走出去布局，分享中国建设开发区、设立特区的理念与管理经验，推动中国品牌、中国人才和中国标准"走出去"。探索推广政府高层推动建设为主的苏州工业园区模式、园区开发公司为主导的中埃苏伊士经贸合作区建设模式、具有江苏特色的"重资产投资运营"和"轻资产管理输出"结合发展模式等。如符拉迪沃斯托克可借鉴苏州工业园区模式经验，建立中、俄、韩"国家间合作模式"开发区。可关注的园区布局区域包括：一是加强与"一带一路"中社会主义国家（如老挝）合作，推进贵安新区与万象园区对接。二是加强与"一带一路"沿线国家开展三方合作机制，建议与意大利、阿尔巴尼亚开展三方合作。推动阿尔巴尼亚的园区开发，这源于中东欧"17＋1"合作的重点在巴尔干地区，可以体量最小、经济最落后、最容易合作的阿尔巴尼亚为突破口。加强与法国、吉布提建立三方经贸合作。吉布提位居战略要地，通过与上海自由贸易试验区联动发展，可打造东非"香港"，发挥撬动与支撑作用，服务国家战略。三是支持边境贸易、边境经济合作、边贸口岸发展。在孟中印缅国际经济走廊重点推进中缅合作，以此应对印太战略四国的"蓝点网络"计划，实施"境内关外"模式，形成"通道口岸—开放城市—纵深腹地"的沿边区域开发开放经济带。

4. 推动长江经济带与"一带一路"支点城市的互联互动

第一,打造一批长江经济带上的"一带一路"战略支点城市。根据对"一带一路"功能作用的不同,长江经济带上的"一带一路"战略支点城市可以分为两类:第一类是"一带一路"链接的枢纽型城市。包括上海、南京、合肥、武汉、重庆、成都,分别代表"上中下、东中西"游城市群地区,作为连接"一带一路"的综合枢纽节点。其中,上海作为长江经济带的龙头与"一带一路"的桥头堡,中心节点与战略链接效应更为突出。第二类是"一带一路"链接的节点型城市。主要是指在综合交通、功能上并不突出,但是在特定方面与在"一带一路"上发挥特殊作用与影响力的城市,譬如江西景德镇市的陶瓷文化传承创新示范区从古至今在"一带一路"上发挥着重要影响力。湖南长沙市与老挝万象有着密切的经济合作往来。通过长江经济带上的"一带一路"枢纽与节点城市,进一步发挥地方积极性促进融合。

第二,鼓励推广与"一带一路"支点城市的互联互动。长江经济带与"一带一路"支点城市应形成互连互动关系。一是基于支点作用的城市战略链接。基于条件成熟度、战略位置重要性、区域影响力等条件,譬如与符拉迪沃斯托克、贝尔格莱德等城市应建立重点合作对接关系。二是基于国家合作的城市互助。譬如中缅合作中,上海与仰光、昆明与曼德勒、深圳与皎漂港建立战略合作关系,推动城市建设、文化科技交流方面的合作,打造"一带一路"上的深圳模式、浦东模式,通过"一带一路"建设能让全球看到"一带一路"上的"新四小龙"。三是基于友城交流的城市合作。譬如重庆市与哈萨克斯坦的阿拉木图市、白俄罗斯的明斯克州等建立了友好城市关系和友好交流关系,在友城杜塞尔多夫开设渝新欧联络处基础上,通过举办多项交流活动助推"渝新欧"。

第三,更好发挥上海"一带一路"桥头堡作用。发挥上海和香港在"一带一路"沿线超级"联系人"的作用,充分利用上海作为"一带一路"与长江经济带交汇点的区位优势,更好发挥上海核心功能服务"一带一路"与长江经济带发展。一是以航运中心功能带动融合发展中的互联互通。借助上海国际航运中心建设联动,畅通内外连接通道、拓展综合服务功能。在航运方面,提升上海组合港办公室功能地位,赋予长江经济带及长三角港口规划与整合发展权。"上海国际航运中心"不是上海的国际航运中心,是全国的航运中心功能,要实现以集装箱枢纽港为主转向航运服务业的突破,"十四五"要抓紧打通沿海铁路与长江口和杭州湾的通道断点,推动江海直达运输。实现将自贸区临港新片区作为长江经济带与"一带一路"融合的最高地,打通东海大桥二期沿海铁路大通道,与沪苏浙自贸区联动共同服务两大战略融合。二是进一步拓展上海新的开放领域和服务功能。从国家层面支持上海实施更加积极主动的开放战略,建立健全开放型经济体系,吸引国际资本、技术、人才要素的集聚,扩大金融、教育、医疗、文化、专业服务业等领域的开放,提高服务业的国际化水平。支持上海拓展国家级会展设施平台、国际贸易和海外营销促进平台、技术进出口促进平台、电子商务平台、大宗商品交易平台、内外贸易一体化平台、国际贸易机构集聚平台等平台经济的辐射效应和枢纽功能,促进上海优势资源为"一带一路"与长江经济带融合发展提供服务支持。

5. 引领打造"一带一路"投融资市场平台促进资金互通

第一,国家层面发起并协调设立"一带一路"与长江经济带的联合投资发展平台。目前,无论是"一带一路"走出去,还是长江经济带上下游协同发展,产业、金融、项目、信息的合作缺少一个协调平台。20世纪90年代初,长江经济带上下游城市曾经联合成立长江联合开发集团,但层级低、规模小,仅投资少数产业,未能真正发挥平台功能作用。建议该平台由国家层面发起,联合地方参与。该平台不以经营具体产业为目标,主要通过市场化运作,协调上下游产业合作布局,为各地"一带一路"走出去提供综合服务功能。

第二,考虑设立为"一带一路"企业服务的金融服务平台。积极发挥上海国际金融中心作用和自贸区新片区开放功能,在建设国际金融资产交易平台基础上,打造服务"一带一路"实体经济发展的离岸型金融服务市场。先由上海证券交易所制定标准探索设立"一带一路"国际版,为"一带一路"企业提供全方位的国际金融服务。通过离岸贸易及金融平台,将数字货币首先推广应用于"一带一路"国家的跨境电商平台,在居民小额网购进出口贸易中先行推广。推动与"一带一路"国家间的货币互换,出台政策鼓励企业采用人民币结算。通过长江经济带的自贸区、贸易平台开放发展,加强与"一带一路"国家合作,实施"局部推进式"的人民币国际化进程。

6. 共同倡导生态文明发展理念,推动绿色共建

第一,将长江经济带生态保护绿色发展理念宣传推广到"一带一路"。长江经济带以水为纽带,连接上下游、左右岸、干支流,形成经济社会大系统,今天仍然是连接"一带一路"的重要纽带。长江经济带共抓大保护成效明显,应将成功经验复制推广到"一带一路"生态治理。把长江经济带共抓大保护的生态绿色发展理念,与绿色丝绸之路建设对接,让世界各国知晓中国绿色发展的决心。一是结合沿线生态现状和发展趋势,以长江经济带和"一带一路"沿线国家生态建设的重大需求为导向,成立跨部门、跨行政区的水资源综合管理机构。要建立宏观层级上的部门协调机制,重点是加强宏观指导,系统性地统筹研究长江经济带和"一带一路"协同治水的总体规划、重大产业布局、重大基础设施建设等问题。如统筹研究各地沿江经济开发,制定严控重化工产业布局于沿江区域加重水污染的整治方案。二是构建生态保护与生态产业技术体系。着力解决长江经济带和"一带一路"生态保护与修复等共性关键技术,集成一批实用的技术与模式,建成一批科技创新基地、成果应用示范基地。在长三角生态绿色一体化发展示范区率先应用生态卫生排水系统,形成国内首创应用示范效应。积极探索水库建设如何解决防涝抗旱,加快水力发电水库建设,将中国在长江经济带生态保护中取得的经验,宣传、推广、复制到"一带一路"。三是建立完善的江海河流域生态补偿机制。加快推进资源税、消费税、环境保护税等改革,开征生态补偿费或建立特殊税种。建立长江经济带下游经济发达地区反哺中上游欠发达两带一路节点地区机制,构建全网络、全覆盖的、跨行政区域的污染联防联控应急预警机制。

第二,主动推出"喜马拉雅生态保护"国际合作计划。环喜马拉雅地区是长江经济带与"一带一路"海陆链接高原腹地,是生态资源尤其是水资源的富集地区,是长江经济带发展和"一带一路"建设生态利益的融合汇集区。2018年,中国举办了首届"环喜马拉雅"国际合作论坛。2021年2月2日,中国西藏自治区和中国外交部共同举办"环喜马拉雅"国际合作论坛生态环境保护专题线上研讨会,取得了良好社会反响。建议进一步升格为"喜马拉雅生态保护"合作计划,设立喜马拉雅环保专项基金池,让周边"一带一路"沿线国家部分参与对该地区的生态保护工作。一方面通过加强透明度,表明中国绿色发展的决心,建立更广泛的信任合作关系;另一方面通过生态保护合作计划,掌握和体现对环喜马拉雅地区的生态控制权与发言权。

7. "以古论今"加强长江经济带与"一带一路"文化交流

第一,加强长江经济带"丝茶瓷纸"的文化交流,以文会友促进民心相通。长江经济带历来是"一带一路"丝、茶、瓷等大宗商品的主产地,深度挖掘长江中游省份在展示"一带一路"民心相通的历史渊源,推动长江经济带更好地走向世界。建议:一是在长沙设"造纸与文明传播博物馆"。造纸术对"一带一路"文明传播起到了关键性的作用,蔡伦是湖南耒阳人。建议将湖南长沙现有的"简牍博物馆"扩建改造为"造纸与文明传播博物馆"。长江经济带和北方国家的商贸往来更多是经过长沙中转,在长沙建立"造纸博物馆",更便于向世界弘扬中华文明光辉灿烂的历史。二是在景德镇设立国际丝路学院。景德镇是丝绸之路中瓷、茶的重要货源地,在"一带一路"中具有不可替代的历史特殊性。景德镇已筹建国际丝路学院,建议国家发改委会同商务部、外交部、教育部、文旅部等,将景德镇作为涉外办班选址,通过中青年汉学家班、孔子学院外方院长班、驻外文化参赞班、留学生暑期班以及"一带一路"研讨班等已有办学形式,培育"一带一路"公共外交队伍,打造对外文化交流新平台。

第二,开辟长江经济带与"一带一路"的双向文旅路线。一是依托丝绸之路巨大的客源潜力,构建国内丝路文化旅游产业集群,同沿线国家实施"文化+"、"旅游+",增进人文交流,促进民心相通。长江经济带省市旅行社及行业组织和"一带一路"当地旅行社共同协作对外开辟长江经济带及"一带一路"特色旅游路线,在长江经济带和"一带一路"沿线为游客定制"文化之旅""观光之旅""美食之旅"等有特色、高质量的旅游线路,促进长江经济带和"一带一路"国家旅游业提升。如上海以文旅融合为契机,与"一带一路"沿线国家共建"一带一路"友好城市文旅联合推广网络。二是以文化交流为基础,加强人文领域城市合作。重视城市间人文领域合作,鼓励在科学、教育、文化、卫生、民间交往等领域广泛开展密切合作,建设智力丝绸之路和健康丝绸之路,建设各地区积极传承和弘扬丝绸之路友好合作精神。特别是中国中部地区"一带一路"参与度较低,可在文化领域率先突破。

8. 有效整合发挥长江经济带与"一带一路"的贸投共促效应

第一,借助进博会国家级平台,助推贸易合作往来,形成长江经济带与"一带一路"的贸易畅通功能。一是依托进博会平台优化中国贸易国别结构,增加"一带一路"国家的商品贸易比重。进一步放大进博会溢出效应至长江经济带,将"虹桥进口商品交易中心"保税展示交易平台升级为国家进口交易功能平台,承接进博会溢出效应,发布首发、首展新品。目前,其已经在长三角及长江经济带建设布局"虹桥品汇"、全球贸易港等中心节点,将"一带一路"国家商品以最快、最低成本渠道引入到国内消费市场。二是以进博会为契机打造数字国际贸易中心。在数字贸易规则、监管、政策、平台、空间上对上海国际贸易中心体系予以全新打造,引领"两带一路"数字贸易及数字会展加速创新应用,畅通"两带一路"贸易功能。

第二，成立长江经济带与"一带一路"贸易投资促进机构。长江经济带贸易网络资源丰富，但缺少协调机制就难以发挥整体网络效应。建议联络长三角具有国际贸易投资布局需求的国企、民企、外企，联合贸促会等行业协会机构，以民非和法定机构形式，组建面向国内、国际两个市场的长江经济带与"一带一路"贸易投资促进平台，帮助更多中国企业投资进口商品的原产地国家，通过境外投资巩固双边贸易往来，形成贸易投资互动的双向循环。同时，建立海外贸易投资风险协同预防机制，共同开展境外贸易促进活动。共用风险评估协同机制，完善进出口商品质量安全风险预警与快速反应监管体系。探索各部门检验检测结果互认，降低进口企业成本，优化营商环境。

9. 率先打造自由贸易经济带，促进对内对外开放融合

第一，复制长三角一体化成果，加速对接 RCEP、CAI、CPTPP 等贸易投资新规则，实现对内开放与对外开放同步对接。一是以加入 RCEP、落实双边贸易投资谈判为契机，在长江经济带复制推广长三角市场一体化成果。推动长江经济带在消费、流通、生产环节率先探索一体化双循环新机制。适应国内国际贸易投资融合发展新趋势，探索"口岸通关一体化、市场流通一体化、供应链产业链一体化"，以国内市场一体化新机制，加速推动对内开放。二是以长江经济带流域 9 个自贸试验区为先行区，推动长江经济带内外贸流通领域标准的衔接，促进内外贸一体化发展。在长江经济带 9 个自贸试验区先行先试，建立区域市场统一监管标准体系，促进在市场的准入环境、竞争环境、安全环境和消费环境等方面标准化管理，推动区域行业管理的规范统一，运用好标准化政策工具，探索统一监管标准和监管机制，形成常态化联动机制。深化口岸合作，加强协调对接，提升通关一体化水平。聚焦金属、能源、化工、矿石等领域，协同打造一批服务全国、面向国际、内外连接、期现联动的大市场平台。

第二，深化双边经贸合作关系，构建"一带一路"沿线国家高标准自贸区网络。以自贸试验区、自贸港区建设为切入点促进有形开放网络。发挥自贸试验区在融合发展中的衔接作用。发挥长江经济带 9 个自由贸易区各自特色，助推融合发展。下游地区的上海、浙江、江苏、安徽自贸试验区可发挥创新开放优势，集聚优质要素，通过"一带一路"构建国际产业链，助推国内国际双循环新格局。中游地区的湖南、湖北自贸试验区可有序承接产业转移，着力打造世界级先进制造业集群，推进铁、水、公、空多式联运对接"一带一路"建设，支持

铁路、航空、内河等一类开放口岸建设，提升中欧班列（长沙）、欧班列（武汉）运营规模和质量，加快发展陆港型物流枢纽，开通至"一带一路"沿线主要物流节点城市的全货运航线和国际中转货运航班。上游地区的四川、重庆、云南自贸区可加强西部门户城市、内陆开放型经济新高地建设，形成国际开放通道枢纽。支持沿线"一带一路"国家建设自由贸易试验区、海关特殊监管区等自由经济区，与国内自贸区的标准、机制、规则对接互动，形成开放运作的离岸经济体系。

第三，做实长江经济带区域合作机制。发挥长江经济带与"一带一路"的融合力量，需要有一个代表长江经济带的协同机构。长江经济带发展战略出台以来主要依靠国家项目推动上中下游的协同，缺少地方区域间的合作机制。建议借鉴长三角一体化合作办机制，成立"长江经济带地方协作发展办公室"，将地方协作工作具体化、常规化。将有关长江经济带与"一带一路"有机融合战略作为该机构的功能之一，组织开展具体工作。

三、"两带一路"贯通战略的重点项目建议

长江经济带与"一带一路"贯通对接要落实在具体建设项目上，这样才具有可操作性。

1. 基础设施联通项目

（1）长江下游地区

北翼：长江南京以下12.5米深水航道二期工程；通海港区—洋山港快送直达集装箱运输系统；加快推进江苏北沿江高铁的规划、建设，自上海引出，促进江苏北沿江城市与南京、上海的快捷联通。南翼：进一步加快推进大小洋山的浙沪合作开发；开发建设连接上海、大小洋山港区、岱山世界级绿色石化基地、舟山本岛的海上东方大通道。

（2）长江上游地区

云南省改造提升八出省铁路通道，加快推进五出境公路、三出境水路项目建设。贵州加快"一带一路"的贵州国际便捷物流大通道建设。大力推进长贵昆高铁经济带建设。建成贵阳至南宁高速铁路、贵阳至兴义铁路等铁路。抓紧开展乌江航道扩能，南北盘江—红水河三级航道规划方案研究。加快推进都柳江、清水江水运航道建设。重庆提升"渝新欧"大通道作用，建设连接东盟国家的物流大通道。构建铁公水联运港口物流枢纽，形成主城果园、江津珞

璜、涪陵龙头和万州新田4大枢纽型港,推进建设永川朱沱、合川渭沱、丰都水天坪等9大重点港。

(3)长江中游地区

实施长沙黄花机场飞行区东扩工程、空港配套工程等项目。蒙西至华中煤运通道、怀邵衡、黔张常等铁路建设。加快焦柳怀化至柳州段、湘桂衡阳至柳州段电气化改造、张吉怀铁路等项目建设。加快岳阳城陵矶港建设。

2. 物流基地项目

长江下游地区:江苏加快建设中哈(连云港)物流合作基地和上合组织(连云港)国际物流园。浙江深化义乌市国际贸易综合改革,加快建成国际邮件互换局和交换站。

长江中游地区:湖北加快建设武汉国家物流节点城市和襄阳、宜昌、荆州等区域物流节点城市。推动"汉新欧"国际货运班列双向常态化运行,提升武汉航空口岸货运中心功能。

3. 长三角港口一体化项目

以"五位一体"推动长三角港口一体化,即合作开发大小洋山、沪舟海上大通道建设、江海联运协同发展、自贸区新片区建设与沪浙自贸区联动,以及海洋石化产业的协同发展,通过制度创新和机制创新,加快长三角港口一体化。

一是尽快落实大洋山岛的合作开发。沪浙合作开发小洋山岛北侧的协议已签署,整个小洋山岛的开发已基本落实。大洋山岛与小洋山岛隔洋山水道相望,最近处相距不足1千米,围垦后陆域面积可达20多平方千米,规划可利用深水岸线达7千米。大小洋山紧靠国际航道,具有建设深水港的良好条件,战略位置十分重要,空间资源优势十分明显。在大洋山岛可以开发建设集装箱装卸港区、交通客运码头、观光邮轮码头、游艇泊位、现代远洋渔港、海洋经济产业园区、物流园区,以及现代航运服务"特色小镇",带动邻近嵊泗海岛旅游胜地建设。

二是沪舟海上大通道建设。开发建设连接上海、大小洋山、岱山、舟山本岛的海上大桥通道,打通大小洋山港区与浙江石化基地之间的"海上断头路",促进上海金山化工区与浙江海上石化基地的合作。岱山至舟山的海上通道近期通车后,沪舟海上大通道仅余大小洋山至岱山的30千米海上大桥有待建设,建成后整个舟山可以纳入上海一小时都市经济圈范围。

三是江海联运的协同发展。以建设江海联运统一的货运信息网络系统、实现机构网络和信息网络的共享为突破口,制定和实施江海联运统一的货运技术标准,开发江海联运标准船型,适当调整江海直达航运规范和海域协调管理政策。

四是启动上海自贸区新片区建设与沪浙自贸区联动。可以把大小洋山开发纳入上海自由贸易试验区新片区建设,与临港新城及产业区形成海陆互动,为扩大上海自贸区和未来上海自贸港的空间规模,更好发挥上海自贸区和未来上海自贸港的经济作用提供重要示范,并有利于促进沪浙自贸区联动,有利于实现自贸港"境内关外"、货物、资金、人员进出自由,绝大多数商品免征关税的管理要求。

五是海洋石化产业的协同发展。推进金山石化与浙江石化的协同,是实施长三角一体化发展国家战略的实质行动。推动上海金山石化与浙江石化签订协同发展协议,参与浙江石化的建设,密切沪浙产业协同关系。

(撰写人:王战　郁鸿胜　陆军荣　李娜　张岩　忻尚卿)

下篇 分报告

R2 促进长江经济带高质量发展的若干建议

2018年4月,习近平总书记考察长江经济带,提出"长江经济带不是不要大的发展","而是在坚持生态保护的前提下,实现科学发展、有序发展,高质量发展"的工作新要求。根据近年对长江经济带发展的跟踪调查研究,我们认为,21世纪的长江经济带保护与开发进入第三阶段,即保护与开发相协调的高质量发展阶段。长江经济带高质量发展,必须解决当前保护与开发"两张皮"形不成发展合力的症结:一方面要全流域降低供给侧成本,即降低物流成本、分摊生态成本、减少协调成本;另一方面要在降成本增效益中,形成地方利益共享机制,发挥地方积极性,打造利益共同体。

一、长江经济带发展第一阶段:大开发付出生态高代价

中央一直把长江经济带作为区域战略重点,总体看长江经济带发展可以分为三个阶段。长江经济带建设最早始于1985年"七五"计划,真正进入快速建设是从20世纪90年代至21世纪初。长江经济带地区生产总值从1992年的9713亿元(占全国的36%)上升到2013年的26万亿元(占全国的41%),21年间规模扩大26倍,一批重大工程、重大项目在长江经济带相继建成。然而,这一阶段快速建设开发的代价是对生态的巨大破坏。2014年,我们三次组队调研长江上中下游,认为长江生态极为堪忧。在2015年全国两会上,我们直陈调研中发现的七大生态问题:一是大湖枯竭。长江上游包括三峡在内的各类水库建设,改变了"江湖关系",使洞庭湖、鄱阳湖枯水期延长,湖底常年裸露成为"草原",甚至沙化。二是库区地质灾害。三峡库区灾害隐患点多,仅重庆库区隐患就达一万余处,已发生地质灾害中有2/3以上为新发生,大量的坡耕地、劣质耕地需要改造。三是调水无度。中线工程实施后,汉江各类调水量

将占其径流量的61％，只能再从长江干流调水救汉江，如西线调水工程再上，将进一步加剧长江缺水。四是岸线开发无序。三峡工程使得下游江水含沙量减少，加剧对堤岸冲刷；加上水位降低，过度采砂，堤岸崩塌范围扩大；中下游港口连片，重复建设。五是海水倒灌。长江河口咸潮入侵100多千米，已经威胁到上海的城市饮用水取水口。六是沿江污染。各地长江沿江经济开发，重化工产业大规模布局于沿江地区，加重水污染。七是生物濒危。长江水生生物资源衰退、物种濒危或消亡。因此，我们认为长江黄金水道正在褪色，首要问题是生态治理。这些判断与建议得到中央的充分重视。

二、长江经济带发展第二阶段："共抓大保护，不搞大开发"

2016年1月，习近平总书记在长江经济带发展座谈会提出"共抓大保护，不搞大开发"的发展基调，及时刹住长江沿岸长期存在的破坏性开发势头，守住了中国工业化进程中"母亲河"命脉，开启长江经济带保护与发展的第二阶段。总体看，在"共抓大保护，不搞大开发"的方针下，长江经济带保持了较好的发展形势。2018年，长江经济带沿线11省份实现生产总值402 985.1亿元，占全国44.76％，较2017年提升近1个百分点。但据调研了解情况看，长江经济带发展与预期规划落地还存在差距。一是长江流域水质量总体向好，但仍不容乐观。2017年长江流域年度水质评价结果水质符合或优于Ⅲ类标准的河长合计占比在70％左右，整体有向好趋势，但符合Ⅱ类水标准的河长占比均在32％左右（数据变动较大，比2015年47.3％有所减少），并仍然存在着局部水域污染严重、湖泊富营养化的问题。二是长江化工企业搬迁布局缺少总体方案。在共抓大保护的号召下，各地方确实在尽最大努力进行化工企业的搬迁与治理，但是沿江40万家化工企业，涉及整个化工产业布局和地方经济命脉，没有国家的统一布局协调，很难在几年时间内有根本性的转变。三是农村面源污染已经上升为长江经济带主要污染源之一。调研中发现，总磷已经上升为长江经济带主要污染物，并且约70％的总磷来自农村面源污染，已超过工业污染。一方面，长江经济带农业发达，在农业产量不断提高的背景下，化肥农药的使用使得农业面源污染问题不断加剧。另一方面，长江经济带农村生活污水收集处理率比较低。相比于工业以及城镇生活污水，农业面源污染难以集中收集，产生的流域污染更为广泛，造成的污染后果更加严重。四是长江黄金水道建设仍未落实。2004年，上海发展研究中心报告曾提出长江黄金水道建设的"四个标准化",即船舶标准化、航道标准化、港口泊位标准化、航运管理与服务标准化。2013年国家正式开始落实标准化问题,但目前来看进展缓慢。地方反映的主要问题有:标准化船舶的更新成本高,政府补贴少,船主没有积极性;地方港口管理无协调,港口码头较多,吨位能级较小;长江经济带"水(江海)、公、铁、空"多式联运体系没有形成;各河段通航能力不一问题没有整体解决方案。五是长江经济带产业梯度转移受到运输成本制约。目前,长江沿线产业梯度转移做得最好的是电子信息产业,比如重庆、成都已成为全球最大的电脑生产基地,重庆投资240亿美元打造国家存储器基地,不少电子信息制造业正从下游往上游转移。电子信息产业转移做得好主要原因是电子产品体积小、价值高,运输可以靠空运和中欧班列。但是,其他制造业转移或外资,由于综合立体交通走廊未成体系,不具备运输成本优势,更倾向于向东南亚转移。六是地方规划不衔接、地方标准不对接、海关接口不统一等问题,成为妨碍长江经济带协调发展与城市群一体化发展障碍。上述六个问题是长江经济带发展第二阶段表现出来的新老问题。虽然这个阶段发展思路把生态放在首位,但是,促进流域整体发展的新理念没有形成,地方缺少生态保护前提下的发展利益动力,长江经济带的保护与开发仍然是"两张皮"。

三、长江经济带发展进入第三阶段:新理念引领高质量发展

2018年4月,习近平总书记武汉考察讲话后,长江经济带进入保护与开发相协调的高质量发展阶段。我们建议长江经济带高质量发展主线:围绕新发展理念,以绿色发展为前提,以创新发展为路径,以内外开放发展为引领,以协调发展为关键,以共享发展为目标,打造新理念引领高质量发展的示范带。长江经济带建设可以找到、找准五大新理念的突破性抓手,将五大新理念与高质量发展,实实在在地落到行动中,看到实在效果。

新理念引领长江经济带高质量发展,需要贯穿两条主线:一是成本主线。实体经济发展要么靠创新技术优势,要么靠成本比较优势。上海、杭州、合肥、武汉、重庆、成都等创新中心城市格局正逐渐形成,如何将创新链转化为产业链,需要高效、低成本的交通运输体系。2017年中国社会物流总费用与GDP的比率为14.6%,远高于发达国家的8%—9%的水平。长江经济带是中国区域发展战略的工作重点,以运输成本最低的水运为主体,形成水路、公路、铁路、空运为一体的多式联运体系,降低物流成本,形成具有世界竞争力的供应

链体系、产业链布局与价值链分工。长江经济带物流降成本可以成为中国供给侧结构性改革的重大举措。重庆在立体交通体系方面做了很好的探索,但是全流域的多式联运体系还远未做到。二是利益主线。地方与企业的生态保护、企业搬迁、船舶更新,都有成本付出,光靠自上而下的规划或地方搞政绩工程,不可持续。第三阶段的长江经济带发展要形成保护与开发的良性利益驱动机制,打造利益共同体。

四、以绿色发展为前提,科学治理有序引导产业转型

2017—2018年,中央对于七大生态问题均迅速采取了严格有力的举措。在思路上,我们建议采取"分区、分段、分重点"治理方式,针对长江面临的不同种类的生态环境问题进行分类管理。"分区"治理是根据长江上中下游不同区域因大开发造成的不同生态问题加强治理,上游主要解决地质灾害及翻坝问题,中游主要解决两湖失调及堤岸崩塌问题,下游主要是海水倒灌问题。全流域不再搞大的引水及水电开发工程,让长江休养生息。"分段"治理是要建立省界断面水质监测和相邻上下游地区之间基于监测水质的生态补偿机制,实施分段治理,治理好的地段所在地政府给予生态奖励补偿。"分重点"是除对已开发建成项目尽力做好补救工作,尽量减少灾害成本外,当务之急是要重点解决可持续发展的两个生态问题:一是如何在发展中解决沿江化工产业污染问题,二是如何找到农村面污染问题的解决方案。

沿江化工产业污染问题要在化工产业升级与布局调整中解决。要通过利益蛋糕的做大与再分配,来撬动化工产业的发展与治理。没有精细化工产业链就没有信息技术产业的大发展。一位深谙芯片门道的业界高管一针见血地指出,中国大陆的芯片搞不上去,问题出在大陆芯片制造不同于美、日、韩及中国台湾地区,用的多是物理人才,而缺少化学人才。一项"哪些技术将引领新一轮科技革命"的研究发现,除信息技术高占首位,化工技术占24%,石油化工技术占23%。化工技术是信息技术领域科技革命走向产业革命的触媒。所以,化工产业治理与化工产业的创新发展既是矛盾,也是双赢的出路。为此我们建议:

一是正确认识长江经济带的化工产业地位作用,修改环保条例,促进化工产业循环利用。环境污染、生态危机等可通过化学化工来解决,要防止将化学化工过度"妖魔化"。长江经济带沿线化工企业要避免一刀切式的关停并转。

化工并不全意味着污染,经过处理完全可以梯级利用。比如,芯片光刻工艺使用后的酸碱和溶剂纯度非常高,经过处理后的稀释液和剥离液可以用于平板显示产业,而经过处理后的刻蚀液可以用于工业磷酸或制作磷肥,从而实现循环利用。但是中国现行环保法规把这些废溶剂和废酸碱归类为危废,采用酸碱中和或者焚烧的方法处理,不但造成资源浪费,还增加了环境负担。

二是国家要整体统筹优化长江上中下游化工产业布局,创新产业区域合作发展模式。长江经济带几乎承载了全国近半数的化工企业,是中国化学工业的主要分布区域,化学工业发展格局存在严重的安全和管理隐患。譬如乙烯等基础有机原料布局分散,且近年来大规模乙烯装置有沿江向上游分布的趋势,一方面造成投资浪费,另一方面加大污染风险隐患。且化学原料和化工产品原料产地或消费地相对分离还引致潜在的航运环境风险,大量零星分布的小型化工企业带来严重的环境管理隐患。建议国家在明令长江沿岸化工企业退出或关停的同时,在舟山群岛等毗邻区域,重点规划全产业链的第四代石油化工产业园区,疏导沿江化工产业向园区集中,实现产业升级与环境治理保护的双赢,用一到两个五年计划,彻底解决长江沿岸的化工污染与风险隐患问题。这需要国家通过政策与市场双重引导的方式,通过国家的统一规划操作才能实现,并要设计地方政府的合作参与及受益机制,譬如各地方根据化工去产能或企业搬迁需要,可在化工集中区分享 GDP 统计、税收,以及换取用地指标。

农村面污染问题的解决方案,需要通过引入新模式、新机制,既解决污染问题,提升人民健康福利,又成为绿色发展新动能。农村面源污染一方面来自化肥农药的使用,另一方面是农村生活污水收集处理率比较低,相比于工业以及城镇生活污水更难治理。2016—2017 年,我们对上海崇明区农村生活污水问题和农村面源污染问题做了历时近两年调研,借鉴德国汉堡以黑水(厕所用水)、灰水(洗浴用水、厨房用水)分别收集和处理的水循环项目模式,提出建设生态卫生排水系统,推动绿色发展的建议,即黑水与灰水分别回收处理利用,灰水进入常规污水处理系统,黑水单独收集并做成有机颗粒肥还田,进而实现污水处理减量化、污水排放最低化、化肥施用减量化、有机农产品收益最大化,达到综合治理效果。为此我们建议:

一是在长江经济带推广应用生态卫生排水系统。抓住美丽乡村建设的契机,在长江经济带农村推进生态卫生排水系统建设,一方面实现污水处理减量化、农村生活污水排放最低化,另一方面黑水资源化后可以实现农村化肥施用减量化,降低农村面源污染,推进有机农产品的生产,实现绿色发展效益最大化。黑水资源化利用的发展需要相应的强制性法律法规的支持和约束,颁布《污水资源化利用管理办法》,从立法和执法的角度促进污水的资源化利用。生态卫生排水系统涉及城建、园林、市政、卫生、水务、环保等多个政府职能部门,需要国家统一标准、规划。另外,推广应用生态卫生排水系统,对于满足高质量生活需求,带动相关产业建设发展,提高农产品质量,都具有积极的共享利益,能成为绿色发展新动能。

二是把崇明世界级生态岛打造成长江绿色发展示范区。习近平总书记特别关心崇明世界级生态岛建设。我们认为,在崇明率先开展生态卫生排水系统建设能够最大限度实现资源合理利用和生态环境优化,是撬动绿色发展的有效抓手,是崇明世界级生态岛建设的重要亮点,是长江经济带共抓大保护的战略支点。崇明正在引入联合国绿色发展学院等项目,可成为长江经济带共抓大保护的示范。

五、以共享发展为目标,打造全流域利益共同体

共享发展不能坐享其成,而是要以利益为纽带发挥地方与市场主体的积极性,打造全流域利益共同体。长江经济带高质量发展的共同利益增量可来自五个方面:一是充分利用黄金水道,降低物流成本;二是船型标准化红利。长江近13万艘船舶标准化更新改造将有助于沿江造船业的转型发展。三是三大城市群建设将形成四个立体交通枢纽,带来发展的枢纽红利。四是多式联运的发展,促进沿江港口城市成为区域中心城市,真正实现长江经济带与"一带一路"贯通互动发展。五是上述四个方面整体提升长江经济带产业竞争力,形成共享发展格局。具体包括:

一是实施黄金水道"桥-坝-航道-船"的系统建设工程,全力推进黄金水道标准化。长江黄金水道的物流运输功能发挥不足,主要是没有建立降低长江经济带的物流成本的供给侧改革机制,当前首要全力推进的是黄金水道标准化和船型标准化。长江黄金水道承担了中国55%的内河航运总量。长江航道水深不一,支流航道等级较低,三峡船闸拥堵,限制了内河航运发展。目前,各项工作分头开展,如果出现一个环节的"短板",整体上就会事倍功半。标准化船型要与桥梁的高度、水深配套。要建设三峡以上水坝综合翻坝转运体系,尽快提高三峡船闸通过能力和翻坝转运能力。对于上游在建大坝,要防止有关

企业为节省成本,而缩建船闸与生态设施工程的现象。全面推进长江干线航道系统化治理,加强长江干线航道的信息智能化管理,提高航运发展水平。重点推动长江支流航道建设。加快汉江、赣江、资水等长江支流航道的升级改造和港口建设,打造长江千吨级支流航道网。提高跨越长江的公路、铁路南北与通道的运输能力。在长江经济带建设以空港与支线、通用机场群组合的航空运输体系。

二是充分发挥船型标准化带来的沿江造船业发展益处,使之成为政府、企业、产业的共同发展红利。要进一步落实推进长江航运船型标准化、绿色化。用五至十年时间,实现船舶更新改造。这将带来降成本、抓保护与船舶产业振兴三大好处。

三是合理港口布局,以组合港、合作参股模式建立港口利益共同体,提升港口辐射带动能力。进行港口再组合,避免港口重复投资,优化港口产业结构。下游地区港口群,配合上海国际航运中心和东部沿海港口建设,形成以上海港为龙头,江苏沿江沿海港口和浙江沿海港口为两翼,以港口集团为主体,市场化配置港口群布局。在集疏运体系建设上,加强航运中心政策与制度建设,促进沿江港航联动发展,加强信息化建设实现多种运输方式的有效衔接,加快航运中心集疏运一体化服务系统建设,推动江海联运船舶研发应用,明确区域性港口定位。启运港退税试点等政策有待进一步扩大,退税效率还需进一步提高,将洋山港打造成具有国际竞争力的枢纽港。

四是发展以多式联运为目标的综合立体交通走廊体系。降低物流成本,加大长江利益共同体的交通统筹协调能力。要抓住长三角这个龙头,构建以黄金水道为主的多式联运体系,突破江海联运功能不强,沿海铁路建设薄弱,港口集疏运靠收费高速公路、铁水联运比重不足2%,所造成的高物流成本瓶颈。构建长江经济带立体交通走廊,支撑亚欧铁路网的建设,形成欧亚之间的大运量通道,使长江经济带向西高效联通丝绸之路经济带。重点推动建设上海、南京、武汉、重庆4个复合型国家综合交通枢纽建设。开展多式联运、综合开发等改革试点示范工程。支持重点港区实现"铁水""公水"无缝衔接。加大区际交通统筹协调能力。抓住与陆港衔接的关键节点和重点工程,尽快打通长江上游瓶颈、优化结构、提升能力,彰显高速公路快速通达的特性。优化客、货运枢纽,建设长江经济带综合交通枢纽,全面实现联程联运。实现枢纽与运输网络的一体化、单体枢纽间的一体化、枢纽内部换乘一体化、枢纽服务一体化。协调跨省份铁路项目建设进度,确保各省份境内路段同期建设。

五是超前布局应用磁悬浮交通网络。未来交通网络，必须要有超前的布局。长江经济带城市群交通网络建设中，建议结合科技部最新的磁悬浮轨道高速国家战略项目，研究论证建设高速与中速磁悬浮交通的可行性。磁悬浮轨道能满足未来500千米时速以上的高速交通需要，并克服长江经济带山地地区的爬坡等技术难题。通过高速磁悬浮实现五大城市群之间的城际交通网络；中低速磁悬浮实现城市群内中心城市之间、中心城市与周边城市之间的快速通达。

六、以创新发展为动力，形成长江经济带产业创新链

中国创新发展的关键在于东部沿海地区和长江经济带腹地的产业升级，只有东部地区产业具有持续的创新升级能力，避免产业梯度转移形成"产业空心化"，才能持续带动中西部地区，带动"一带一路"建设。因此，中国要形成以长三角为龙头、长江经济带为支撑的"长三角—长江经济带—'一带一路'"产业创新链。

长江经济带全流域产业转型升级的协调联动布局尚未形成，引导产业协同发展的路径不明确，要重点以培育长江经济带世界级产业集群为突破口。世界级产业集群不是产业门类的简单归并，而是要形成"产业上中下游"与"流域上中下游"的产业分工与区域分工的互动格局。目前，长江经济带创新驱动产业转型升级中存在的主要问题是，产业规模大、集聚度高，大多处于价值链中低端，自主创新能力不强，缺少核心技术和自主品牌。从沿江产业发展来看，各地区产业发展各自为政，自成体系，缺乏有效合理的产业协同发展体系。长江上中游地区省会城市的"一城独大"仍很突出，"一城集聚"仍是主流，对周边地区的带动效应非常有限。跨地区协同创新，较多停留在各自的城市群范围，更大跨度的协同创新，行动较少，机制和平台非常薄弱。

一是在各城市群建设的基础上，构造中国版"国家经济地理横轴"。以长江三角洲城市群、长江中游城市群、成渝城市群三大城市群为基础，通过城市带链接城市群，建设世界巨型城市群连绵带，构成中国版国家经济地理横轴。其间，通过扬子江城市带、皖江城市带连接中下游城市群，并新增建设三峡城市带，尤其是交通网络建设，打通长江中游城市群与上游的成渝城市群之间的"断链"，形成上中下游的完整闭合圈。

二是统筹沿海海洋经济带与黄金水道长江经济带。东部沿海要利用江海

联运优势降低运输成本,利用金融平台功能为长江经济带保护开发融资,形成长江流域的龙头带动效应。东部沿海经温州、台州、舟山、宁波、上海、南通、盐城、连云港,结合沿海铁路、上海组合港建设,以及海洋强国战略,辐射南北,成为一条沿海发展轴,成为21世纪海上丝绸之路的起点。

三是打造多业融合、跨区协同的世界级产业群。长江经济带在电子信息、高端装备、汽车、家电、化工、钢铁、电力、轻工、纺织服装等产业已经达到世界级的产能。但是,从发展水平与产业组织看,长江经济带产业集群还处于初级阶段,产业集群整体国际化程度较低;规模大而不强,整体发育程度较低,在全球价值链与国内价值链中皆处于低端锁定;核心关键共性技术领域自主创新能力不强,重点制造业核心技术的对外依存度普遍较高;区域产业组织结构松散,上中下游之间联动严重不足;集群内外组织结构松散,上中下游之间产业关联性较弱;存在不同程度的产能过剩、生态环保等问题,亟待转型升级。长江经济带打造世界级产业集群要着力提升各个集群全产业链的国际竞争力,其不只是若干单一的产业集群,而是一个跨产业融合的集群。譬如长江经济带重大工程与世界级产业发展的协同打造,沿江化工产业生态治理与布局再调整,磁悬浮交通网络、空中交通走廊、船型标准化改造等工程,都可与世界级的高端装备制造业集群发展形成互动。

四是国家要提高长江经济带的产业政策精准性、指向性。对特殊地区特定产业(如集成电路产业)采取特殊政策,不搞一刀切。要编制区域投资及产业发展指导目录,支持高端生产性服务业,鼓励制造业龙头企业进行跨省份投资布局,推动跨省份产业园区合作共建,建立产业转移的信息对接平台,进一步明确国家主要港口集疏运体系"最后一千米"基础设施建设的责任主体,并出台港口集疏运建设资金政策措施,完善长江经济带上中游精准扶贫、强边富民的相关政策。引导和支持具备条件的地区和新型工业化示范基地,加大创新能力建设(云、贵、赣相对薄弱),完善产业转移实体对接平台,加快由要素驱动向创新驱动转变。

五是要将国家及地方成熟项目纳入国家规划。认真梳理长江流域已经形成的具有示范意义和明显优势的重要地方规划、关键性项目和成熟发展思路,研究论证将滇中新区、瑞丽金融特区、黔西南州生态型产业集聚区、江苏泰州大健康产业集聚区、长江经济带高铁、过江通道等项目纳入国家级规划或专项规划。

七、以开放发展为途径，长江经济带与"一带一路"互联互动

在对外开放方面，长江经济带面临国家战略部署与项目、资金安排力度较弱，大通关衔接不足，自贸区带动作用有限等问题，因此要以开放发展为途径，发挥长三角作为长江经济带与"一带一路"枢纽平台作用，以上海为开放门户，加强对内对外开放发展。目前，国家在财政、金融、用地等方面，尚未提出分区分类措施。边境开发开放试验区基础设施建设方面，除每年1亿元资金支持外，土地建设指标、基础设施建设方面支持力度弱，盘子较小，补助范围较偏窄。在长江经济带大通关建设上，海关部门与公共平台对接不足，缺少区域性分中心，特殊监管区优惠政策不到位。我们建议：

一是加快国家大通道建设，贯通长江经济带与"一带一路"通道。总体规划长江经济带立体交通走廊与"一带一路"大通道互联互通，建设若干个中欧班列物流枢纽，支持将"渝新欧"国际铁路建设成为中欧铁路主通道，推动中南半岛、孟中印缅经济走廊、第三欧亚大陆桥、大湄公河次区域等国际经济廊道建设，打通面向印度洋的战略出海口。依托澜沧江—湄公河黄金水道、昆明—曼谷国际大通道、泛亚铁路中线，总体规划中国与南亚互联互通合作，研究确定合作的重点领域和优先项目。建议将建设第三亚欧大陆桥列入国家战略。

二是以自贸区、自由港为载体推动东西双向开放。长江经济带对外开放总体上仍然存在比较明显的不均衡问题，各口岸之间没有通过国际贸易单一窗口相联结，海关特殊监管区之间形成封闭运作体系，制约市场一体化。目前，全国11家自贸区中，长江经济带流域分布有上海、浙江、湖北、重庆和四川5家，分别处于长江经济带的上游、中游和下游，为解决长江经济带协同开放问题创造了条件。建议：第一，建立长江经济带口岸国际贸易单一窗口，促进贸易便利化。国际贸易单一窗口建设不仅是一国贸易便利化的重大基础设施，而且是推动政府职能转换的抓手。上海自贸试验区国际贸易单一窗口已在平台资源整合、系统模式选择和数据元标准化等方面取得了突破性进展，可以跨区复制推广。第二，推进长江经济带区港一体化与跨区海关监管一体化。区港一体化是指海关特殊监管区和港区（航空港、海港或者内陆港）之间的一体化监管体制，在中间产品贸易不断进出的条件下，对企业提高进出口效率有重要作用。目前存在的主要问题是各监管部门的数据不共享，海关监管内部存在着制度障碍。第三，建立长江经济带自贸试验区海关特殊监管区的主分区

制度。修改或者暂停相关海关特殊监管区的法律,打破海关特殊监管区域和非保税区域之间的割裂,适应各片区对保税的要求,形成联动效应,全面建立长江经济带自贸试验区货物状态分类监管制度。第四,在上海、舟山设自由港,开展境内关外的集装箱以及散货转口贸易业务,提升国际中转率,使长江口世界最大港口成为真正意义上的国际航运中心。

二是加强长江流域国际运输及合作的能力建设。建立中欧通道铁路运输岸通关协调机制,打造"中欧班列"品牌加强长江内陆口岸与沿海、沿边口岸一体化通关与协作。优化海关特殊监管区域布局,对符合条件地区增设内陆口岸。创新加工贸易模式,扩大跨境贸易电子商务服务试点省市。

三是加强对外开放平台与国际战略通道建设。加强国家重点开发开放实验区、边(跨)境合作区、综合保税区等开放平台建设,支持边境贸易、边境经济合作、边贸口岸发展。加快推进孟中印缅等重要国际经济走廊建设,实施"境内关外"模式,由单纯边境贸易向贸易投资、经济技术合作、产业链联动同步发展转变,最终形成通道口岸—开放城市—纵深腹地的沿边区域开发开放经济带。

八、以协调发展为关键,促进区域间统筹发展

长江经济带区域协调发展的各类规划不衔接,没有跨行政区协调的体制与机制,因此要以协调发展为关键,加强国家层面的顶层设计与统筹协调体制与机制,促进"一带一路"与长江经济带、东中西三大经济区和长三角地区的区域协调发展。长江经济带在国家层面的区域和专项规划上衔接不够,致使地区规划难以落地。由于现有区域合作机制松散,各省份推动区域合作缺乏整体性。地方本位意识阻碍区域一体化进程。各省份间行政壁垒和障碍依然存在。我们建议:

一是加强国家层面的顶层设计与统筹,研究制定《长江法》。长江经济带所面临的任何一个问题都是环环相扣、相互制约,亟待将长江发展战略中的重要原则,以立法形式确定下来,设定底线与红线,并综合全局进行系统性战略设计。之后,在立法基础上,成立长江流域管理的法定机构,全局统筹协调长江流域战略工作,明确部门、地区间跨区域合作机制的主要形式、权利与义务。

二是加强相关规划的有效衔接。完善黄金水道规划编制实施、监督、评估机制,加强对跨区域重大项目、重点事项和主要政策协调,抓好方案细化,推进

重点地区规划落地。发挥国民经济社会发展总体规划的统领作用、国土资源利用总体规划的规模控制作用、城乡建设规划的基础综合作用、生态环境保护规划的基础约束作用。从国家战略全局统筹岸线规划、内陆城市规划和产业规划,在《规划纲要》基础上统筹研究长江经济带产业布局、分区域功能布局、综合立体交通走廊设置、长江经济带岸线开发利用和保护等专项规划,做到"多规合一"。

三是重点推进长江经济带统一大市场建设。实施统一市场准入制度和标准。打破条块分割的政策和体制障碍,全面清理含有地区封锁内容、妨碍公平竞争的优惠政策和规定,推动建立统一市场准入制度。加快推进长江流域要素交易市场建设借力上海自贸区、上海股票交易所、南京产权交易中心、合肥产权交易中心等,建设统一开放的长江流域要素交易市场,推动股权、土地指标、排污指标、知识产权、技术专利等要素的全流域流动与配置。

四是强化长江经济带协商合作机制。如果只停留在11个省份组成的高层联席会议协调模式,多年来的实践已经证明其成效是比较有限的。建议加强国务院有关部门的协调指导机制,形成省份、部门密切合作的推动机制。做实长江经济带发展领导小组办公室,将各委办涉及长江管理的职能事项,按《长江法》纳入长江流域管理办公室法定机构,11省份各派常驻代表协调,加大生态、项目、产业、规划的全局统筹。

九、力促长三角一体化,发挥高质量发展龙头作用

新发展阶段,在中国区域发展大格局中,沿海北有京津冀协同发展和雄安新区建设,南有粤港澳大湾区建设,长三角面临着新的不平衡、不充分的发展压力。由于长三角肩负着对内带动中西部地区发展和对外参与全球竞争的双重任务,当前新时代长三角一体化发展正当时机,必须有效突破,助力长江经济带与"一带一路"的发展。

一是提升长三角一体化为国家战略。近年来国家先后出台了促进长三角区域协调发展的一系列意见和规划,推动了长三角区域合作更加紧密,综合竞争力显著提升。近期,按照以创新为引领、率先实现现代化、建设世界级城市群等要求,长三角区域合作办公室挂牌成立,长三角区域发展已站在新时代、确立新方位、迈出新步伐。在此基础上,建议专门将长三角一体化发展战略提升为国家战略,以充分释放长三角发展潜能。

二是探索长三角湾区一体化发展新路径。继续深化长三角一体化新进程,以自贸区、自由港为点,以临江临海的十五个湾区城市为线,以长三角为面,自贸区、自由港依托湾区,发挥服务"一带一路"桥头堡的作用,引领长三角成为新发展理念的示范区。

三是发挥上海四个品牌的中心服务辐射效应。2014年5月习近平总书记在上海指出:"上海要按照国家统一规划,参与丝绸之路经济带和海上丝绸之路建设,推动长江经济带建设。"上海服务、上海制造、上海购物、上海文化四个品牌建设,正带动上海城市功能由中心集聚走向中心辐射的新阶段。但考虑到上海是四个直辖市中面积最小、商务成本最高的城市,其所辖面积甚至少于近十个省会城市,为此建议中央研究:第一,优化都市圈行政区划。在长三角一体化过程中适度优化上海的行政区划边界与范围,更有利于长三角一体化中的都市圈同城化。第二,大虹桥地区融高铁与机场为一体,为三省一市公认的长三角平台,建议建立以大虹桥为核心的"长三角合作示范区"。目前,长三角区域合作办公室已经成立,可联合大虹桥及周边青浦、吴江、嘉兴、昆山、太仓等县区,成立"长三角合作示范区"。第三,成立长三角组合港管理集团。为促进长三角港口一体化,借鉴纽约新泽西港务局的组合港管理模式,通过资产股权纽带,两省一市联合组建长三角组合港管理集团,先统筹长三角港口,再逐步整合协调长江经济带沿线港口。

(撰写人:郁鸿胜 陆军荣 李娜 张岩)

R3 建设甘肃兰州"一带一路"西部物流枢纽

2011年以来,全国各类国家级新区密集设立。经过多年发展,许多新区尤其中西部国家新区有"名头",但没定位,缺功能,经济发展主要依赖基建。不少新区债务高筑,增长动力减弱,发展后劲不足,拖累了区域高质量发展进程。比如,作为西北地区第一个、全国第五个国家级新区的兰州新区,曾被各界寄予厚望,希望其发挥西北地区重要增长极和转型示范平台的作用。但成立8年来,目前兰州新区近1 800平方千米的生产总值不足200亿,人口不到30万,发展远未达预期,与两江新区、天府新区等其他西部国家级新区水平相比也有很大落差。在"一带一路"建设背景下,中西部的国家级新区普遍区位条件优越,后发优势明显,但战略定位不明,功能平台缺失,导致发展陷入困境。从高质量发展的角度,亟待对新时期国家级新区的战略定位和功能内涵进行新的调整和反思,尤其是要"补功能",让新区发展有实质抓手和平台。

一、新时代提升兰州新区国家战略发展能级面临的战略机遇

习近平总书记在2017年"两会"期间及其他时候多次强调,中国开放的大门不会关上,要坚持全方位对外开放。现阶段,中国已处在继东部沿海开放、加入世界贸易组织后新的历史起点上——全方位对外开放。甘肃省兰州新区作为第五个国家级新区,在新时代面临着加快向西开放、西部大开发和推进丝绸之路经济带建设"三重叠加"的开放机遇,此外"中欧班列"畅通、中新"南向通道"建设和中美贸易摩擦等,也都将为兰州新区提供发展机遇,是兰州新区提升发展能级的关键。

1. 向西开放为兰州新区提供战略机遇

向西开放是相对于向东开放、沿海开放而言，主要是加强中国与内陆接壤的中亚、东南亚乃至向东向西延伸的西亚、中东和欧洲国家、地区的交流合作，是中国实施全方位对外开放的重大举措。兰州新区是国家级新区，国务院对兰州新区的批复文件中，明确提到"向西开放的重要战略平台"的功能定位。兰州新区也将会成为中国西北地区重要的经济增长极。

一是促使兰州新区充分发挥辐射带动功能。向西开放战略覆盖区域广阔，几乎囊括了亚欧大陆的主要腹地，其中的大部分国家为发展中国家，具有广阔的市场空间、丰富的矿产资源和巨大的经济发展潜力。兰州新区作为中国西北部地区第一个国家级新区，具有成为西北部地区的政策创新高地优势，将会成为西北地区扩大开放的前沿阵地。积极面向中西亚及欧洲部分地区，将会促使兰州新区不断提升自身相对竞争优势，不仅对中国西北地区，对于整个中西亚地区和欧洲部分地区也具有很强的辐射带动作用。

二是促使兰州新区充分发挥战略平台功能。向西开放战略给兰州新区带来巨大的市场空间，中西亚及其他欧洲地区急需和中国西部地区进行经贸合作的平台。同时兰州新区作为国家级新区，是国家区域发展战略和改革开放的重要载体，具有先行先试的特点。向西开放战略会促使兰州新区构建一批面向中西亚及其他欧洲地区的经贸合作区，加速形成以航空港、铁路口岸、综合保税区为支撑的且保税通关便利的"港-岸-区"一体化开放平台，尽快建成一批外向型产业园区，推进临空经济发展，包括和中西亚及其他地区国家共建一批工业园、科技园、创新产业园等，充分发挥兰州新区的战略平台功能。

三是促使兰州新区充分发挥通道枢纽功能。向西开放战略使得原本封闭的西部地区，走到中国对外开放的第一线。兰州新区成为中国东中部地区联系西部地区的桥梁和新欧亚大陆桥通道交汇点的关键区位，是中国向西开放战略的重要战略通道和交通枢纽。在向西开放背景下，兰州新区将会加速形成以铁路、公路、航空为基础的"铁公机"综合立体交通枢纽体系，使得兰州新区成为中国除海上通道之外联系中亚、西亚和东欧地区的具有不可替代作用的战略通道和交通枢纽。目前位于中川北物流园内的兰州中川铁路口岸已建立了海关国检一站式服务平台，并获国家口岸办批准继续临时对外开放，成为中欧中亚国际货运班列运行的集结发运分拨中心和保障基地。

2. "一带一路"建设为兰州新区提供新机遇

兰州新区位于兰州市北部,是通往中西亚、南亚、欧洲的重要门户。"一带一路"建设的不断推进,更加凸显了兰州新区优越的战略区位优势,也将给兰州新区发展带来新的战略机遇。

一是通过战略协同,提升兰州新区的战略牵引力。兰州新区与"一带一路"建设通过战略协同,能够有效地发挥合力作用。兰州新区是国家向西开放战略的重要组成部分,所以新区建设必须与开放战略保持一致,需要考虑"一带一路"建设发展需要。兰州新区建设也只有融入"一带一路"建设中来,综合考虑资源配置、基础设施联通、产业项目对接、生态环境统筹等才能实现其建设目标。

二是通过要素集聚,提升兰州新区的内生发展力。兰州新区作为中国西北地区重要的经济增长极,其极化效应主要是通过资金、人才、信息和技术等经济要素的流动来表现的。相对整个"一带一路"沿线国家的整体情况,兰州新区产业相对优势比较明显,但是也存在国际化专业人才紧缺、重大交通基础设施建设滞后、金融和信息服务能力薄弱等问题,需要构建要素集聚机制才能得以解决。"一带一路"建设致力于政策沟通、设施联通、贸易畅通、资金融通和人口沟通,通过融入"一带一路"建设,借助"一带一路"众多平台如亚洲基础设施投资银行等,汇聚自身发展所需要的人才、资金、信息和技术等经济要素,兰州新区能不断提升自身的经济实力。

三是通过沟通协调,提升兰州新区的外部推动力。沟通协调能够有效地促进资源的有序流动、信息的畅通沟通、利益的合理分配。兰州新区融入"一带一路"建设,能够有效地深化兰州新区与"一带一路"沿线的国际港口、国际市场等主体的沟通,建设长远的合作机制;也能够有效地促进兰州新区同宁夏、陕西、新疆等省份在产业协作、商贸流通、科技创新、文化旅游等领域的交流合作;还会促进兰州新区与兰州老城区、白银老城区的深度合作,以及加强兰州新区与西宁等地区的广泛对接等。通过沟通协调增强兰州新区与周边地区经济合作能力,促使其更加深度地融入区域经济发展,提升资源配置能力和经济发展效率。

3. 西部大开发为兰州新区提供重要机遇

西部大开发是一项旨在改变西部地区相对落后的面貌、促进区域均衡协调发展的规模宏大的系统工程。甘肃省作为西部大开发的重点省份,兰州新区作为甘肃省改革开放的战略高地,将成为西部大开发的重点区域。国务院对兰州新区的批复文件中,要求兰州新区"在深入推进西部大开发、促进中国向西开放发挥更大作用"。同时,西部大开发也为兰州新区建设提供了很多重要机遇。

一是有助于兰州新区进一步完善基础设施,增强服务保障功能。西部大开发的一个重要内容就是基础设施建设,主要是为了改善西部地区基础设施相对落后的局面。兰州新区积极依托其交通枢纽的优势,紧紧抓住国家支持中西部地区培育重点城市群、区域性中心城市的机遇,重点加强交通、水利和信息等基础设施的建设,并且强化基础设施的联通性,打造省级综合物流运营平台,组建市场化运营主体,实现南向通道铁海联运国际货运班列常态化运营,增强兰州新区经济的综合服务保障功能。近年来兰州新区交通设施建设速度明显加快,西部综合交通枢纽建设初具雏形,兰州新区北站投入运营,并已开通以北站为起点的中亚、中欧国际货运班列,使得兰州新区与周边区域联系条件明显改善。

二是有助于兰州新区承载中东部地区产业转移,促进区域协调发展。兰州新区依托国家西部大开发战略及其国家级战略平台功能,充分发挥比较优势,通过与东中部省份和其他国家级新区签署产业转移协议,努力将兰州新区建成国家经济转型和承接中东部制造业转移的先导区。此外,在西部大开发背景下,兰州新区还需要重点发展高端装备制造、新能源、新材料、信息技术等战略性新兴产业,同时发展面向其他西部和中西亚等地区的加工型产业、现代服务业,不断加大研发投入,提升全要素经济增长率,缩小与东部地区经济发展差距,促进区域协调发展。

三是有助于兰州新区发展本地优势文化,抢占文化制高点。兰州新区所处的区域具有深厚的历史文化底蕴,是古代东西方文明交流重要通道和多民族文化融合的核心区域。文化建设是西部大开发战略的一项重要内容,目前兰州新区文化产业项目发展较快,吸引了包括华夏文明传承创新示范园等一批重大的文化旅游项目。这将有助于兰州新区抢占文化制高点,也为文化交流奠定了良好的产业基础。

4. 中欧班列畅通将为兰州新区建设打开新局面

中欧班列由中国铁路总公司组织,按照固定车次、线路、班期在中国和欧洲之间开行。中欧班列极大地压缩了运输费用和时间,运输时间只需要海运的 1/3、运输费用只需要空运的 1/5，能够满足部分高附加值、时限要求高的货物运输需要，目前已经逐渐成为与海运、空运并存的第三种物流模式。中欧班列首列班列于 2011 年开始运行，不仅把最活跃的两个经济圈——东亚经济圈和欧洲经济联结起来，中间还贯穿欧亚主要经贸合作区；不仅给沿线地区经济合作带来契机，还提供了合作的平台，有助于欧亚经济一体化建设。兰州新区是中欧班列中的关键环节。"兰州号"国际货运班列陆续开通了到南亚、中亚和欧洲等地的国际班列，并且实现了常态化运营，不仅会加快兰州向西开放的步伐，也会促进"一带一路"建设，并为兰州新区建设打开新局面。

一是有助于兰州新区物流枢纽建设。中欧班列运行不仅仅是铁路基础设施的建设，更需要以沿线区域经济发展为基础，需要打造一批具有多式联运功能的大型综合物流基地，不断完善冷链物流基地、城市配送中心布局，支持在物流基地建设基础上建设具有海关、检查检疫等功能的铁路口岸，加强与港口、机场、公路货运站及产业园区的统筹布局和联动发展，形成水运、铁运、空运和公路运输的无缝高效链接。这些是中欧班列运行所需要的配套服务，也只有这样才能最大程度地发挥中欧班列的经济效应。中欧班列的发展为兰州新区进出口贸易奠定了很好的交通基础。更重要的是，兰州新区作为亚欧"大陆桥"的"钻石节点"和必经之路，将是中国西北部物流枢纽和中欧班列的一个重要枢纽的首选之地。

二是有助于兰州新区营商环境建设。中欧班列的高效运行需要围绕物流链全流程，强化运输、仓储、配送、检查检疫、通关、结算等环节的高效对接，需要提供一站式综合服务，也需要为客户提供业务受理、单证制作、报关报检、货物追踪、应急处置等业务。中欧班列将会推动沿线电子化通关，强化不同国家和地区之间在邮政、海关、检查检疫等的合作。

兰州新区是中欧班列的必经环节。中欧班列的常态运行之后，通过与整个中欧班列沿线铁路部门合作，将会优化兰州新区的国际铁路运输作业组织、通关和换装流程，提升兰州运输体系的及时性和准确性，以及整个通关便利度，最终将会优化整个兰州新区的营商环境，有助于完善兰州新区承接产业转移的功能。

三是有助于兰州新区信息平台建设。中欧班列运行需要整合沿线各地的相关行业、部门和企业信息资源，建设中欧班列信息服务平台。兰州新区可以以"互联网＋"为发展契机，依托中欧班列建设面向中西亚、中东欧等国家和地区的信息枢纽、区域信息汇集中心和大数据服务输出地，搭建集各系统功能

（关检、关务、铁路）和客户管理商务开发于一体的中欧班列信息化服务平台。

5. 中新"南向通道"为兰州新区建设蕴含巨大商机

中新南向通道向北与中欧班列连接，利用兰渝铁路及甘肃的主要物流节点，连通中亚、南亚、欧洲等地区，是能够有机衔接"一带一路"的复合型国际贸易物流通道。中新南向通道项目在2015年开始启动。铁海联运班列于2017年开始运行，截至2018年8月，已经累计开行班列300班，覆盖全球58个国家和地区的113个港口。尤其是2017年9月底，兰渝铁路全线通车运营，为兰州新区发展带来巨大商机。

一是沿线市场活跃，商机无限。一方面，在国内，中新南向通道经过的重庆、贵州和广西，都是中国能源资源最为富集的地区，也是中国重要的化工、汽车、电子工业基地，发展后劲足、市场潜力巨大。在国外，中新南向通道经过的东南亚国家大部分都是东盟成员国，和中国经贸关系密切。此外，东南亚国家也在积极转变经济发展方式，充分利用本国比较优势，承接全球产业转移，已经成为亚洲乃至全球经济最活跃的地区之一。另一方面，甘肃苹果、马铃薯、中药材等农产品和有色金属等工业品出口到东南亚市场，可充分发挥东南亚市场的辐射带动作用，进一步激发中国西北地区的经济发展活力。

二是强化兰州新区路上通道功能，改写兰州新区传统物流格局。随着中新南向通道的建成，把兰州陆港与重庆果园港、广西钦州港等水港、海港联结起来，进一步凸显兰州新区的陆上通道功能，给兰州新区发展带来历史性机遇。

总之，新时代，新机遇。中国进入全方位开放阶段，党的十九大报告明确提出要形成陆海内外联动、东西双向互济的开放格局。兰州新区地理位置险要，是联结东西南北的重要节点。兰州新区本身作为国家级新区具备进行体制机制创新的政策空间，加上国家向西开放战略、"一带一路"建设和西部大开发战略等所带来的"东风"，中欧班列和中新南向通道等大型区域跨国项目落地，给兰州新区建设带来了无限的发展空间和机遇，促使兰州新区成为中国西北地区重要的经济增长极。

二、兰州建设"一带一路"西部物流枢纽的优势条件与制约因素

兰州是甘肃省省会、古丝绸之路上的重镇、丝绸之路经济带上的重要节点

城市。"一带一路"倡议提出后,兰州由过去的内陆腹地变为开放的前沿高地。兰州是连贯"一带一路"亚欧大陆桥国际物流大通道上的重要节点城市,也是面向中西亚、南亚、中东欧国家开放的桥梁和纽带。借助"一带一路"建设的最大机遇,兰州重塑区位优势和通道优势,全面提升开放型经济发展水平,积极融入国家"陆海内外联动、东西双向互济"的开放新格局。

1. 内陆开放经济先行先试:中欧班列推动作用

中欧班列是往来于中国与欧洲以及"一带一路"沿线各国和地区的集装箱国际铁路联运班列,由中国铁路总公司组织,按照固定车次、线路、班期和全程运行时刻开行[①]。《推动共建丝绸之路经济带和21世纪海上丝绸之路的愿景与行动》中也提到,"建立中欧通道铁路运输、口岸通关协调机制,打造'中欧班列'品牌,建设沟通境内外、连接东中西的运输通道"。

2011年3月19日,首列由重庆开往杜伊斯堡的渝新欧中欧班列成功开行。至2018年中欧班列已累计开行10 000列,运送货物近80万标箱,国内开行城市48个,到达欧洲14个国家42个城市,运输网络覆盖亚欧大陆的主要区域。中欧班列已初步形成西、中、东三条铁路运输通道。西通道连接国内西北、西南、华中、华南等地区,经陇海、兰新等铁路干线运输,由新疆霍尔果斯口岸和喀什通往中西亚及欧洲各国;中通道连接国内华北、华中、华南等地区,经京广、集二等铁路干线运输,由内蒙古二连浩特口岸出境,途经蒙古国与俄罗斯西伯利亚铁路相连,通达欧洲各国;东通道连接东北、华东、华中等地区,经京沪、哈大等铁路干线运输,由内蒙古满洲里口岸出境,经俄罗斯通达欧洲各国。

2018年,中欧班列运输重箱比例已达88%,其中去程班列重箱率为95%,回程班列重箱率为77%,运送产品种类日益丰富,包括服装鞋帽、汽车及配件、粮食、葡萄酒、咖啡豆、木材、化工品、机械设备、纸浆等。中欧班列按照铁路"干支结合、枢纽集散"的组织方式,规划设立了一批中欧班列枢纽节点,主要包括内陆主要货源地、主要铁路枢纽、沿海重要港口、沿边陆路口岸四大类。其中,兰州被定位为内陆主要货源地和主要铁路枢纽节点,承担中欧班列货源集结和集零成整、中转集散的功能。

[①] 国家发改委:《中欧班列建设发展规划(2016—2020年)》,https://www.ndrc.gov.cn/xxgk/zcfb/ghwb/201610/P020190905497847973697.pdf,2016年10月8日。

兰州是中国西北重要的交通枢纽和物流中心,是新亚欧大陆桥中国段五大中心城市(乌鲁木齐、兰州、西安、郑州、徐州)之一、西北第二大城市,陇海、兰新、青兰、包兰四大铁路干线交会于此。兰州北编组站是全国十大编组站之一。兰州是通往中西亚、中东、欧洲的重要通道,是新亚欧大陆桥上重要的集配转运中心,也是石油天然气管道运输枢纽、国家级西北商贸中心,辐射陕、甘、宁、青、新、藏等六省份,区域优势显著。

2015年7月5日,兰州首次开行至阿拉木图中亚国际货运班列,此后相继开通了兰州—汉堡中欧国际货运班列、兰州—日喀则—加德满都南亚公铁联运国际货运列车、兰州—白俄罗斯明斯克的集装箱国际货运班列,以及中新"南向通道"班列等多条国际贸易通道班列。特别是中新"南向通道",它是在中国—新加坡战略性互联互通示范项目框架下,以重庆为运营中心,以甘肃、贵州、广西为关键节点,经广西钦州港出海,与全球海运网络的无缝衔接,是西部内陆地区最近的一条出海通道,陆上铁路运距全程仅1200余千米,单向运行时间39小时左右。中新"南向通道"是有机衔接"一带一路"国际陆海贸易新通道,实现了西北与西南、中亚与东南亚、"一带"与"一路"的三大连通,兰州的枢纽地位和通道优势更加凸显。

据甘肃省商务厅统计,截至2018年7月底,甘肃省中亚、南亚及欧洲国际货运班列累计开行589列,货值16.59亿美元,出口货物品类主要有机械设备、建材、轮胎、家电、日用小商品、布匹、服装、自行车、电子产品等,以及甘肃省的葵花籽、饲料、石化设备、钢材等。甘肃省南向通道国际货运班列每月开行4列,实现了常态化运行,累计发运21列,货值2.26亿元人民币,货品主要有苹果、洋葱等农产品和石棉、纯碱、铝材等工业品,出口越南、印尼、泰国、缅甸、希腊等国家。

2. 兰州发展基础与优势条件:国际陆港与国家级新区开放发展

(1)甘肃(兰州)国际陆港

港口是一国和地区对外开放,进行国际贸易的重要基础设施。陆港是指一种或多种运输模式相连接的、作为一个物流中心运作的内陆地点,用于装卸和存储国际贸易货物并对之进行法定检查和实行适用的海关监管和办理海关手续。[①]内陆地区的发货商可以在陆港内享受"属地申报,口岸验放"的通关政

---

① 百度百科:《政府间陆港协定》,https://baike.baidu.com/item/%E6%94%BF%E5%BA%9C%E9%97%B4%E9%99%86%E6%B8%AF%E5%8D%8F%E5%AE%9A/22285093?fr=ge_ala,2017年12月21日。

策,完成以前必须在港口进行的订舱、报关、报检等各类手续。[①]联合国亚洲及太平洋经济社会委员会于 2013 年通过的《政府间陆港协定》(Intergovernmental Agreement on Dry Ports),为陆港的国际协同发展创造了更好的条件,便利和促进亚太地区各国之间的经贸往来。该协定对陆港的选址做出了指导,即陆港所在位置通常邻近以下地点:内陆首都、省会(州首府);现行的或潜在的生产和消费中心,而且有公路或铁路与外部连接,其中酌情包括与亚洲公路或泛亚铁路的连接。中国有 17 个沿边城市列入协定的陆港清单。陆港既能拓展港口货源,又能提高口岸通关效率和服务水平,降低内地的物流成本,有效改善内陆地区扩大开放和招商引资环境,促进内陆地区外向型经济发展,是内陆地区参加"一带一路"建设的重要抓手。

甘肃(兰州)国际陆港 2016 年获批建设,规划区建设用地面积 14 平方千米,是甘肃省扩大对外开放的重要平台,致力于建成"一带一路"上重要的国际货运班列核心编组枢纽、国际物流集散转运中心和国家向西开放的重要平台。兰州国际陆港位列全国九大物流区域、十大物流通道,是国家铁路一级物流基地,在全国大物流格局中具有重要地理优势。陇海、兰新、兰青、包兰、兰成、兰渝六大铁路干线、连霍、青兰、兰海、京藏、G312、G109 等高速公路、国道均在此交汇,形成了丝绸之路经济带重要的中转枢纽和集散中心。

甘肃(兰州)国际陆港重点建设铁路集装箱、铁路口岸、保税、多式联运、智慧陆港五大核心功能区,打造四纵四横内外交通路网体系和十大物流产业园,开辟中欧、中亚、南亚、中新南向四大国际贸易通道,重点开展铝产品、石化产品、建材、粮食、木材、肉类、汽车、清真、陇货、农副土特产品等十大类商品进出口业务。目前,港务区铁路口岸已获批建成并正常运行,铁路物流中心已投入运营,多式联运项目已纳入全国首批多式联运示范工程,中亚、南亚、中新南向国际货运班列实现常态化发运。项目自启动建设以来,已累计完成固定资产投资 226.6 亿元,货运量 880 万吨,进出口贸易额达 8 亿美元。

(2) 兰州新区

国家级新区是由国务院批准设立,承担国家重大发展和改革开放战略任务的综合功能区,是中国于 20 世纪 90 年代初期设立的一种新开发开放与改革的大城市区。新区的总体发展目标、发展定位等由国务院统一进行规划和审批,相关特殊优惠政策和权限由国务院直接批复,在辖区内实行更加开放和

---

① 李云华、董千里:《中国陆港空间布局演化研究》,《技术经济与管理研究》2015 年第 7 期。

优惠的特殊政策,鼓励新区进行各项制度改革与创新的探索工作。截至2018年6月,中国国家级新区总数共有19个。此外,武汉长江新区、合肥滨湖新区、郑州郑东新区、南宁五象新区等地区正在申报国家级新区。

2010年12月,甘肃省设立兰州新区。2012年8月,获得国务院批复,兰州新区成为第五个国家级新区,也是西北地区第一个国家级新区,成为西北地区重要的经济增长极、国家重要的产业基地、向西开放的重要战略平台、承接产业转移示范区。兰州新区位于秦王川盆地,是兰州、白银两市的接合部,地处兰州、西宁、银川3个省会城市共生带的中间位置,也是甘肃对外开放的重要窗口和门户。兰州新区南北长约49千米,东西宽约23千米,总面积1744平方千米。兰州新区距兰州市38.5千米,白银市79千米,西宁市195千米,距西安560千米,经景泰到银川有470千米,经河西走廊直通新疆,是丝绸之路经济带和欧亚大陆桥的重要连接点,是国家规划建设的综合交通枢纽,是甘肃与国内、国际交流的重要窗口和门户。

2016年,兰州新区生产总值达151.66亿元,比上年增长25.1%,三次产业结构为2∶76∶22。兰州新区初步形成了先进装备制造、生物医药、石油化工、新材料、电子信息、现代物流、文化旅游、现代农产品加工等产业集群,正在打造世界最大的水性科技园、全国先进装备制造基地和生物医药基地,产业集群效应正在显现。同时,兰州新区已建成运营综合保税区、中川国际航空港、中川北站铁路口岸,正在加快建设国际产业合作园、国际通信专用通道,"一区一港一园一口岸一通道"的开放平台作用日益凸显。

兰州新区综合保税区位于兰州新区机场东部物流产业组团,总规划面积3.39平方千米,于2014年7月15日获国务院批复,是由海关根据国家有关规定进行管理的海关特殊监管区。综合保税区有"进口保税、出口退税、区内货物自由流动"的"自由港"特点,是中国目前开放层次最高、优惠政策最集中、功能最齐全、手续最便捷的海关特殊监管区。兰州新区综合保税区区位条件良好、航空、铁路及公路运输条件便利,距兰州市约45千米,距中川机场约2千米,距中马铁路货运站约12千米。2015年12月24日,该保税区正式封关运营。其主要功能分区包括:出口加工区——主要布局精细化工、高端装备制造、农产品和生物医药的出口加工型企业和电子产业;保税仓储物流区——主要布局国际物流配送企业和进出口商品存储;口岸作业区;综合服务区。兰州新区综合保税区旨在打造以电子信息、石油化工、民族特色、生物医药、高端装备制造和农产品加工等为主的出口加工基地和承接产业转移的重要基地,建成满足中西亚和欧亚大陆桥外贸需求,促进外向型经济,构建兰州新区向西开放的重要战略平台。

3. 参与"一带一路"建设的现状:"黄金段"与缺乏抓手

"一带一路"倡议提出后,2015年3月国家三部委联合发布的《愿景与行动》中对甘肃的定位为面向中亚、南亚、西亚国家的通道、商贸物流枢纽、重要产业和人文交流基地。2014年5月甘肃省按照国家总体战略布局和甘肃省战略地位,依托甘肃区位、资源、文化、产业等优势,出台了《甘肃省参与丝绸之路经济带和21世纪海上丝绸之路建设的实施方案》,提出围绕"打造丝绸之路经济带甘肃黄金段"构想,着力推进以兰州新区为重点的向西开放经济平台、以丝绸之路(敦煌)国际文化博览会和华夏文明传承创新区为重点的文化交流合作平台、以中国兰州投资贸易洽谈会为重点的经济贸易合作平台三大战略平台建设。同时,兰州市制定印发了参与"一带一路"建设实施方案,提出围绕建设丝绸之路经济带核心节点城市的总目标,强化国家向西开放战略平台建设,打造自由贸易园区、国际人文交流、国际展会展示、国际机构汇集、科技创新驱动平台,提高战略通道节点支撑能力和开放发展服务水平。

甘肃之所以将自身定位为"丝绸之路经济带"黄金段,是因为甘肃地处丝绸之路的咽喉要道,是连接亚欧大陆桥的战略通道和沟通西南、西北的交通枢纽。古丝绸之路在甘肃省境内横贯东西1 600千米,沿线由东向西连接兰州、武威、酒泉、嘉峪关、敦煌等重要丝路节点城市,甘肃自古以来就是中国向西开放的交通要塞和商贾重地。"丝绸之路经济带"黄金段建设总体目标为,以"丝绸之路经济带"甘肃境内重要节点城市为依托,发挥产业园区、经贸物流园区和保税物流园区集聚科技、金融、人才要素平台作用,深化经贸、产业、能源、人文交流合作,全面构建铁陆航多式联运的丝绸之路经济带黄金经济走廊,努力建成向西开放的纵深支撑和重要门户、丝绸之路的综合交通枢纽和黄金通道、经贸物流和产业合作的战略平台、人文交流合作的示范基地。

甘肃建设"一带一路"的优势条件体现在区位优势、交通优势、产业优势和文化优势。区位优势表现为甘肃是中原联系新疆、青海、宁夏、内蒙古的枢纽地带,丝绸之路全长7 000千米,甘肃有1 600千米,作为"丝绸之路经济带"交通大动脉的亚欧大陆桥横贯甘肃全境,甘肃是全国交通、物流和能源重要通道。交通优势表现为省会兰州市是丝绸之路经济带重要节点城市,陇海、兰新、兰青、包兰、兰成、兰渝六大铁路干线,连霍、青兰、兰海、京藏、G312、G109

等高速公路、国道均在兰州交汇。产业优势表现为,工业体系较完备,传统产业优势明显,新兴产业发展的势头强劲。文化优势表现为,甘肃是华夏文明的重要发祥地,始祖文化、黄河文化、丝路文化、汉简文化也在此繁荣,与中西亚国家在民族、宗教、文化等方面的交流源远流长。甘肃自然人文景观丰富多样,从西北至东南拥有沙漠、戈壁、高原、草原、亚热带风光五种地貌。在《纽约时报》发布的"2018全球必去的52个目的地"榜单中,甘肃是中国唯一入选的省份,排名第17位。

基于这样的区位优势和条件,甘肃积极融入"一带一路"建设,取得了明显的阶段性成效。一是2014年分别设立了武威保税物流中心以及兰州新区综合保税区,加速开通国际货运班列,开放航空口岸,逐步建设"丝绸之路经济带"的物流中心;二是逐步扩大对外经贸往来,在白俄罗斯、马来西亚等八个国家设立了商务代表处,开展了甘肃特色商品走中亚系列经贸活动,为扩大对外经贸合作奠定了坚实的基础;三是不断扩展对外合作交流的领域,与沿线地区缔结友好省州25对、友好城市27对,有近1 200名中西亚的国家的学生来甘肃交流学习,促进了沿线人民对中国对甘肃的了解;四是成功举办了亚洲合作对话——丝绸之路务实合作论坛、中国中亚合作对话会、丝绸之路合作发展高端论坛等系列活动,显著提高了甘肃的影响力和知名度。[1]

但甘肃在"一带一路"建设中也面临着很多困难和挑战,表现在区位优势明显,但商贸物流枢纽、产业基地、人文交流基地与通道优势未能充分融合;历史文化资源厚重,但文化产业过度依靠资源,文化资源优势未能转化为产业优势;传统能源资源比较丰富,但传统能源资源型产业在整体产业结构中处于劣势,新能源和资源替代产业尚处于发展阶段,未形成新能源上下游产业链和产业集聚关联效应;"三大平台"是甘肃特有的政策优势,但与新疆、青海、西藏等少数民族省区相比,甘肃仍缺少政策的含金量,如何用好、用活、用足政策仍然是问题。[2]

4. 面临的主要问题与制约因素

"一带一路"给甘肃省开放型经济发展提供了最大的战略机遇,但抓住机遇实现跨越发展,需要甘肃省加大改革力度,提高自身实力,狠抓政策落实,切

---

[1] 林铎:《甘肃着力打造丝绸之路经济带黄金段取得阶段性成效》,《中国产经》2016年第8期。
[2] 连辑:《推进丝绸之路经济带建设 构建开放型经济新体制》,《甘肃日报》2015年4月14日。

实解决面临的各种困难。甘肃省开放型经济发展起步晚、起点低,特别是随着世界经济和国际贸易环境的变化,一些深层次的矛盾与问题逐步显现。

(1) 经济基础薄弱、基础设施建设滞后

甘肃省经济总量和人均收入水平偏低,长期以来在全国排名靠后,2016年

表3-1　　　　　　　　甘肃省国民经济和社会发展总量

		2000年	2005年	2010年	2015年	2016年
人口	年末总人口(万人)	2 515.31	2 545.10	2 559.98	2 599.55	2 609.95
	城镇人口	603.93	764.04	924.66	1 122.75	1 166.39
	乡村人口	1 911.38	1 781.06	1 635.32	1 476.80	1 443.56
国民经济核算	生产总值(亿元)	1 052.88	1 933.98	4 135.86	6 790.32	7 200.37
	第一产业	194.10	308.06	599.28	954.09	983.39
	第二产业	421.65	838.56	1 937.39	2 494.77	2 515.56
	工业	327.60	685.80	1 551.59	1 778.10	1 757.53
	第三产业	437.13	787.36	1 599.20	3 341.46	3 701.42
交通运输	货运量(万吨)	22 722.1	25 843.1	29 008.8	58 258.0	60 656.7
	铁路	2 885.0	3 274.0	4 926.0	5 936.0	5 860.8
	公路	19 800.0	22 520.0	24 050.0	52 281.0	54 761.0
	客运量(万人)	12 907	17 803	53 776	41 516	41 775
	铁路	1 039	1 230	2 178	3 123	3 604
	公路	11 600	16 247	51 404	37 242	37 932
商业	社会消费品零售总额(亿元)	379.61	638.08	1 435.53	2 907.22	3 184.39
对外贸易	进出口总额(万元)	471 570	2 157 715	—	4 939 982	4 532 021
	出口额	343 578	894 604	—	3 611 734	2 681 775
	进口额	127 992	1 263 111	—	1 328 248	1 850 243
居民收入	城镇居民人均可支配收入(元)	4 916	8 087	13 189	23 767	25 693
	农村居民人均可支配收入(元)	1 429	1 980	3 425	6 936	7 457

数据来源:2017年甘肃统计年鉴。

地区生产总值 7 200.37 亿万元,排在全国 27 位。受传统产业结构转型升级缓慢、企业对市场和政策反应不灵敏、资源环境约束趋紧等因素影响,甘肃固定资产投资下降,工业增加值增速由正转负。甘肃传统产业转型升级步伐缓慢,重化工业占比大的结构还没有转过来,技术改造升级成效不明显,非公经济增加值占 GDP 比重低于全国平均水平。甘肃县域经济发展滞后,普遍缺乏大型产业项目,县级财政平均自给率仅为 17.2%,比全国低 31.8 个百分点。

2016 年甘肃人均地区生产总值 27 643 元,城镇居民可支配收入 25 693 元,农村居民可支配收入 7 457 元,三项指标均位于全国末尾。全省还有 189 万贫困人口尚未脱贫,生态环境保护建设任务繁重,土地沙化、草原退化、水体污染等生态环境问题仍较突出,基础设施建设落后仍很突出,公共服务均等化仍是发展中的短板。

(2) 物流与制造业协同发展问题

物流业与制造业间存在相互促进的动态关联关系。一方面,物流业是制造业发展派生出的生产性服务业。随着产业空间集聚增强、社会分工深化、市场范围扩展以及生产和销售的空间分割,制造业对生产需要的原材料以及中间投入品、产出品的运输、仓储、配送对物流服务产生的需求与日俱增;另一方面,物流业发展也促进制造业发展。物流基础设施的建设需要消耗大量的制造业成品投入,物流业通过技术溢出效应以及物流成本降低,提高制造业生产效率。所以,物流业与制造业在合作过程中,不应仅仅满足制造企业的物流需求,还必须为上下游合作伙伴提供个性化服务。

目前甘肃物流企业与物流园区在物流服务战略制定及运营等方面还处于被动合作状态,主动参与制造业企业物流战略制定的不多。同时限于地区工业发展水平,制造业也没有形成对物流业有效的货源供给和需求支持。如何围绕供应链上下游无缝衔接和产业向价值链中高端升级,结合互联网经济下新业态、新模式发展,构建兰州现代物流服务体系,实现物流与产业、贸易、科技、金融、民生联动发展,是甘肃建立"一带一路"西部物流枢纽亟待思考的问题。

(3) 地区间优势互补、协同发展问题

从"一带一路"建设定位看,甘肃致力于打造"黄金段",陕西着力建设丝路"新起点",宁夏则提出"战略支点",青海要成为"战略要道和重要支点",新疆更是提出建设丝路经济带的"核心区",西北五省份均想紧抓"一带一路"建设带来的重大发展机遇。甘肃在西北五省份中虽然地理优势显著,但财政收入和居民收入均处于最低,其周边及以西地区人口密度及经济发展水平也均较低,因此有必要从国家的全局利益考虑统一规划,探索与新疆、青海、陕西、宁夏西北五省份开放合作新模式,降低在陆港、新区、产业园区等重要开放平台运营的无序竞争,共同构建一体化向西开放的战略支撑。甘肃在发挥亚欧大陆桥咽喉地带的区位优势方面,应与陕西、新疆、青海、宁夏紧密合作,在甘肃共同建立外贸出口生产加工基地和物流集散地,共同开拓向西开放市场。

三、兰州构建"一带一路"西部物流枢纽的定位与功能

1. 战略定位:兰州"一带一路"西部物流枢纽

(1) 兰州建设"一带一路"西部物流枢纽的战略作用

兰州"一带一路"西部物流枢纽的建设,具有多层次的战略意义,对中国"一带一路"城市网络构建、国家开放格局调整、国家战略安全态势塑造等领域将产生重要的推进作用。

从"一带一路"城市网络构建上看,中国城市体系中西部城市的网络连接度整体上较为有限,需要塑造战略枢纽城市的支撑作用。在地理区位上,兰州作为连接"一带"和"一路"的"钻石节点",在推动"一带一路"建设中的战略意义日益凸显。兰州建设"一带一路"西部物流枢纽,是该城市与"一带一路"城市网络实现对接,进而完善中国"一带一路"城市网络体系的重要战略举措。这种作用的发挥,关键点在于充分利用兰州的区域交通枢纽核心功能,提升其对国际物流的承载与配置能力。这就需要兰州凭借较高水平的铁路站点、机场、高速公路等交通基础设施,对接亚欧大陆桥、长江水道、东部沿海出海通道等发展轴,形成内联外通的设施体系,从而推动中国西南、西北地区与境外基础设施互联互通,并带动门户枢纽地区发展。

从国家开放格局上看,兰州的西部物流枢纽建设,有助于形成中国西部的开放型发展节点,进一步提升东、中部城市与城市群与"一带一路"西部通道及城市节点的连通性,从而使该城市间开放互动网络更为完整与高效。同时,"一带一路"城市网络国内西部段的整体发展,有助于带动西部开放水平与经济发展水平的升级,从而在战略上保障西部的稳定,建构中国"两个扇面"的开放总格局。

从战略格局上看,兰州西部物流枢纽建设,对中国国家总体安全体系建设

具有多层面的贡献。第一层面,加强兰州新区西部物流枢纽建设,将使"一带一路"要素资源的进入可以更加充分地依托陆路通道,两条腿走路,有利于提升中国的能源、资源安全保障水平。第二层面,加强兰州新区西部物流枢纽建设,将使兰州乃至甘肃地区成为中国战略西进的桥头堡以及确保国家政治经济安全的纵深堡垒。第三层面,加强兰州新区西部物流枢纽建设,有助于充分发挥兰州对西部地区的辐射带动作用,促进西部经济发展活力与稳定度,降低区域间发展的不平衡,从而提升国家地区间发展的整体均衡性,降低边疆地区发展的不确定性。

(2) 兰州"一带一路"西部物流枢纽建设的主要内涵

兰州"一带一路"西部物流枢纽定位视角,需要跳出兰州本地层面,从国家战略层面,结合"一带一路"行动需求以及西部区域战略地位提升角度加以谋划。兰州"一带一路"西部物流枢纽建设的核心在于以物流功能升级"撬动"兰州新区等重要开放核心区的功能升级,整合兰州新区、兰州国际陆港、航空口岸、综合保税区等关键枢纽区域物流开放功能,以国际商贸通道建设为核心提升城市开放能级。兰州以"一带一路"西部物流枢纽促进"建设大平台、构建大通道、形成大枢纽、发展大产业"策略的全面实施,推动兰州的经济转型升级,进而为"一带一路"倡议的推进建构西部战略"支撑点"。兰州建设"一带一路"西部物流枢纽,是用多方向物流大通道的构建,提升兰州新区以及兰州市的开放水平、辐射能级与区域经济带动作用,从而使其充分发挥"向西开放"的战略平台,以"大开放"促进甘肃乃至西部区域的高质量发展。

兰州建设"一带一路"西部物流枢纽的发展示范作用,在于形成西部地区经济结构调整,实现经济发展方式转变的重要样板。实施区域协调发展,推进西部大开发形成新格局是党的十九大提出的重要战略任务。兰州经济发展中重化工业集中,"两高一低"的经济结构极为突出,在全国工业城市具有示范效应。"一带一路"西部物流枢纽的建设,有助于兰州的开放经济功能升级与开放门户作用跃升,从而使兰州服务业与外向型经济体系快速发展,形成以物流枢纽建设促进城市开放经济转型的独特模式,有助于带动西部以大开放促进大开发的路径形成,进而在国家乃至国际层面形成示范效应。

兰州枢纽地位的提升,有助于西部城市体系的联动,进而构建中国"新西三角"经济圈,平衡中国国内产业经济布局。兰州地位的提升,有助于在以重庆为中心的成渝城市群、以西安为中心的关中城市群、以兰州为中心的西兰银城市群间形成连接节点,建构西部地区城市连绵区,形成与东部地区相当的经济增长群体,推进东中西平衡的经济格局。

2. 兰州"一带一路"西部物流枢纽的功能内涵

(1) 门户枢纽功能

兰州"一带一路"西部物流枢纽的主要功能,是建成中国西部的门户枢纽,形成中国与沿线国家合作的西部门户。这一枢纽功能的建设,核心在于围绕门户通道优势,在强化交通设施和提升优势产业两端发力,增强要素集聚与辐射能力。

(2) 商贸节点功能

兰州在西部地区具有市场集散优势。兰州是西北区域性商贸中心,市场体系日趋完善,流通服务功能明显增强,人流、物流、资金流相对活跃,大市场、大流通格局正逐步形成。兰州"一带一路"西部物流枢纽的作用,在交通基础设施功能的基础上,突出地表现在商贸节点功能的发挥,以及对兰州现有区域性商贸中心地位的提升。兰州"一带一路"西部物流枢纽的发展,将进一步提升中欧国际班列贸易通道、中亚国际班列贸易通道、南亚国际班列贸易通道的商贸流通作用,极大地提升兰州商贸中心的辐射作用范围。同时,物流枢纽建设有助于促进形成国际商务贸易中心、跨境电商、电子商务等贸易功能的全面发展,使兰州商贸中心的能级与服务领域进一步提高与扩展。

在商贸发展方向上,兰州在南向通道国际货运专列顺利首发的基础上,能够与国内市场形成对接,进一步加强物流集货能力,实现南向通道商贸物流的常态化运行和贸易业务的深化经营,从而提升内外贸相结合的商贸节点功能作用水平。

(3) 增长引擎功能

兰州"一带一路"西部物流枢纽的建设,有助于以甘肃为核心,形成国际、国内要素的新流通、配置空间,从而带动西部地区的整体增长,进而促进中国开放区域的高质量增长。从开放格局层面看,兰州"一带一路"西部物流枢纽的建立,将使"一带一路"沿线国家与中国西部地区形成更为紧密的经济互动关系,从而提升西部开放经济的能级,并促进西部地区与东部传统开放地区的经济互动,提升西部开放发展的活力和空间,进而为中国开放经济的发展提供新动力。

从区域层面看,兰州"一带一路"西部物流枢纽的建立,有助于加强兰(州)西(宁)城市群各城市间的联通与互动开放,共建兰西经济区,建立跨区域城市间基础设施建设协调联动机制，提升区域竞争力。特别是兰州新区物流体系以及产业开放效应的释放，能够起到重要的示范与牵引作用，从而带动周边城市以及使城市群在更高层次上共同参与丝绸之路经济带建设。

从发展效率上看，兰州西部物流枢纽的作用发挥，有助于充分发挥市场在物流行业的作用，形成开放、公平、高效的物流体系。当前中国经济发展中，物流成本已成为影响经济高质量发展的重要因素，物流成本在西部经济发展中的影响更为凸显。以兰州"一带一路"西部物流枢纽为核心建成的物流体系，有助于优化资源配置的效率和效益，从而有效降低西部乃至东西部经济互动的成本，进而提高区域经济发展效率和质量。

从地区增长上看，兰州"一带一路"西部物流枢纽的建设，将有助于推动兰州新区建设特色鲜明、优势突出、创新驱动、绿色智能、服务共享、管理有效的新产业园区，发展石油化工、装备制造、新材料、生物医药、农产品加工、电子信息等产业集群，并延伸新能源汽车、水性高分子材料、蓝宝石材料、铜电子信息材料等产业链，从而为兰州新区这一国家级新区发挥区域增长带动作用提供重要助力。

(4) 示范辐射功能

兰州"一带一路"西部物流枢纽的建设，将发挥对西部城市与地区发展的示范与辐射作用，在发展模式、发展路径、开放升级等多次层面，形成对西部等发展区域的引领与带动。在发展模式上，有助于创新新区发展路径，为国家级新区的作用效应示范提供样板和参照。

兰州"一带一路"西部物流枢纽的建设，将有助于形成中国向西开放平台，并促进兰州新区形成产城融合的区域发展模式。这种以物流枢纽能级提升促进重点区域发展升级，进而建设新开放平台的模式，有助于西部相关城市发展以物流为核心的新型开放平台，并与兰州枢纽进行合作互动，进而形成西部对接"一带一路"的双向开放网络。兰州"一带一路"西部物流枢纽建设，主要以铁路运输为核心，配合航空公路的多式联运体系，以及保税港区的紧密互动。这一发展方向，将为中西部以铁路为主要依托的无水港发展形成重要的示范与引领。

兰州以物流枢纽建设促进新区能级提升的路径，有助于破解当前中国一系列新区建设的困境，为新区发展提供示范和借鉴。当前中西部国家级新区的发展，面临投资过大、效应释放程度有限等问题。兰州"一带一路"西部物流枢纽的建设，将提供以"一带一路"物流体系发展为抓手，以提升西部开放水平促进新区建设的国家级新区发展新路。这种以物流促开放的发展路径,有助于中西部国家级新区充分发挥自身在区位与资源方面的优势条件,提升战略作用发挥效应,进而摆脱同质化发展的困境。

3. 兰州"一带一路"西部物流枢纽建设的战略目标

兰州建设"一带一路"西部物流枢纽的目标,在于对应上述门户枢纽、商贸节点、增长引擎、示范辐射"四大"功能,使兰州成为西部大开发桥头堡、物流发展集散地、区域协调增长发动机、内陆开放型经济发展先行区。

(1) 西部大开发桥头堡

兰州"一带一路"西部物流枢纽建设的核心目标,在于把服务国家"一带一路"建设作为兰州促进西部大开发、大开放的主要载体,形成服务西部、服务全国的开放平台,建设联动东中西发展、扩大西部开放能级的新枢纽,以物流建设打造能集聚、能辐射、能带动、能支撑、能保障的开发、开放桥头堡。

兰州应以物流枢纽建设为抓手,提升城市在西部区域经济发展中的示范作用,推动现代物流业、先进制造业、信息业等产业的综合发展,形成多业并举、辐射面广、外向度高的新型开放支点城市。兰州要依托中欧、中亚、南亚班列枢纽地位以及中新互联互通节点地位,形成西部大开发的核心区。同时,依托特色优势资源,延伸产业链条,积极承接沿海产业转移,使兰州成为产业西移、企业西进、产品西出的战略基地,从而促进西部大开发的整体推进。

(2) 区域协调增长发动机

兰州"一带一路"西部物流枢纽功能的形成,将大幅提升兰州在集聚"一带一路"沿线国家资源、商品、信息方面的能力,从而为西部地区的经济协调发展提供重要平台和保障。兰州应以区域整体发展为指向,注重通道物流体系的打造,以物流基础设施建设、口岸建设、国际通道建设、内外贸体系建设为核心,服务西部地区发展,并促进东、中、西部的有机互动,形成区域协调发展的引擎。

在跨国层面,兰州"一带一路"西部物流枢纽的建设,应注重形成东、西、南、北四个方向的同步开放格局。注重扩大向西开放,以物流体系为核心,重点与中亚、中东及东欧国家开展能矿资源、高端装备制造、绿色食品加工及农业综合开发等领域的合作。同时,积极探索向北开放,通过物流枢纽及保税区开放功能,加强与相关国家在农牧业、矿产资源等领域的合作。以物流体系发展建设,努力拓展向南开放,积极融入中巴、孟中印缅等经济走廊,着力推进经贸合作。联合举办丝绸之路经济带沿线国家经贸合作圆桌会议。

(3) 内陆开放型经济发展先行区

应注重以兰州"一带一路"西部物流枢纽建设激活兰州新区开放带动作用的全面发挥,提升兰州新区综合保税区等开放平台的发展能级。在保税加工制造、保税仓储物流、商品展示等业务基础上,聚焦信息与服务业新方向,发展物流信息中心与相关金融服务,使兰州西部物流枢纽成为服务甘肃及周边地区经济发展、面向中西亚地区的内陆进出口集散中心、产业集聚地与开放经济中心。

在区域开放格局的推进方面,兰州"一带一路"西部物流枢纽建设应以兰州综保区等开放平台为依托,推动建立兰州—西宁城市群的青海区域综保区,并形成西部地区综保区间的合作联动机制。同时,依托兰州铁路国际班列物流平台,积极参与中国—新加坡战略性互联互通示范项目建设。积极发展跨境电子商务,培育贸易新业态新模式和海关特殊监管区域。推进国家级经济技术开发区转型升级创新发展。加快信息基础设施互联互通,构筑"丝路信息枢纽",形成面向中西亚、南亚及中东欧,服务西北的信息通信枢纽和信息产业基地,形成兰州对外开放的"大枢纽"格局。

四、加快兰州"一带一路"西部物流枢纽建设的政策建议

一是加快物流基础设施建设,强化提升兰州"一带一路"西部物流枢纽功能。加快建设"一带一路"战略平台,畅通对外综合运输通道,完善城市群内综合运输网络,强化综合交通枢纽建设,提升交通运输服务水平。

二是进一步扩大开放,提升贸易投资便利化水平。提升招商引资规模和质量,积极吸引国内外知名公司布局,提升招商引资服务质量。大力推进新型区域合作发展。增强区域经济意识,发挥中心城区生产要素集中优势,积极开展多层次、全方位区域合作。

三是发挥兰州新区辐射带动作用,培育新的区域经济增长极。将兰州新区培育为西部地区和丝绸之路经济带新的区域经济增长极,重点围绕国家级兰白科技创新改革试验区,突出创新发展,引领全省产业转型升级。增强经济区内生发展动力,着力发展壮大特色优势产业。深化兰州与西宁经济区建设,促进区域共同发展。

(撰写人:权衡　徐婧　盛垒　苏宁　周大鹏　张鹏飞)

R4　关于长三角港口群协调发展的问题研究

随着全球经济一体化进程加快,中国外向型经济深化发展,"一带一路"建设、长江经济带发展战略的不断推进,长三角港口群作为中国目前五大港口群中港口分布最为密集、吞吐量最大的港口群开始发挥越来越大的作用。近年来,在国家战略推动下,长三角港口群省辖内港口资源整合基本完成并初显成效,省份间合作稳步推进,长三角港口群协同融合发展取得一定成果。但对标纽约、东京等国外港口群合作的先进经验,现阶段长三角港口群还存在一定的差距与瓶颈。本研究旨在顺应新时代国内外港口群发展的新趋势,立足于建设世界级长三角港口群和城市群要求,提出长三角港口群协调发展的思路与对策建议。

一、新形势下长三角港口群协同发展现状与问题瓶颈

随着全球主要城市群战略地位提升,以及港口升级加速,港口群与城市群互动更加频繁,并逐步融合成一个有机整体。新形势下,长三角港口群协同发展,需要把准时代脉搏,积极承担国家战略使命,取得重大突破。

1. 长三角港口群协同发展的合作现状和主要特征

当前,长三角港口群中苏浙沪各港口在货物吞吐上呈现"三足鼎立"的态势,并逐步形成错位竞争的格局。政府管理主体和企业经营主体的职能和观念也在相当大的程度上实现了转变,长三角港口群的协调发展取得了初步成就。

(1) 长三角港口群吞吐量延续"三足鼎立"的发展态势

2017年,苏浙沪三地港口分别完成吞吐量25.7亿、12.6亿、7.51亿吨,集

装箱吞吐量分别为1 724万、2 687万、4 023万标箱。上海、江苏和浙江三地港口平分秋色、势均力敌,呈现出"三足鼎立"之势。

表4-1　　　　　　　　2017年苏浙沪港口吞吐量完成表

	港口吞吐量		集装箱	
	总量(亿吨)	占比(%)	总量(万TEU)	占比(%)
江苏	25.7	56.11	1 724	20.44
浙江	12.6	27.51	2 687	31.86
上海	7.5	16.38	4 023	47.70

(2) 长三角港口群的错位发展格局

在全球城市群港口竞争日益激烈的背景下,长三角港口群实施错位发展,力求形成合作共赢态势。长三角港口群以市场发展和政府推动为契机,大规模地开展区域港口合作,围绕上海的南北两翼港口群区域逐渐实施一体化发展。其中,宁波港、舟山港合并,组合形成宁波-舟山港。苏州港口群把张家港港、太仓港和常熟港整合形成一体化,形成"苏州港"品牌。长三角乃至长江流域的港口群在货源和吞吐量竞争中,正通过资本渗透、相互持股等合作方式,形成新一轮的竞合发展模式,不断深化"共建共享"的合作理念。目前,上海国际港务集团和上海港集装箱股份有限公司共同持有武汉港务集团55%的股份,前者同时还持有南京港龙潭集装箱码头25%的股份。与此同时,在重庆、武汉、安庆、扬州、南通、宁波等地,上海国际港务集团的投资已超过10亿元。此外,宁波港也参与了南京港龙潭五期的建设。

(3) 港口群协同发展中地方政府职能转变

政府职能转变在港口群协同发展中正发挥着愈为显著的作用,集中体现在基础设施建设和有效制度供给上。例如,上海对洋山港区,浙江对宁波港、舟山新区等给予了重点支持。与此同时,各地方政府在建港土地优惠、贷款政府担保、税收减免、路桥费免收等方面支持长三角港口群一体化发展。在交通基础设施建设方面,如上海的东海大桥、浙江的杭州湾大桥和舟山的13岛连岛工程等,大幅推进了上海国际航运中心建设和长三角港口群的发展。

(4) 长三角港口群一体化发展的政策环境变化

从水上运输时代到立体化集疏运时代,长三角地区的各港口逐步演化为地区吸引力和辐射力的重要功能性载体。一方面,港口为局部城市的发展提供要素资源,随着港口产业的逐渐形成,人口向港口辐射的产业地区进行集聚。另一方面,城市生产的要素通过港口向外扩散,并逐步扩大岸线和腹地范围,腹地的交叉和地域的延伸,使得相邻港口之间出现竞争的局面。最终,长三角地区港口群根据吞吐量和辐射范围逐步形成枢纽港、喂给港和支线港的体系与功能分工。

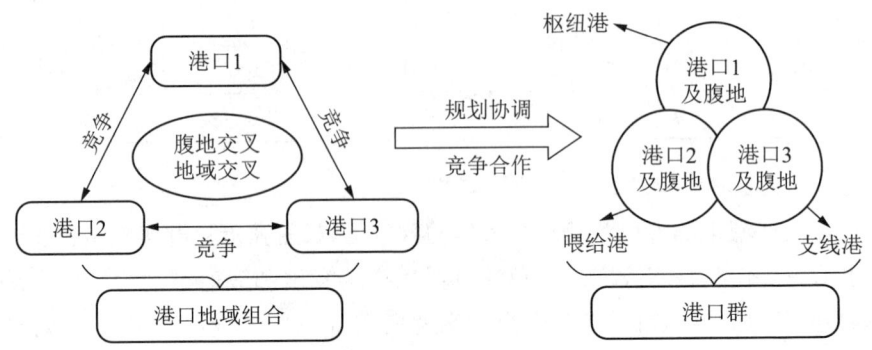

图 4-1　长三角港口群演进过程

在规划与政策措施上,近几年,中国先后出台了《长江三角洲沿海港口建设发展规划》《长江三角洲地区现代化公路水路交通规划纲要》《全国沿海港口布局规划》等重要文件,从政策层面促进长三角港口之间的分工合作。在功能性机构设置上,为加快上海国际航运中心建设,发挥江浙沪"一中心两翼"的共同优势,发挥不同层次港口作用,防止无序竞争,1997 年由交通部和长三角两省一市所组成的上海组合港管理委员会及办公室成立。2006 年长三角 16 市港航管理部门联合组成长三角港口管理部门合作联席会议。

现阶段,长三角港口群在组织形态上正在逐步形成"以上海为中心、以宁波—舟山港为南翼、以洋口港为北翼、以长江诸港为纵深"的港口群空间发展格局,并逐步形成了依托组合港的港口群系统。为了实现建设"世界级功能大港"的目标,结合未来港口群联动发展的趋势,长三角港口群正在加快整合步伐,发展内河运输,拓展腹地资源。

虽然在长三角港口群一体化发展进程中,初步形成中心枢纽港、干线枢纽港、重要枢纽港、地方性港口四个层级的长三角港口群框架体系,但要建设与长三角世界级城市群相匹配的港口群,特别是对标国际重大城市港口群,还存在很大的差距。

2. 新形势下长三角港口群协调发展存在的瓶颈及发展路径

特别是随着第四代港口技术发展,港口群与城市群互动内涵不断拓展,对港口群协调发展提出新标准和新要求。笔者通过梳理全球主要城市群港口未来 30 年规划发现,面向未来的全球城市群港口在战略定位、岸线集约化、腹地有机联动、港口群一体化协作机制、产业优化布局、立体化集疏运体系构建,以及信息共享及低碳港口、绿色港口等维度提供了港口群发展的趋势标杆(见图 4-2)。

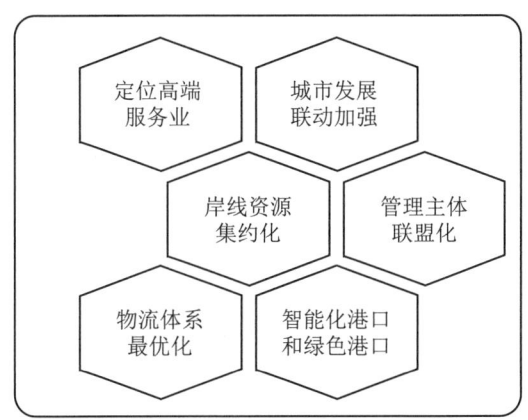

图 4-2　国际港口群未来发展趋势

资料来源:根据世界主要城市群港口的战略规划梳理。

(1) 长三角港口群尚缺乏与长三角城市群全面参与全球竞争相适应的明确定位

随着经济全球化和区域发展一体化进程加快,港口群作为交通运输枢纽、现代物流中心和供应链的核心节点,在推动城市群崛起、集聚腹地工业、辐射区域经济、资源整合配置等方面发挥越来越重要的作用,正成为一个国家或区域保持经济贸易竞争主导地位的重要依托。随着全球城市发展从"1.0 版"演化为全球城市"2.0"版,全球城市之间竞争逐步演化为全球城市区域之间竞争,即全球城市群之间竞争关系。

世界上著名的六大城市群港口在其城市群崛起过程中发挥了重要作用。如美国以纽约为中心的东海岸城市群、以洛杉矶为中心的西海岸城市群等的崛起与港口经济的发展密切相关。全球城市群主要将国际港口群的战略定位为提升城市群竞争力、开放性和全球航运资源配置能力的节点功能。例如:纽约-新泽西港口定位为在经济、基建、环保、土地和社区建设方面着力打造美国东部最有竞争力的港口群;英国提出港口群应充分借助数字化革命浪潮,架起英国与世界再次沟通的桥梁。

表 4-2　　　　　　　　世界主要城市群港口的战略规划

港　　口	战略规划	主要内容
纽约-新泽西港口	《纽约-新泽西港口30年主要规划》	在经济、基建、环保、土地和社区建设方面着力打造东部最有竞争力的港口群
英国港口群	《港口2050》	充分借助数字化革命浪潮,为快速蜕变的未来定下框架,激发英国与世界的再次沟通
欧洲港口群	《欧洲港口2030》	打造欧洲转运网络的中枢
日本港口群	《未来港口2060》	横滨打造国际文化城市,长崎打造国际旅游城市,东京湾打造国际工业港

注:来源于几个港口管理联盟的官网发展规划整理,分别为 1. Port of New York and New Jersey 的 Port of NY and NJ advanced port master plan; 2. European Commission 的 Ports 2030: Gateways for the trans-European transport network; 3. The UK Major Ports Group 的 Port 2050(规划时间为2017年)。

长三角各主要港口规划仍停留在城市港口和省份港口的定位层面。如江苏、浙江港口分别提出建设干线枢纽港和部分重要枢纽港,服务于本地经济和周边地区以及长三角经济带。

表 4-3　　　　　　　　长三角主要城市群港口的战略规划

港口	战略定位	主要内容
上海港口	枢纽港	"十三五"期间建设东北亚国际集装箱枢纽港,2020年基本建成上海国际航运中心
宁波港、苏州港	干线枢纽港	宁波港以服务城市物资运输为主,发展仓储、城市商贸、娱乐服务等功能。苏州港以国际集装箱、铁矿石运输为主,相应开展石油化工品及临港工业的原材料和产成品运输的多功能、综合性港口
南京港、镇江港、南通港、舟山港	重要枢纽港	除为本市服务以外,兼有为周边地区乃至长江流域服务的功能
扬州港等	区域性港口	主要是为地区经济发展及对外开放服务

资料来源:《上海市口岸"十三五"发展规划》《江苏省港口"十三五"发展规划》和《浙江省海洋港口发展"十三五"规划》。

在长三角一体化和长江经济带发展等国家战略背景下,长三角港口群处于多个战略叠加区,正迎来协同发展的重要机遇。长三角一体化建设中应明确世界级港口群的战略定位,统筹协调各港口的总体规划和职能分工,促进长三角港口群高质量发展,打造具有全球竞争力的世界级城市群港口。

(2)长三角港口群岸线资源高效集约利用、经济腹地有机联动有待进一步加强

第一,长三角港口群岸线规划集约化程度较低。

港口岸线是港口建设和发展所必需的基础要素,也是港口极为稀缺和不可再生的宝贵资源。国际重要港口群在岸线规划上呈现集约化趋势。例如,纽约-新泽西港口群在规划岸线发展时将沿岸的化工原料线展开,将运输线集聚,将远洋航运码头安排在港口北部区域,将其他功能区安排在上游区域,使生活、生产和生态三区分离,从而实现"港尽其用"。

中国自2004年《港口法》实施以来,各地加强了对岸线资源的管理力度(如2001年芜湖成立了长江岸线及陆域管理委员会)。此外,沿江政府逐步重视岸线规划的指导作用,有力地促进了长江港口深水岸线的使用。然而,对照国际先进经验,长三角港口群尚未做到"节约高效、合理利用、有序开发"。这主要体现在:一是港口群岸线存在重复建设现象严重、结构性的冲突明显的问题;二是每个港口又属于不同的区域管辖,不同区域之间非良性竞争的状况时有发生,造成岸线资源的浪费;三是生产、生活、生态三类岸线区分度不够明显;四是上下游协调与左右岸协调不同步造成岸线经济发展不均。

面对未来港口群岸线资源高度集约化的趋势,长三角港口群要明确岸线近期与远期发展方向,探索建立长效管理机制,科学配置港口岸线资源,设立生产性岸线准入制度,从体制机制上解决港口岸线资源集约化不足的问题,进一步提高港口岸线资源利用效率。

第二,长三角港口群腹地联动有待加强。

港口群腹地通常是城市经济圈,港口与腹地之间存在相互支撑和互为基础的关系。一方面,港口的建设能带动区域货物的输入和输出,拉动经济腹地的发展。另一方面,经济腹地的发展又能给港口提供充足的货源,进一步推动港口的发展。世界级港口群与经济腹地的城市群之间的联动正在逐步加强。以纽约-新泽西港口群为例,其港口群规划中明确提出了辐射区域的经济带动情况和产业竞争情况。

表 4-4　　　　　　　　　　　国际主要港口腹地

港　口	腹　地
纽约-新泽西港	美东地区最大港口,直接腹地是纽约和新泽西州,间接腹地是美国东北部和中北部产业区,共 14 个州
波士顿港	美东地区第二大港口,腹地同纽约港
洛杉矶长滩港	美西地区最大港口,直接腹地是加州,间接腹地是美国西南部地区
新加坡港	东南亚第一大港口,经济腹地涵盖新加坡、马来西亚、印尼、泰国等多个东南亚国家
迪拜港	阿联酋第一大港口,中东地区最大自由贸易港,经济腹地涵盖整个波斯湾地区
东京-横滨港	日本第一大港口,直接腹地是东京圈,间接腹地是日本关东地区

资料来源:课题组根据全球城市区域主要港口网站信息整理。

长江三角洲地区强大的经济腹地为港口群产业集群发展提供了良好的经济基础和支撑,也促进了港口经济的发展,但仍存在深度契合性不够突出的问题。这主要体现为:一是港口群服务城市、城市喂给港口的联动效应不够明显。二是部分港口仅立足局部地区,吸收局部资源,辐射局部经济。三是长三角重要港口经济腹地交叉重叠,难以做到"港尽城用、城港相长"。

面向未来,长三角港口群应通过口岸服务和物流服务加强与其经济腹地的联动效应。一是长三角港口群通过协调发展为跨国公司提供优质便捷的综合口岸服务,将长三角地区打造成为航运"总部经济"的集聚地;二是加快推动港口、机场、道路、物流节点等基础设施的信息化建设,提高长三角城市综合性物流效率。

(3) 长三角港口群市场运作的合作与开放机制需要进一步深化

自 20 世纪末以来,世界主要城市群港口掀起了一股由政府单一领导向企业多元参股和经营管理转变的浪潮。例如欧盟于 1993 年成立了欧洲海港组织(ESPO)来协调、管理整个欧洲地区的海港。ESPO 强调港口自主经营的法律地位,以确保港口之间的自由竞争并通过会员大会的形式来协调各个港口之间的利益。

当前,长三角城市群港口在联盟上已取得初步成效,但运作模式上仍不成熟。比如,2001 年,上港集团与其他港口集团联合形成了长江上下游集装箱装卸、运输、代理等支线运营网络。2014 年后,上海港与南京港、太仓港、嘉兴港

表 4-5 长三角主要港口腹地

港　口	腹　地
上海港	直接经济腹地是长三角地区,包括上海、苏南和浙北地区,间接经济腹地包括浙南、苏北、安徽、江西、湖南以及湖北、四川等省份
宁波港	直接经济腹地为宁波市和浙江省,扩大至安徽、江西和湖南等省。间接腹地为长江中下游的湖北、安徽、江苏、上海等省份的部分地区
温州港	直接经济腹地为温州港的直接经济腹地,主要包括温州市所辖六县二市三区和瓯江沿岸,330 国道沿线的丽水、金华、衢州地区,以及 104 国道、沿海高等级公路沿线的台州南部地区。间接经济腹地为温州港的间接经济腹地包括浙西南、闽北、赣东、皖南等部分地区
连云港港	直接腹地连云港、徐州、宿迁、盐城、淮安等 5 市,间接腹地河南、陕西、山西、四川、甘肃、宁夏、青海、新疆等省份
南通港	直接经济腹地为南通市和苏中盐城、淮安、泰兴三市部分地区
镇江港	直接经济腹地为镇江市和京杭运河沿岸的扬州、淮阴、盐城,以及常州西部地区。间接中转腹地是长江沿线 6 省份、淮河流域及太湖地区
南京港	直接腹地为南京及安徽省滁州地区。在间接腹地方面,水陆中转腹地为津浦线、沪宁线、宁皖赣线铁路沿线地区,江海中转腹地为长江沿线的重庆市、四川省、湖南省、湖北省、江西省、安徽省、江苏省的沿江地区
苏州港	直接港口腹地为苏锡常地区

资料来源:根据各港口规划与资料汇编整理。

表 4-6 长三角各港口的经营主体

港　口	主体企业	性质
上海港	上海国际港务(集团)股份有限公司	国资
苏州港	江苏苏州港集团有限公司	国资
太仓港	太仓港港务集团有限公司	国资
宁波舟山港	宁波舟山港集团有限公司	国资
南京港	南京港(集团)有限公司	国资
镇江港	镇江港务集团有限公司	国资

资料来源:根据各港务局网站整理,数据时间截至 2018 年 9 月。

的合作再次加强,支线运营网络得以完善。然而,长三角港口群的港货联盟、港航联盟、港港联盟和园区联盟等新兴联盟形式暂未大规模出现。港口企业管理主体仍以国资为主(见表 4-6),缺少市场化运作模式,从而造成港口的投融资渠道相对有限,港口群产业创新动力不足,又进一步限制了相关港口联盟的出现和发展。

面向未来,长三角港口群一体化协调发展中合作与开放机制需要从政府职能、资本运作和多式联运等方面进一步深化改革。一是政府需要转变职能,要由发展型政府向服务型政府转变,政府作用主要体现在通过立法,营造宽松、规范和公平的市场环境,调控和整合港口资源;二是长三角港口群企业应坚持以资本为纽带,以市场运作为主导,采用互相参股、交叉持股等灵活方式,加强江浙沪港口之间的经济互动和资源共享,着力推进港口资源的省内整合、省间整合;三是将国际多式联运与全球综合物流纳入其中的合作规划,提升长三角港口群全球综合竞争力。

(4)长三角港口群全方位产业链和价值多元化有待进一步拓展

第四代港口群发展理论着重强调物流、金融、保险、信息、仲裁等高端生产性服务业的快速发展,高端生产性服务业成为衡量港口服务质量的重要标准和吸引货源的关键因素。国际主要城市群港口都在面向未来做全面的产业链体系规划,寻找价值链的多渠道和多元化。以英国港口群为例,不断创新与衍生航运交易、融资、海事保险、海事法律和仲裁等航运相关服务产业集群,并主导制定国际航运服务业及相关行业的系列国际标准与市场规则。

表 4-7　　　　　欧洲港口群产业体系发展模式和路径

港口群	产业集群路径	产业集群模式
英国港口群	历史路径依赖与制度创新、市场主导加国家激励	航运交易、航运融资、海事保险、海事法律、仲裁法院、船舶经纪等航运交易和金融服务
挪威港口群	政策导向、市场导向、模式创新	墨勒—鲁姆斯达尔以船舶设备制造为主,卑尔根以造船业及航运业为主,奥斯陆以海事服务与技术研发为主
荷兰港口群	腹地系统扩展主导产业更替,空间拓展诱导服务业集群	临港工业区,航运服务和配送区,金融、保险、信息和培训服务区

资料来源:根据主要城市港口群网站信息整理。

与世界其他先进港口国家相比,长三角港口群在软实力建设方面仍存在很大差距。长三角城市群港口自改革开放以来产业集群发展迅速,但片面追求港口吞吐量导致产业链体系不完整,而且,支柱产业与外围配套企业衔接不够,尚未形成完整的产业链。

表 4-8　　　　　　　　　　　长三角港口产业集群体系

上海港口群	浙江省港口群	江苏省港口群
精品钢材产业群	电子信息产业群	电子信息与软件沿江产业群
化工产业群	现代医药产业群	车辆制造沿江产业群
微电子产业群	石化产业群	冶金和能源沿江产业群
汽车产业群	纺织产业群	汽车配套沿江产业群
航天产业群	船舶制造产业群	石油化工沿江产业群
临港物流产业群	专用设备产业群	

资料来源:根据吴爱存博士论文相关内容整理,研究时间为 2015 年。

长三角港口群在建立合作机制的同时要更加注重产业的连续性和支撑性。一是通过长三角港口群与城市群融合,发展包括航运金融、海上保险和航运咨询、海事技术服务、海事培训教育、海事法律服务、海事研究与交流等高端产业,提升长三角城市群港口产业升级,加强对高端环节的控制力,提升高能级网络联通的"辐射能力";二是以航运产业为载体,促进长三角城市群占据全球价值链、创新链、创意链和治理链的高端环节和核心环节,形成高能级的管控能力,对全球的经济、科技、文化、治理等活动形成高端话语权和规则制定权。

(5)长三角港口群立体化的集疏运体系需要进一步构建

随着产业丰富度和产业层级的加强,新一代港口对物流体系提出了更高的要求。国际级港口在物流体系上正在向立体化的集疏运方向发展。比如,新加坡港口在物流运输体系的高效性上一直是全世界港口的楷模。该港口开辟了 250 条航线,与世界上 80 个国家和地区 130 多家船公司开展往来,并且与水路、陆路共同构成了立体化的集疏运体系。

长三角港口群注重构建区域集疏运网络,但是物流体系建设滞后于港口建设,集疏运体系存在结构性问题。比如,长三角 300 千米左右半径的区域长江内河基础设施差,河道堵塞,与江船衔接的泊位数量少,质量差。从集疏运结构来看,长期以来,水水转运约占 50%—60%,公水转运约占 40%—50%。目前,上海港水路集疏运比例较低,公路集疏运比例太高,铁路集疏运比例太小。沿海港口群物流在集疏运方面存在内陆集疏运网络主要以公路为主,缺少铁路专线,尚未发挥集疏运网络应有的作用,未有效开展内陆联运,现代物流网络尚未在腹地得到充分推广,且作业效率低。

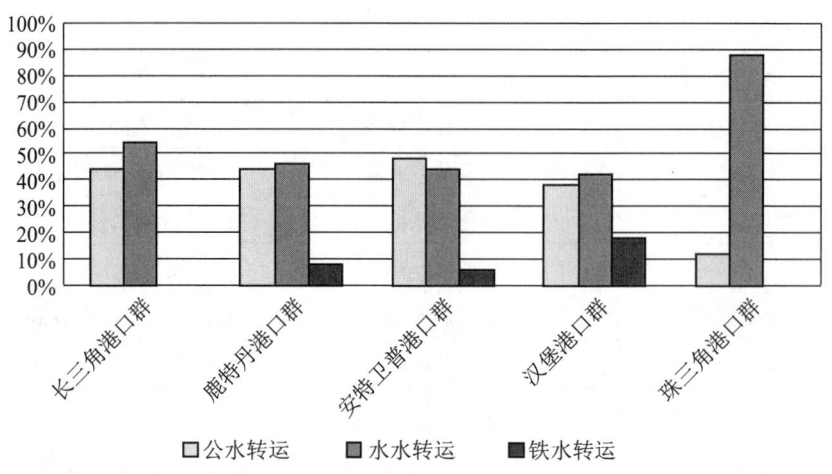

图 4-3 世界主要港口群联运体系对比

资料来源:根据各港口群官网数据整理。

长三角港口群需尽快打破港口集疏运体系的瓶颈制约。一是加快与港口建设相配套的跨区域交通基础设施项目的建设,形成网络化、互联化的布局,采取有力措施降低陆路集疏运成本,充分挖掘内河水运的优势和潜力,形成全方位、开放型的一体化集疏运网络体系。二是发挥上海自贸试验区航运功能,提高水水转运比例,降低转运成本。三是积极推进海铁联运枢纽建设,提高铁路集疏运运能,融入国际中转体系,促进亚欧转运体系的重构。

(6) 长三角港口群智能化物流建设以及信息共享尚待全面提升

推进信息化建设已成为各港口增强核心竞争力、加速现代化步伐的重要举措。加快港口智能化建设,建立高效的港口物流,已经成为国际港口面向未来发展的共同趋势。当前,上海、浙江的主要港口已经全面开展智慧港口建设,江苏正建设南京智慧港为全省树立模范。面对未来的信息化、智能化的趋势,长三角港口群还缺少信息化的全面布局。一是长三角港口群在智能物流方面建设较多,而在智能生产、智能口岸和智能安防方面较为缺乏,且暂无远期规划的方向;二是港口群的信息化联动规划较为缺乏,目前各港口缺乏远期的港口群之间信息一体化的规划,产业体系价值链并未实现真正意义上的智能化,有待提高港口群间信息共享,以抬升航运资源配置效率。

(7) 长三角港口群需倡导并践行低碳港口、绿色港口理念

现代港口低碳绿色的发展理念与港口群协调发展能够相互促进,互为支撑。这主要表现为,一是低碳绿色理念要求新型国际港口将"港口、人和自然"

协调统一,依赖资源的合理优化,避免产能过剩和恶性竞争。这在硬件上要求合理配置大小船,重新定位港口支撑发展;在软件上要求与国际接轨,满足贸易便利化的要求,降低物流成本。二是港口群协调发展必然带来资源有效配置,避免重复建设、资源浪费,提高资源配置效率,进而促进践行低碳、绿色理念。

由于长期依赖高投资、高污染、高增长的模式,长三角港口群缺乏长远的绿色战略规划。目前,长三角港口发展模式仍以土地、资源的大量投入等粗放的发展方式为主,能源消耗结构偏重煤炭,造成粉尘污染、废弃物毒害物乱排放等环境问题。

面向未来长三角港口群需要倡导并践行低碳港口、绿色港口理念,形成完善的绿色战略体系,在港口群战略规划中体现绿色、环保和可持续的相关理念,促进长三角港口群协调发展。

二、对长三角港口群协同发展的建议

随着全球范围城市化水平的提高,未来城市群将主导国际竞争格局。长三角地区定位于建设面向全球、辐射亚太、引领全国的世界级城市群,承担着代表中国参与更高层次国际竞争的历史重任。同时,海运主导的全球经济一体化背景下,口岸能力是集中体现一国硬实力和软实力的重要载体,口岸能力的强弱体现了口岸国家、区域或城市全球资源配置能力的大小。为此,遵循"创新、协调、绿色、开放、共享"新发展理念,对长三角港口群协同发展提出如下建议:

1. 战略定位转变,建设具有全球影响力的世界级港口群

按照世界级城市群建设愿景,从服务国家战略和区域发展需要出发,长三角地区明确目标,联手建设具有全球影响力的世界级港口群,通过提升港口群服务能级和核心竞争力,支撑长三角更高质量一体化发展。

(1) 明确战略目标定位

为了到2030年全面建成具有全球影响力的世界级城市群,当前需要确立建设与长三角城市群地位相匹配的世界级港口群的战略目标定位,加快从城市港口、省市港口建设竞争为主的规模增长阶段向城市群港口协同合作为主的高质量发展阶段转变。打造长三角高质量一体化发展和长三角改革开放再出发的港航新高地,实现世界级港口群与世界级城市群联动建设,彰显"一带一路"与长江经济带重要交汇地带的独特优势,巩固亚太地区重要的国际门户和西太平洋的东亚航线要冲地位,提升全球重要的现代服务业和先进制造业中心作用。

(2) 发挥港口群与城市群的联动效应

以协同落实国家战略为新时代合作共识,以服务长三角更高质量一体化发展为主线,以联手助推上海国际航运中心纵深发展新突破为着力点,推动港口共建共享、基础设施互联互通,提升港口群内部协调度,提升港口群与产业链、供应链匹配度。

(3) 提升服务能级和核心竞争力

充分发掘江海联运潜力,大力完善港口集疏运体系建设,加强港口区域协同和统一管理,发挥各地区比较优势,推进城市群港口分工合理化。以政府引导、市场主导为原则,以提升港口群服务能级和核心竞争力为目标,加快港航资源整合,优化港口产业链和价值链分工布局,提高市场化运作与国际化服务水平,加快绿色港口群、智慧港口群建设,使沿江沿海港口资源整体利用效率显著提高,经济社会生态综合效益明显提升。

2. 管理体制改革,优化城市群港口制度供给

优化制度供给加快城市群港口建设,亟待推动港口运输向港口经济转型,加强港口管理体制改革,从追求港口数量规模的单一城市港口离散化体系向注重质量效益的长三角城市群港口一体化体系转变。

(1) 设立长三角港口管理局和做实上海组合港功能

建议设立长三角港口管理局(或长三角港口管理委员会),代表国家(交通运输部)发挥统一的指挥、协调、管理职能,加强港口群跨区域协调管理,加强港口管理机构和地方政府之间的联系和协调,改变行政体制分割、多头管理的模式,克服港口权限下放和"一城一港"管理弊病。借鉴纽约与新泽西港口事务管理局(Port Authority of New York and New Jersey)的管理经验,协调解决跨行业、跨部门、跨领域的规划、标准、政策等事项,打破行政壁垒对港口发展造成的障碍,取消对资本、人才等跨区流动的不合理限制。同时,鉴于1997年国务院作出建设上海国际航运中心的重大战略决策,明确由交通运输部和上海市、浙江省、江苏省两省一市政府共同组建成立上海组合港管理委员会,负责协调上海市、浙江省、江苏省辖区内港口航运发展相关事务,建议落实由国家和交通运输部赋予上海组合港管理委员会职权,做实上海组合港在长三角港航一体化中的功能作用。

(2) 抓紧编制长三角世界级港口群规划和专项行动计划

研究编制《长三角世界级港口群规划》,顺应世界航运发展新趋势,呼应新时代改革开放再出发新指向,策应高质量发展与交通强国新要求。结合《全国沿海港口布局规划》及相关政策法规,尽快明确各港的定位和基本服务功能,确定长期、中期和近期发展目标,争取"十三五"规划中后期凝聚共识、通力合作,"十四五"期开始按照形成的统一目标和行动步骤,共同建设长三角世界级港口群。同时,长三角世界级港口群建设积极纳入长三角一体化国家战略专项议题,高质量一体化合作框架核心内容,列为长三角主要领导座谈会、长三角城市经济协调会主要事项。高点站位、统筹布局,加快推动省份内沿江沿海港口一体化,加快长三角岸线联动开发,强化长三角区域港航协同发展机制,鼓励以港航龙头企业为主体开展区域合作。

(3) 加快实现长三角港航管理制度标准化与规范化

加强海事、海关、海运、航道整治、统计、税收等相关领域的改革突破与实践创新,加快实现长三角岸线、港口、船舶等相关管理制度的标准化、规范化,形成与长三角城市群建设发展相适应的集中统一、开放灵活的管理架构,探索中央统一管理和区域协调实施相结合的港口群管理新体制。建立和完善长三角港口发展综合协调机制,加强区域港口统筹规划,加强跨省份、跨部门的综合协调和资源的综合利用。积极主动衔接国家交通运输部、海关总署、水利部等有关部委及长江航务管理局、长江水利委员会等部门,共同针对港口、船舶、岸线、航道等方面加强规范管理,对各港口制定统一的服务标准、资费标准,通过具有较强宏观控制和协调职权的区域港口综合行政协调机构,有效推进区域港口密切合作、协调发展。

(4) 加强港口岸线资源严格管理和社会参与

完善港口岸线资源评价体系及准入、变更、转让和退出机制,推动港航业审批制度改革。加强海事、信息与税务合作,打造统一的长三角专业化港航信息服务平台,港口群内实现有价值的数据共享、客户信息共享,减少客户搜寻成本,降低港口信息交易与使用成本。发挥好政府、企业、第三方组织等多元主体作用,加强政策协同、服务协同与市场协同。学习借鉴欧洲海港组织(ESPO),完善港口决策社会参与机制和工作机制,发挥长江经济带航运联盟作用,构建专业化航运协会(集装箱、航运保险、航道协会等),充分发挥行业协会、商会桥梁纽带作用,促进行业规范自律与政府监管有效结合。

3. 联动自贸港区,打造港航领域改革开放新高地

围绕落实增设上海自贸试验新片区等新的重大任务,利用港区的物理空间与制度优势,加快推动自贸试验区经验率先在港口群复制推广,开展专项行动打造深化改革与扩大开放新高地。

(1) 加快自贸试验区经验率先在港口群复制推广

按照党的十九大报告赋予自由贸易试验区更大改革自主权,探索建设自由贸易港方向,加快落实习近平主席参加中国国际进口博览会期间提出的"增设中国(上海)自由贸易试验区的新片区,鼓励和支持上海在推进投资和贸易自由化便利化方面大胆创新探索"新的重大任务以及一系列扩大开放新要求。深化自由贸易港区改革开放,加快实施通关便捷化、贸易便利化突破性和针对性新举措,利用港口群物理空间和制度管理优势,推动上海、浙江自由贸易港区经验率先在长三角港口群更大范围内可复制、可推广,打造长三角港航领域自贸区制度创新试验和深化改革开放新高地作用。

(2) 研究出台长三角港口群改革创新专项行动计划

推动港航领域作为重大实施专项,支撑长三角地区协同改革和开放型新体制建设。聚焦港航内外开放联通、集疏运体系建设重点领域和关键环节,探索形成具有最高开放度和重大标志意义的制度体系、监管体系、政策体系、管理体系。重点破除内外贸水水中转过程中的税收协调、口岸监管等一体化制度障碍,为发展带有离岸特征的航运产业(如国际融资租赁、国际船舶登记和国际中转)创造更大可能,为长三角地区的港口经济辐射与融合提供更多机遇,提高长三角港口在国际竞争中的竞争能力和话语权。

4. 功能优势互补,推进城市群港口分工合理化

适应新时代国家战略与城市群建设需要,立足上海国际航运中心"一体两翼"的港口战略组合布局,加快形成陆海统筹、江海联动、功能互补的长三角港口群分工格局,充分调动三省一市、长三角城市群合作积极性,激活重点口岸城市潜力优势。

(1) 聚力联手加快建设上海国际航运中心

立足城市群港口发展阶段新要求,基于20世纪90年代末国务院提出的"一体两翼"上海国际航运中心架构(以上海深水港为主体,以浙江、江苏的江海港口为两翼），以增强长三角港口群整体竞争力作为优选战略，塑造长三角港口群分工新格局。加强长三角各地区通力合作，克服上海国际航运中心实施主体长期以来过度依赖上海一家，港口联动效应不明显，多式联运和港口集疏运体系推进缓慢弊病。加强长三角港口群功能协调、优势互补，提升联动效应，激发港口协同发展潜力，提升港口分工合理化水平，拓展港口群范围经济。加快长三角港口群陆海统筹、江海联动，实现枢纽港、支线港合理分工，上海-洋山和舟山-宁波作为枢纽港，相互协调，分工促进发展，支线港作为上海航运中心的有效补充，开辟江海联运，成为集装箱支线港口。

（2）强化功能优势推进港口群分工合理化

长三角各地区围绕强化功能优势，发挥比较优势，培育竞争优势，总体形成上海以国际中转为主、浙江以大宗散货为主、江苏以江海转运为主、安徽水运深度连接的功能布局。具体为：上海建成智慧高效的集装箱枢纽港，做大做强国际中转基础性业态，发挥城市国际网络和人力资源优势，完善集装箱国际中转市场功能。提高国际中转水平和水水中转比例，加强与国际班轮公司合作，提升国际中转增值服务功能。实现"境内关外"的转运模式，提升口岸自由化程度。建设国际一流的邮轮母港。提供船舶租赁、航运融资与保险、航运咨询、航运指数等高端航运服务。浙江加快建设舟山江海联运服务中心，充分发挥宁波舟山港舟山深水岸线的优势，聚焦大宗商品转运、交易和服务功能。江苏利用长江岸线资源优势，打造江海转运枢纽，聚力推进长江南京以下江海联运港区、南京区域性航运物流中心、连云港港区域性国际枢纽港、苏州太仓集装箱干线港等"一区三港"的建设发展。安徽全面整合港口资源，加快构建统一的沿江港口营运管理平台，深化与上海港、宁波港、南京港互联互通合作，深化融入长三角港航网络。加强上海国际航运中心、南京区域性航运物流中心、舟山江海联运服务中心的协同合作。

5. 资源要素整合，加强城市群港口市场化运作

顺应物流型、智慧型和资源配置型为特征的新一代世界港口发展趋势，把握国内港口整合的政策导向，围绕港口供给侧改革，政府引导与市场主导相结合，发挥港航企业市场主体作用，加快长三角港航资源要素资源整合，推动区域港口一体化协同发展。

（1）着力推进港口资源跨行政区整合

政府引导、市场主导相结合加快港航资源整合，发挥政府在规范标准、政策支持、资金配套等方面的引导作用,强化市场配置资源的决定性作用,突出企业的市场主体地位。形成市场化、开放性的平台和机制,通过合资合作等模式创新,建立多元化的投融资体系,坚持以资本为纽带,以市场运作为主导,采用港航企业兼并重组、参股控股等灵活方式,通过长三角港口之间的合资、合作、联盟等多元方式加强互动互享和深度合作,形成跨区域企业之间利益共享、风险共担的多元运行机制。形成以企业为主体的运营网络,整合海港、空港、公路、铁路、长江水运和内河水网运输,推进长三角航运服务功能一体化。

(2) 鼓励支持港航企业融合发展

充分调动港航企业在长三角港口群建设开发、岸线资源整合中的积极性和主动性,鼓励港口产业链按照市场化规则,发展多种形式的混合所有制经济,加快港航国资国企改革。培育壮大龙头港口企业,鼓励有条件的大型港口企业兼并重组,支持大型港口企业开展资产、股权、基金的投资、运营和管理,推动港口企业向现代综合物流运营商转型。支持社会资本有序建设综合运输信息、物流资源交易、大宗商品交易服务等专业化经营平台,支持交通物流企业通过发行债券、股票上市等方式多渠道融资。鼓励港航企业国内外合作,积极参与国际港口建设、开发,支持港口企业"走出去",提升港口企业国际化运营水平和高端化、综合化服务能力。

(3) 加快长三角港口群营商环境建设

优化口岸监管模式和服务环境,优化航运发展综合环境,提供公平透明的合作环境。加快长三角港口群"放管服"改革,聚焦港口收费定价机制市场化改革,完善和规范口岸收费,简化单证办理。

6. 港航产业升级,完善城市群港口产业体系与物流体系

长三角港航产业亟待加快转型升级,建立与长三角城市群产业体系、长三角世界级产业集群相匹配的港口产业体系和物流体系。加快培育现代化港口产业集群,健全港航产业链体系,优化临港产业布局,发展高端航运服务,完善港口集疏运体系。

(1) 建设现代化港口群产业体系

加强港口群产业布局与城市群产业规划协同,明确港航重点产业,突出上下游关键产业,增强支柱产业与外围配套企业衔接能力。优化发展港航产业价值链,由"大而全"向"高精尖"转变,拓展上游产业特色,推动下游产业升级,拉长中游产业链。探索"港口+物流""港口+金融""港口+产业""港口+商

贸"等港口产业链延伸,创造新的发展动能,推进港口经济转型升级,加快长三角港口城市建设。着力发展现代航运服务业,促进口岸便利化,积极探索自贸区航运政策创新和复制推广,提升航运金融服务国际化水平,进一步提升中国在国际航运中的话语权和影响力。优化长三角临港、临江产业布局,支持港口兴办物流园区,提供包装加工、仓储配送、信息服务等高附加值综合物流功能,加快发展临港产业集群,培育港口经济新的增长点。

(2) 鼓励支持港口主体集团化、联盟化运作

增强港航产业链系统化和集成化水平,鼓励支持港口主体以集团化、联盟化运作方式,扩展业务、降低成本,提高运作效率和协同效应。有效发挥上海国际港务集团、浙江海港集团、江苏港口集团、安徽港口集团等一批集团化企业的竞争优势、战略协同、深度合作与示范引领作用。鼓励企业尝试混合性融资,国际多式联运与全球综合物流结合,加快发展横向联盟,特别是集装箱港口联盟发展,助力港口协同合作。大力支持纵向联盟,包括港货联盟、港航联盟、港港联盟、园区联盟等新兴联盟形式,与客户建立长期一体化关系。

(3) 进一步完善港口集疏运体系

推动江海联运、海铁联运、海空联运,打造海陆空立体化的多式联运通道,提供"一站式"和全方位运输服务。完善长三角港口集疏运规划、体系,推动跨区域、跨部门、跨行业的多式联运通道建设。加快多式联运领域价格形成机制,加大对港口集疏运系统建设的政策、资金扶持,为港口物流匹配创造有利条件。按照"到2020年重要港口铁路进港率将提升到60%左右"目标要求,重点推进大宗干散货港区和规模化集装箱港区铁路集疏运通道及场站建设,推进"港站一体化",实现铁路货运场站与港区无缝衔接。完善江海联运,完善江海直达、江海中转运输体系。大力发展铁水联运,使集装箱铁水联运规模和在港口集装箱集疏运中的比重显著提高。加强上海国际航运中心、长三角港口群与长江黄金水道口岸服务、交易平台、体制机制协调联动,高质量发展长江航运,大力发挥长江南京以下12.5米深水航道作用。

7. 科技环保引领,加快建设智慧、绿色港口群

在物联网、大数据、云计算、人工智能、卫星通信等新一代技术涌现新背景与港航低碳环保可持续发展大趋势下,推动信息技术、低碳技术与港航深度融合,建设智慧和绿色港口群,积极推动长三角港航业逐渐向智慧化、平台化和融合化方向发展,提升绿色港口节能环保管理能力,实现港口群的功能创新、

技术创新和服务创新。

(1) 加快建设长三角智慧港口群

研究出台《长三角智慧港口群建设意见》,发挥政府投资的导向作用,建立健全政府与企业等多方参与的投资融资机制,引导社会资金投入智慧港的建设,运用物联网、大数据、云计算、区块链等高新科技手段,优化提升港口的基础设施和管理模式。推进长三角航运数据库、港航大数据实验室等长江航运信息共享平台建设。同时,启动智慧港口相关标准制定和人才培养。

(2) 鼓励上海港等一批具备良好基础的港口瞄准"智慧港口"建设

利用上海科创中心建设和长三角科研优势,打造服务长三角、辐射长江流域、影响海内外的航运技术研发和智造中心。加快港口价值链两端延伸,整合行业优势资源寻求业务和业态转型,全面提高港口集疏运能力,打通物流、信息流和资金流构建更高效的生态圈。积极建立面向客户的"线上统一服务窗口",扩大实施集装箱单证无纸化,减少企业跑单办证时间,为企业节省成本。持续推进上海洋山深水港自动化码头建设引领示范效应,积累大量软硬件核心技术和自主知识产权,推广实施自动化码头建设,实现连续、低误差作业,提高港口疏解能力。完善集卡服务平台,加大集卡使用,开发长江沿岸港口信息平台,提高集装箱和船舶的信息管理水平。完善国际贸易单一窗口,实现相关信息共享。

(3) 建设绿色港口群推动航运绿色平安发展

认真落实国务院"打赢蓝天保卫战"、交通运输部"绿色港口建设行动",按照"共抓大保护、不搞大开发"要求,提升绿色港口治理能力。对标鹿特丹、新加坡的港口可持续发展国际标准,港口规划、设计、建设、维护、运营、管理全过程贯彻绿色发展理念。加强促进区域联防联控,在港口设施建设、岸电、粉尘综合治理和清洁能源、新能源推广方面多措并举,优化能源消费结构、节约和循环利用资源,加强港区污染防治,推进港区生态修复和景观建设,创新绿色运输组织方式,提升绿色港口节能环保管理能力。积极顺应国际海运和港口环保领域新要求,在现有基础上实施更为严格的控制要求,即船舶进入船舶排放控制区使用低硫燃油,将低硫燃油的标准从 $0.5\% \text{ m/m}$ 下降到 $0.1\% \text{ m/m}$,率先争取国际海事组织将长三角船舶排放控制区确定为国际船舶排放控制区。着力强化港航安全管理,促进长三角区域平安发展。

(撰写人:李湛　李娜　刘学华　姜乾之　李鲁)

R5 中欧班列的发展趋势与成本效益研究

作为中国"一带一路"倡议的重要载体,中欧班列肩负着繁荣亚欧沿线国家经贸往来的重任,是承载亚欧大陆全方位交流的纽带。中欧班列的发展壮大,有力地带动了中欧及沿线国家间的经贸联系。"十二五"期间,中欧进出口贸易总额达 30 230 亿美元,同比增长 33%。同时,中欧班列的开通,也为中国中西部内陆地区开辟了一条对外联系新通道,释放了中国海陆并举、双向发展的潜力,拓展了全方位对外开放的空间。郑州、重庆等城市的外向型产业在中欧班列开通后,实现了年均 30% 左右的增长。运行七年来,中欧班列快速增长,各地竞相开通,但高成本、低效益、依靠政府补贴的运行模式依然没有改变,给中欧班列的可持续发展带来众多隐患。本研究分析了政府补贴运行下中欧班列所面临的风险,并从成本效益的角度挖掘了存在的问题。

一、中欧班列发展趋势分析

1. 中欧贸易分析

欧盟是世界上最大的经济体,也是中国最重要的贸易伙伴,中欧贸易对中国的外贸发展而言十分重要。面对国内外多重因素的影响,中国对外贸易也将进入新常态的局面。在新的经济增长格局下,中欧双边贸易也呈现出新的特点。

(1) 中欧间经济依赖程度高

中欧贸易关系在冷战结束后快速发展,年增速长期保持在 20% 以上。到 2008 年,中欧贸易额达到 5 429.41 亿美元。虽然中欧贸易受到金融危机的冲击,2009 年同比下降 16.5%,但中欧贸易是世界主要经济体双边贸易中降幅较低的。自 2010 年以来,中欧贸易保持持续增长势头,年均贸易额高达 7 200 亿美元。受欧债危机影响,2015 年中欧双边贸易额为 5 747.3 亿美元,减少

6.7%。随着世界经济新形势的出现,2017年,中国与欧洲各国货物进出口额为6 444.7亿美元,增长13.7%。其中,欧洲各国对中国出口2 218.9亿美元,增长19.1%;自中国进口4 225.8亿美元,增长11.1%。中国为欧盟第二大出口市场和第一大进口来源地,欧盟为中国第一大贸易伙伴和第一大进口市场地位。中欧双方在经济上相互依赖程度高,具备良好的合作基础,有发展成为更密切经贸合作伙伴关系的巨大潜力。

虽然近几年来双方贸易额呈现下降趋势,中欧对彼此双方的重要性有增无减,双方合作面在增大,共同利益在增多。中欧未来的经济、文化联系只会更加紧密,合作空间也会更为广阔,中欧经贸关系还将持续走向深入。

(2) 中欧贸易对象较为集中

中欧之间的贸易往来很大程度上集中在中国与少数传统欧盟成员国上,与中国经贸往来最为紧密的前10个国家,贸易额占比达到90.22%。2017年中国与主要欧洲国家的贸易额详见表5-1,可以明显看出,不同国家与中国之间的贸易规模差距较大。

表5-1　　2017年中国对欧洲主要贸易伙伴贸易额表

国家/地区	进出口额 总量(亿美元)	进出口额 占比(%)	进口额 总量(亿美元)	进口额 占比(%)	出口额 总量(亿美元)	出口额 占比(%)
欧　洲	6 444.7	—	2 218.9	—	4 225.8	—
德　国	1 805.7	28.02	988	44.53	817.7	19.35
荷　兰	1 074	16.67	135.4	6.10	938.6	22.21
英　国	734.1	11.39	215.4	9.71	518.7	12.27
法　国	530.5	8.23	213.4	9.62	317.1	7.50
意大利	473.9	7.35	153	6.90	320.9	7.59
瑞　士	377.9	5.86	244.8	11.03	133.1	3.15
西班牙	313.3	4.86	70.7	3.19	242.6	5.74
比利时	255.5	3.96	89	4.01	166.6	3.94
瑞　典	152.4	2.36	68.2	3.07	84.2	1.99
丹　麦	97	1.51	32.5	1.46	64.6	1.53
10国总计	5 814.3	90.22	2 210.4	99.62	3 604.1	85.29

数据来源:商务部综合司、商务部国际贸易经济合作研究院《国别贸易报告》。

在2017年中欧双边贸易进出口总额中,中国与德国之间的贸易规模达到1 805.7亿美元,占中欧贸易总额的28.02%,其次分别是荷兰、英国、法国、意大利、瑞士。2017年中国与这6个国家之间的双边贸易总额高达4 996.1亿美元,占中欧贸易总额的77.52%。

(3) 中欧间双向贸易不均衡

与中国经贸往来最为紧密的前10个欧洲国家中,中国进口贸易额大于出口贸易额的只有德国和瑞士两个国家。中国对荷兰、英国、法国、意大利、西班牙、比利时、瑞典、丹麦等8个国家的出口总额均大于进口总额,进出口双向货流严重不均衡。这表明中国与欧盟经贸关系的发展存在着高度的不对称性。

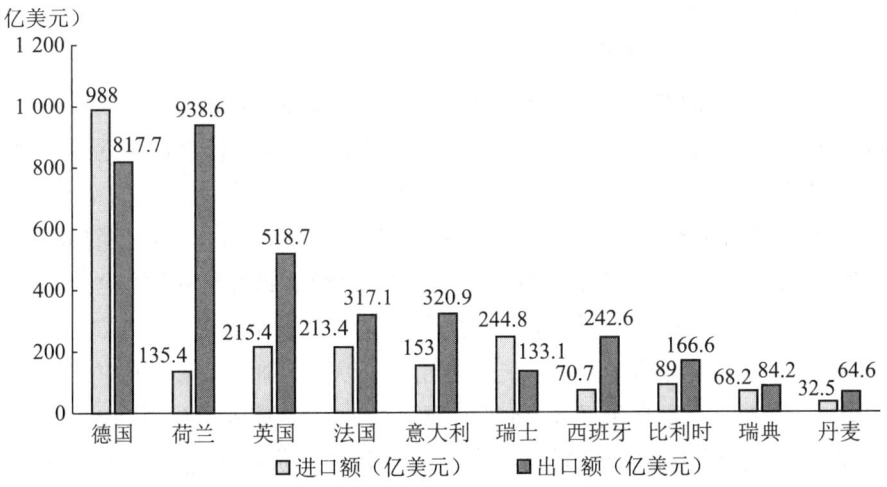

图5-1　2017年中国对欧洲主要国家进出口贸易额

2. 中欧班列发展的宏观形势

在"十三五"时期,中欧班列秉承"创新、协调、绿色、开放、共享"的新发展理念,肩负"对外贸易优进优出"的使命。中欧班列的建设发展正处于"十三五"建设关键时期,既有难得的历史机遇,也面临多方面的挑战。

(1) 国家战略与政策支撑

中欧班列是"一带一路"倡议的重要实践,得到了国家政策的鼎力支持。党和国家领导人多次在重要外交场合推介中欧班列,提出中欧班列是"加快建设互联互通合作平台",是"探索构建以中亚地区为枢纽的亚欧大陆互联互通网络"的重要方式,为中欧班列发展和走出去注入了强大的政治推动力。2016年6月,习近平总书记访问波兰时,在华沙亲自为中欧班列接站,是对中欧班列建设发展的重要肯定。在国家战略导向下,国家多部委协调解决中欧班列发展需求,地方政府出台政策从资金、货源等多方面给予大力支持。

(2) 中欧经贸发展需求

中欧班列是深化中欧国际产业合作与经贸往来的重要切入点。"一带一路"倡议的思想是,依托国际大通道,以沿线中心城市为支撑,以重点经贸产业园区为合作平台,推进沿线国家发展战略的相互对接,共同打造国际经济深度合作的新格局。依托"一带一路"倡议,中欧班列充分发挥运量大、速度快的优势,打通广大腹地西向贸易出口,促进"一带一路"双向开放的格局,显著提升中欧及"一带一路"沿线国家经贸水平,为中国产业布局调整与供给侧结构性改革提供有力支持。

(3) 铁路自身转型发展需要

中欧班列打造铁路国际物流高端品牌,是实现铁路物流服务"走出去"的重要载体。中国铁路2013年实施货运组织改革后,通过整合资源逐步实现向现代物流的转型。中欧班列具有跨国界、跨行业、跨部门、跨地区的特点,是中国铁路从国内运输向国际现代物流拓展,落实"走出去"精神,树立国际高端品牌形象,实现向外开发经营的重要切入点。"丝绸之路经济带"的建设将带动亚欧大陆30亿人口的巨大市场,将在太平洋至波罗的海之间形成世界上最长、最具有发展潜力的经济带。统筹构建中欧铁路大通道,整合供应链各方优势,统一物流操作环节和服务,将吸引更多的中欧间海运、空运货物转移到铁路陆运,尤其以集装箱国际联运为代表的高附加值货物运输将占据大部分份额,有利于促进中国铁路企业发展高端物流,优化货运结构,提升铁路物流品牌在国内外的影响力与竞争力。

3. 中欧班列未来开行数量预测

中欧班列在2015年之后发展迅速,其增长率呈"井喷式"增长。2018年继续保持快速增长势头,前两个月共开行684列,同比增长119%。具体情况如表5-2所示。

表5-2　　　　　　　　中欧班列开行列数增长趋势

年份	2011	2012	2013	2014	2015	2016	2017
开行列数	17	42	80	308	815	1 702	3 673
增长率		147%	90%	285%	165%	109%	116%

(1) logistic 模型预测

logistic 曲线最初是在研究人口增殖规律时提出的,因为它在预测与决策上有独特的表现,所以在预测中被广泛使用。中欧班列目前正从快速增长的状态步入一个稳定增长的阶段,进入新的"生命周期",符合 logistic 方程的规律,因而适用于此方法进行预测。logistic 模型的表达式为:

$$\begin{cases} \dfrac{dN}{dt} = r_0 N \left(1 - \dfrac{N}{K}\right) \\ N_{t0} = N_0 \end{cases}$$

可以解得常微分方程的结果为:

$$N_i = \frac{K}{1 + \dfrac{K - N_0}{N_0} e^{-rt_i}} \quad (i = 0, 1, 2 \cdots n)$$

其中,K 为当前环境下的增长极限容量,r 为增长速率,N_0 为初始数量。使用 logistic 模型进行预测的优势在于以下两点:

第一,logistic 增长模型引入"增长极限值"参数,有效解决了指数模型中增长率恒定的问题,避免了因此带来的根据直觉分阶段降低年平均增长率的误差。增长极限值的确定可以根据战略规划的定性描述进行,因此,比起较为随意的指数确定,logistic 模型可以有效地利用战略规划的定性描述来进行定量预测,依据更加可靠。

第二,logistic 模型是重要的非线性数学模型,是描述生态、社会、经济等复杂系统领域混沌行为的主要模型之一。其应用的结果表明,在复杂系统行为预测领域,logistic 模型的预测结果与实际情况吻合情况较好。

依据班列开行历史数据,用 spss 软件进行曲线拟合,得出 logistic 模型中的未知参数,求解出模型的表达式。

因变数:开行列数

方程式	模型摘要					参数评估	
	R^2	F	df_1	df_2	显著性	常数	b_1
logistic 分配	0.993	751.337	1	5	0.000	0.203	0.351

图 5-2　logistic 模型 spss 软件曲线拟合结果

结果如图 5-2 所示。可以看出 R^2 的值为 0.993,拟合程度较优,可以进行下一步预测工作。使用软件对接下来的年份进行预测,结果如表 5-3。

表 5-3　　　　　　中欧班列开行列数预测结果(logistic 模型)

年份	观测值	预测值	年份	预测值	年份	预测值
2011	17	14	2018	4 801	2025	6 200
2012	42	40	2019	5 624	2026	6 201
2013	80	112	2020	5 985	2027	6 201
2014	308	308	2021	6 123	2028	6 201
2015	815	803	2022	6 173	2029	6 201
2016	1 702	1 845	2023	6 190	2030	6 201
2017	3 673	3 389	2024	6 197	2031	6 201

其预测曲线如图 5-3 所示。可以看出,预测的结果与现实情况较为相符,在"井喷式"增长后,中欧班列的开行数量逐年趋于稳定,预计到 2020 年,中欧班列开行数量为 5 985 列,在 2025 年稳定在 6 200 列。

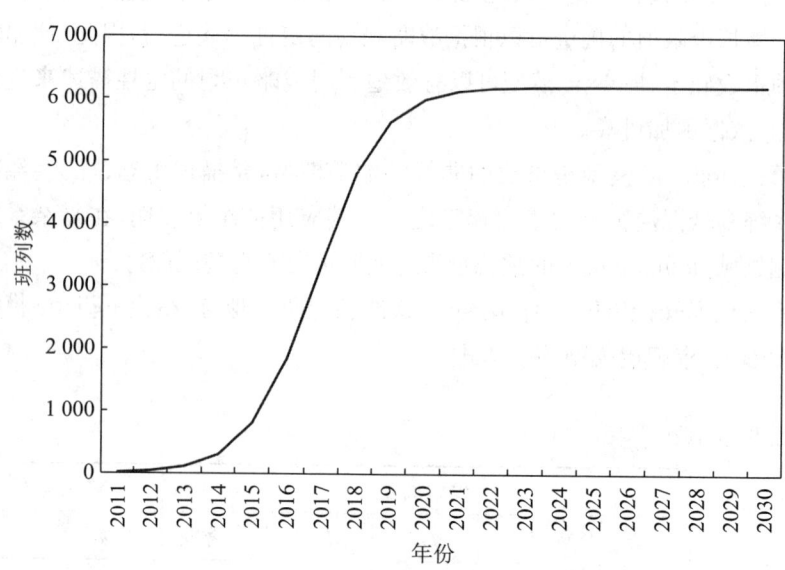

图 5-3　中欧班列预测值曲线(logistic 模型)

（2）线性模型预测

假设中欧班列的开行列数在未来十年里保持稳定增长，以同样的增速发展下去，可用线性模型预测未来开行班列数。依据班列开行的历史数据，用spss软件进行曲线拟合，求解出模型的表达式为：

$$Y = 536.54(N - 2010) - 1198$$

其中，N 为年份，Y 为当年开行列数。

因变数：开行列数

方程式	模型摘要					参数评估	
	R^2	F	df_1	df_2	显著性	常数	b_1
线性分配	0.742	14.383	1	5	0.012	−1198	536.536

图5-4 线性模型spss软件曲线拟合结果

结果如图5-4所示。R^2 的值为0.742，拟合程度良好，可以进行下一步预测工作。对接下来的年份进行预测，结果如表5-4所示。

其预测曲线如图5-5所示。可以看出，在2017年"井喷式"增长时，预测值保持稳定增长，预计到2020年，中欧班列开行数量为4167列；到2025年，达到6850列（见表5-4）。

表5-4 中欧班列开行列数预测结果（线性模型）

年份	观测值	预测值	年份	预测值	年份	预测值
2011	17	−661	2018	3094	2025	6850
2012	42	−125	2019	3631	2026	7387
2013	80	412	2020	4167	2027	7923
2014	308	948	2021	4704	2028	8460
2015	815	1485	2022	5240	2029	8996
2016	1702	2021	2023	5777	2030	9533
2017	3673	2558	2024	6314	2031	10069

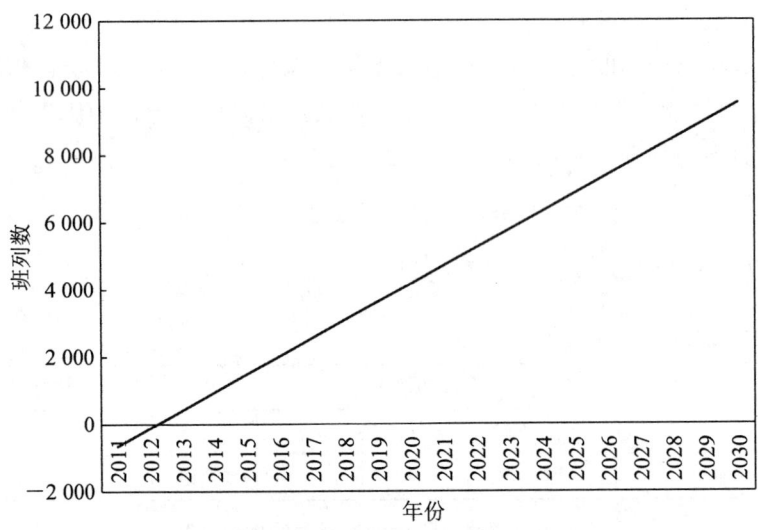

图 5-5 中欧班列预测值曲线（线性模型）

(3) 综合预测

对比 logistic 模型和线性模型，如图 5-6 所示。在 2016 年之前，线性模型预测值大于 logistic 模型；在 2016—2023 年之间，logistic 模型出现井喷增长，预测值大于线性模型；在 2024 年之后，logistic 模型趋于平稳，预测值小于线性模型。

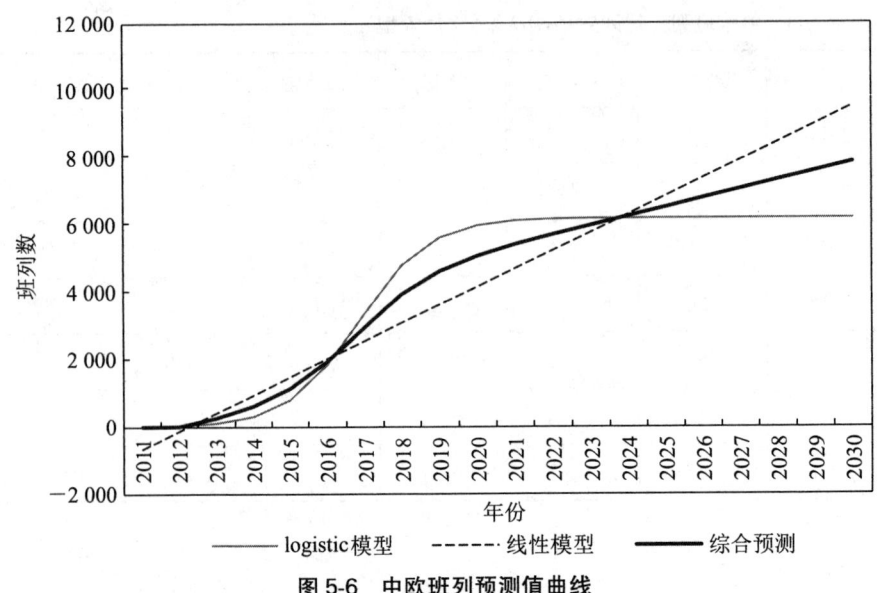

图 5-6 中欧班列预测值曲线

为保守估计,中和 Logistic 模型在 2016—2024 年的井喷增长与线性模型在 2024 年之后的线性增长,取两个模型预测值的平均值作为综合预测值。预测结果如表 5-5 所示。

表 5-5　　　　　　　　中欧班列开行列数预测结果

年份	观测值	预测值	年份	预测值	年份	预测值
2011	17	7	2018	3 948	2025	6 525
2012	42	20	2019	4 628	2026	6 794
2013	80	262	2020	5 076	2027	7 062
2014	308	628	2021	5 414	2028	7 331
2015	815	1 144	2022	5 707	2029	7 599
2016	1 702	1 933	2023	5 984	2030	7 867
2017	3 673	2 974	2024	6 256	2031	8 135

二、中欧班列运行中存在的问题

1. 补贴支撑的中欧班列面临着内忧外患

随着中欧班列推进"一带一路"建设和扩大对外合作的战略地位日益凸显,国内省份纷纷不惜重金补贴打造中欧班列交通线。政府补贴在中欧班列开行初期能够有效地培育市场,但也给中欧班列未来的可持续发展带来了内忧外患。

(1) 资源错配和不公平竞争的问题

第一,各地货源争夺引起资源错配。货源不足是中欧班列目前运营中一个普遍问题。当前中欧班列的价格竞争,已经逐渐演变成为政府补贴的竞争。对有运输需求的企业来说,地方财政的补贴有多高,才是选择运输线路的重要标准。各省份的财政补贴造成了物流中的倒流现象,货主为了获得高额补贴、较低运价,甚至会将货物运至较远的地区搭载中欧班列,舍近求远,造成了物流上的浪费和不经济,导致市场资源错配,严重扰乱了市场正常秩序。

第二,各地财政差异引发不公平竞争。大额的政府补贴也给地方财政带来了极大的压力。一些地方以政府预算的形式公示了对中欧班列的补贴。如

2017年广东省总共补贴8 721.775 0万元,其中广州市补贴3 251万元,东莞市补贴5 470万元;而昆明市财政2017年对昆蓉欧的补贴不超过1 000万元。一些地方对中欧班列采取了相应的政策支持,重庆市和郑州市参照海运价格对班列公司进行财政补贴,郑州市还对1 500千米以内货源地的货物实行免费集结。中国地方政府财政收入东强西弱格局明显,吉林、甘肃、宁夏、青海、西藏等西南、西北、东北地区财政收入较少,在这场政府补贴的竞争中处于劣势,这与它们在中欧班列网络中的重要地位不匹配。

(2)可能引发欧盟实施反补贴的风险

自2010年来,欧盟逐渐对华使用反补贴措施,包括2009年6月11日颁布的597/2009号理事会条例和欧盟反补贴法。当前中国地方政府纷纷出台财政补贴措施对中欧班列予以扶持,对40尺集装箱成都补贴额度约2 500美元/箱,苏州补贴1 500美元/箱,合肥补贴6 000元/箱。甘肃对中欧班列补贴20 000元/车。大部分班列费用的10%—40%由政府补贴,一些地方补贴甚至高达60%—70%。这种高额补贴未来可能被欧盟以"政府提供除一般基础设施外的货物或服务或购买货物"的方式认定为"补贴",成为欧盟反补贴的把柄。

2. 国际运输中存在的问题

(1)沿途基础设施落后

中欧班列途径中亚、俄罗斯、东中欧、蒙古国等国家和地区,其中不少国家基础设施建设滞后,信息化程度低,多式联运和分拨存在很多困难,货物仓储、转运不顺畅,在一定程度上影响到中欧班列成本的降低。

世界银行物流绩效指数(LPI)是反映一个国家"设施联通"的重要指标之一。根据世界银行网站数据,2018年中国排名第26位,相较于2016年进步1位。与OEDC国家相比差别不大,仅清关程序的效率和货物在预定或预期的时间内到达收货人的频率略低于OEDC国家。与欧洲和中亚地区相比,中国的物流绩效及各指标均高于这个区域整体水平。

对比中欧铁路运输通道沿线国家,德国的物流绩效最高,世界排名第1;波兰排名第28名,与中国相当;其余国家均远低于中国。白俄罗斯、吉尔吉斯斯坦、格鲁吉亚、土库曼斯坦、蒙古国等国家物流效率很低,均排名在100名之后。

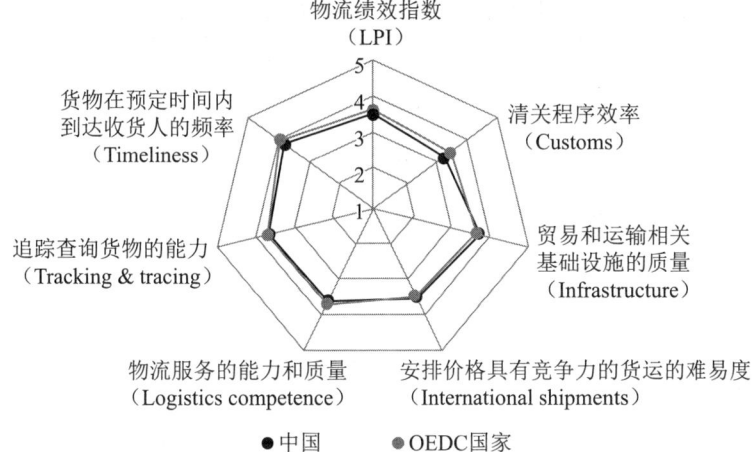

图 5-7　2018 年中国与 OEDC 国家物流绩效对比

注：综合分数　1＝很低，5＝很高。

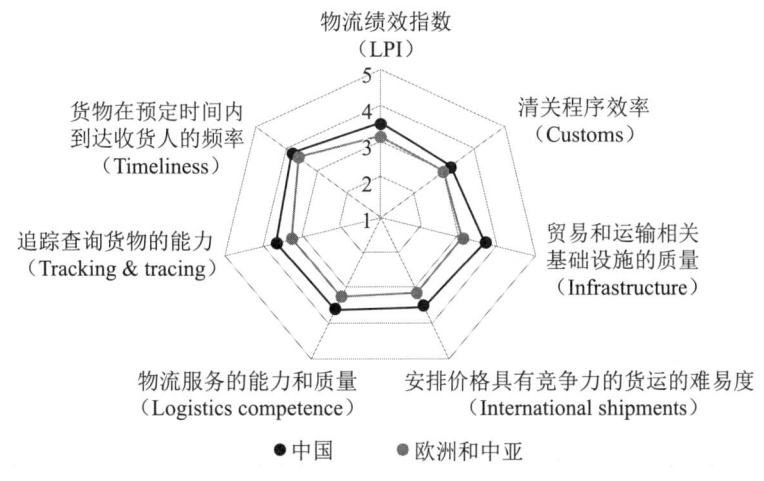

图 5-8　2018 年中国与欧洲和中亚地区物流绩效对比

(2) 沿线轨距不统一

中欧班列沿途的各个国家的轨距标准不一致。中国与欧盟为标准轨，中亚各国、俄罗斯为宽轨，班列行程中至少需要换轨两次。而且部分口岸换装能力不足。在中哈边境、白俄罗斯和波兰边境的换轨操作，会造成货物在边境积压拥堵，影响中欧班列的运行速度，延长铁路过境的时间，并导致铁路物流竞争力下降。

表 5-6　　　　　中欧铁路运输通道沿线国家物流绩效指数

国　家	排名	得分	海关效率	物流基础设施质量	国际货物运输便利性	物流服务竞争力	货运监控能力	运输及时性
德　国	1	4.2	4.09	4.37	3.86	4.31	4.24	4.39
中　国	26	3.61	3.29	3.75	3.54	3.59	3.65	3.84
波　兰	28	3.54	3.25	3.21	3.68	3.58	3.51	3.95
土耳其	47	3.15	2.71	3.21	3.06	3.05	3.23	3.63
保加利亚	52	3.03	2.94	2.76	3.23	2.88	3.02	3.31
伊　朗	64	2.85	2.62	2.77	2.76	2.84	2.77	3.36
哈萨克斯坦	71	2.81	2.66	2.55	2.73	2.58	2.78	3.53
俄罗斯	75	2.76	2.42	2.78	2.64	2.75	2.65	3.31
乌兹别克斯坦	99	2.58	2.1	2.57	2.42	2.59	2.71	3.09
白俄罗斯	103	2.57	2.35	2.44	2.31	2.64	2.54	3.18
吉尔吉斯斯坦	108	2.55	2.75	2.38	2.22	2.36	2.64	2.94
格鲁吉亚	119	2.44	2.42	2.38	2.38	2.26	2.26	2.95
土库曼斯坦	126	2.41	2.35	2.23	2.29	2.31	2.56	2.72
蒙古国	130	2.37	2.22	2.1	2.49	2.21	2.1	3.06

(3) 各国通关手续繁杂

中欧班列开行经过不同国家应遵循相关的铁路运输公约、国际铁路货物联运协定(SMGS)、国际铁路旅客联运协定(SMPS),增加了报关文件的数量,程序繁多,容易造成单据使用不正确而出现扣留货物、机车、车辆等现象,导致班列在口岸的滞留时间延长。中欧班列抵达沿线某国时,经常被当地海关要求所有商品换用该国海关编码。如果是过境货物换用该国海关编码,那抵达目的国时又得重新更换。除高额的换码成本外,企业还得承担货物滞留代价。

R5 中欧班列的发展趋势与成本效益研究 / 163

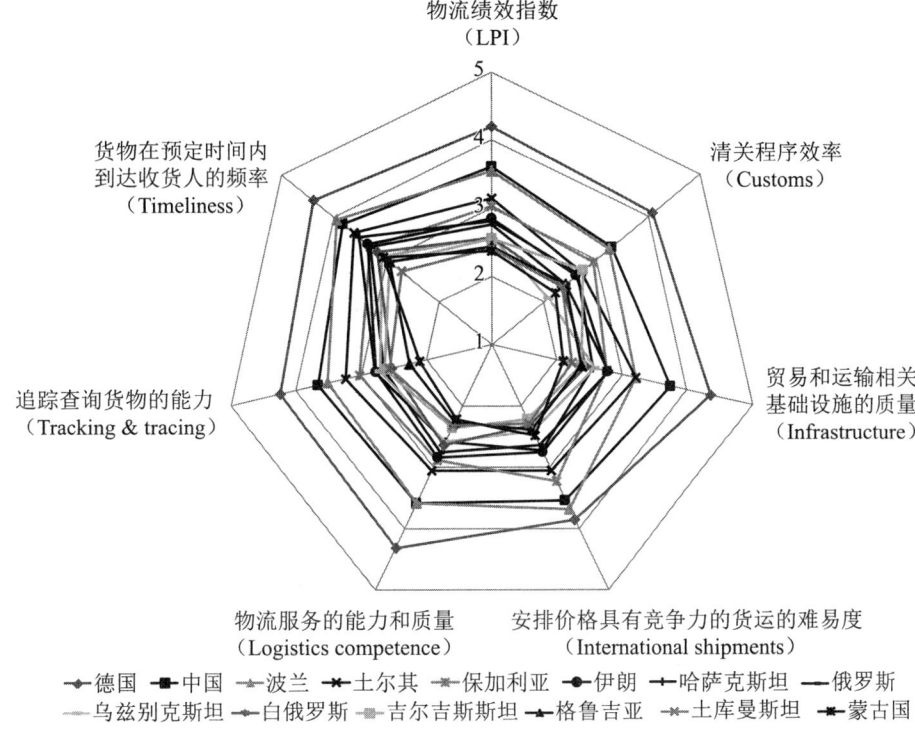

图 5-9　2018 年中国与中欧铁路通道沿线国家物流绩效对比

根据有关部门统计，目前中欧班列在口岸的平均滞留时间占全程时间的 30%，其中因单证、海关查验等原因的滞留占 60%，运力衔接等原因的滞留占 40%。

3. 班列运行中高成本、低效益问题突出

当前中欧班列还处于培育阶段，所产生的效益有限，而运行成本颇高，只有依靠政府补贴才可能实现常态化运行。因此，中欧班列运营中的根本问题是高成本、低效益的问题。

(1) 班列总货运量偏低，未实现规模效应

尽管过去七年间，中欧班列快速成长，到 2018 年 3 月底累计开行突破 7 600 列，年运送货物总值达 160 亿美元。然而，相对中欧贸易总量，中欧班列运量则偏低。2017 年，欧盟与中国货物进出口额为 6 444.7 亿美元，其中中国出口 4 225.8 亿美元，进口 2 218.9 亿美元，欧盟已是中国第一大贸易伙伴，中国则是欧盟第一大进口来源地和第二大贸易出口对象国，仅次于美国。相对于中欧贸易总额，中欧班列的年运送货物总值仅占其 2.5%，总体运量偏低，

效益不明显。

(2) 回程货源少,双向运输不均衡

中欧班列到 2014 年开始有了回程班列,2016 年回程达到去程班列的 50% 以上。铁路总公司 2018 年 3 月数据显示,通过开发"一带一路"沿线国家的纸浆、粮食、棉花等货源,中欧班列回程比例升至去程的 67%,比 2017 年同期提高 17 个百分点。虽然回程比例逐年提升,但是有些中欧班列的运营商在回程货源少的情况下仍然坚持返回,造成回程班列"重箱率"偏低。目前,中欧班列运输重箱比例为 88%,其中去程班列重箱率为 95%,回程班列重箱率为 77%。从物流运输的角度看,重箱率越低,运营企业的负担也就越大。

(3) 运输货物附加值偏低,能承受的运费低

与海运和空运相比,中欧班列较适合运输对时间成本有一定要求的、附加值较高的货物。高附加值商品所能承担的物流成本更高。重庆有关部门分析"渝新欧班列"的货类市场后,认为单个集装箱的货物价值为 200 万—1 000 万元的货类最适合通过中欧班列运输。目前,中欧班列去程货物主要是从中国出口到欧洲的 IT 产品、汽车整车及零配件、机械产品、服装、鞋帽、日用品、工艺品等;回程货物主要是汽车整车及零部件、机械装备、日用品、化妆品、食品等。中国发出的单位集装箱货值只有 9 万美元,这类低附加值货物对运费的敏感性较高,能承受的运价较低。

(4) 缺乏整体运输网络规划,综合运行成本高

中欧班列的运行成本包括国内段运输成本、国外段运输成本、换装作业费、货运代理费、口岸费用以及其他费用,其中运输成本是最主要的成本。中欧班列运输费用每个 40 尺标准集装箱运费约为 6 000—9 000 美元(综合运费的单位成本约为 0.6—0.8 美元/千米)。"甬新欧"班列的国内段运输成本占总成本的 34.3%,国外段运输成本占总成本的 55.8%;"渝新欧""渝满欧"的国内国外段运输成本共占总成本的 70% 左右。虽然中欧班列总体上规划了西、中、东三条通道,但每条通道下不同线路之间缺乏整体规划和协调,国内各地开往欧洲主要区域或同一目的地的班列线路重复,一方面造成线路的冗余以及铁路运力的浪费;另一方面也不利于货物的集结,造成往返空载率居高不下,提高了物流成本。同时,由于国内中欧班列线路较多,与国外铁路运营商的价格谈判大多是各自为政,导致对外谈判铁路运价难度增加。如国内段箱千米运价大致为 0.6 美元,而国外段运价高达 0.8—1.2 美元,约为国内段的 1.5—2 倍,导致中欧班列的总体运输成本较高。

三、中欧班列成本效益分析

当前中欧班列运行成本居高不下，企业无法独自承担高额运价，只有依靠政府补贴才可能实现常态化运行。为提升中欧班列的竞争实力，必须实现班列规模运作、降低运营成本以降低运价，同时提高货品附加值来提升企业可承受运价，从而实现企业无需依靠政府补贴而选择中欧班列，实现中欧班列的市场化运作。

1. 运量影响下的运价预测

按铁路运输成本同运量的关系来说，铁路运输成本由与运量有关支出（如列车运行费用）和与运量无关支出（如铁路铺设及维护费用）所组成。运输成本是铁路总公司运价制定的重要标准，因此随着中欧班列运量的不断提升，与运量无关支出被平摊，单位运量的运输成本将下降，单位运量的运价（如箱千米运价）也可下降。

（1）箱千米运价与运量的关系

根据中国铁道统计公报、中国铁路总公司年度财报等公开数据，得到2011—2017年中国铁路总里程、货运总运量、货运总收入。我们认为货运总收入应当与货运总运量和货运总里程相关。为探寻箱千米运价与运量之间的关系，需先剔除里程的影响后，再做回归分析。

表 5-7 　　　　2011—2017 年中国铁路每千米货运收入

年份	总里程（万千米）	高铁里程（万千米）	货运里程（万千米）	货运收入（亿元）	每千米货运收入（万元/千米）
2011	9.3	0.77	8.53	2 211.1	259.2
2012	9.8	0.94	8.86	2 330.96	263.1
2013	10.3	1.1	9.2	2 661.27	289.3
2014	11.2	1.5	9.7	2 578.85	265.9
2015	12.1	1.9	10.2	2 312.1	226.7
2016	12.4	2.2	10.2	2 574.78	252.4
2017	12.7	2.5	10.2	2 662.23	261.0

由于高铁线路一般不承担货运职责,因此货运总里程应该由铁路总里程剔除高铁里程后得到。通过货运收入除以货运里程,得到每千米收入。

$$每千米货运收入(万元/千米) = \frac{货运收入(亿元)}{货运里程(万千米)}$$

根据中国铁道统计公报,得到近年来以货运吨数统计的铁路货运总量,如表 5-8 所示。

表 5-8　　　　　　　　2011—2017 年中国铁路货运总量

年份	2011	2012	2013	2014	2015	2016	2017
运量(万吨)	393 263	390 438	396 697	381 334	335 801	333 186	368 865

由于中欧班列均为集装箱式货运,因此通常也以集装箱数表示运量。根据交通运输部统计,2016 年中国铁路集装箱运量仅为 750 万 TEU,以货运吨计算仅占铁路货运总量的 3% 左右[1]。以此对应关系,估算出 1 个集装箱大约为 13.33 吨,从而得到以集装箱数表示的铁路运量。

表 5-9　　　　　　　　2011—2017 年中国铁路货运量

年份	运量(万吨)	集装箱数(个)
2011	393 263	295 021 005
2012	390 438	292 901 725
2013	396 697	297 597 149
2014	381 334	286 072 018
2015	335 801	251 913 728
2016	333 186	249 951 988
2017	368 865	276 717 929

对每千米货运收入与运量进行回归,得到:

每千米货运收入(元/千米) = 0.007 15 运量(TEU) + 604 740

---

[1] 《2017 年我国多式联运行业市场规模及发展前景分析》,http://www.chyxx.com/industry/201708/552146.html。

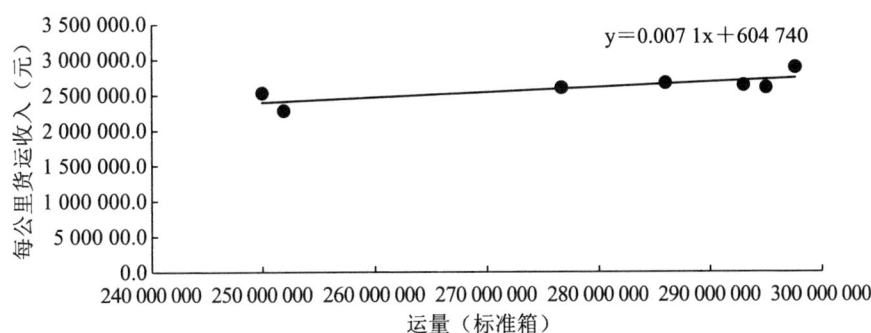

图 5-10 中国铁路每千米货运收入与运量拟合

SUMMARY OUTPUT

回归统计

Multiple R	0.774 347
R Square	0.599 613
Adjusted R Square	0.519 535
标准误差	128 718.7
观测值	7

方差分析

	df	SS	MS	F	Significance F
回归分析	1	1.24E+11	1.24E+11	7.487 905	0.040 967
残差	5	8.28E+10	1.66E+10		
总计	6	2.07E+11			

	Coefficients	标准误差	t Stat	P-value	Lower 95%	Upper 95%	下限 95.0%
Intercept	604 740.3	729 494.2	0.828 986	0.444 871	−1 270 484	2 479 965	−1 270 484
集装箱数	0.007 149	0.002 613	2.736 404	0.040 967	0.000 433	0.013 865	0.000 433

图 5-11 中国铁路每千米货运收入与运量回归分析参数

进而得到箱千米运价与运量之间的关系：

$$箱千米运价\left(\frac{元}{箱千米}\right) = 0.007\ 15 + \frac{604\ 740}{运量(标准箱)}$$

(2) 运价预测

根据前述综合预测模型，按每个班列 42 个标准集装箱估算，得到未来几年里中欧班列运量(标箱)数。由上述回归得到的箱千米运价与运量之间的关系，进而得到箱千米运价随着时间的变化情况。

表 5-10　　　　未来几年里中欧班列箱千米运价预测

年份	观测值	班列数预测	标准箱预测	箱千米运价预测
2011	17	7	294	2 056.946
2012	42	20	840	719.936
2013	80	262	11 004	54.964
2014	308	628	26 376	22.935
2015	815	1 144	48 048	12.593
2016	1 702	1 933	81 186	7.456
2017	3 673	2 974	124 908	4.849
2018		3 948	165 816	3.654
2019		4 628	194 376	3.118
2020		5 076	213 192	2.844
2021		5 414	227 388	2.667
2022		5 707	239 694	2.530
2023		5 984	251 328	2.413
2024		6 256	262 752	2.309
2025		6 525	274 050	2.214
2026		6 794	285 348	2.126
2027		7 062	296 604	2.046
2028		7 331	307 902	1.971
2029		7 599	319 158	1.902
2030		7 867	330 414	1.837
2031		8 135	341 670	1.777
2032		8 404	352 968	1.720
2033		8 672	364 224	1.668
2034		8 940	375 480	1.618
2035		9 209	386 778	1.571

中欧班列运行初期运量太小,导致箱千米运价过高。但随着运量的提升,预测的箱千米运价逐渐趋于现实。随着中欧班列的开行量的增加,2018 年中欧班列箱千米运价将降到 3.65 元左右,之后下降速度逐渐减缓,到 2 035 箱千米运价将稳定在 1.57 元左右。

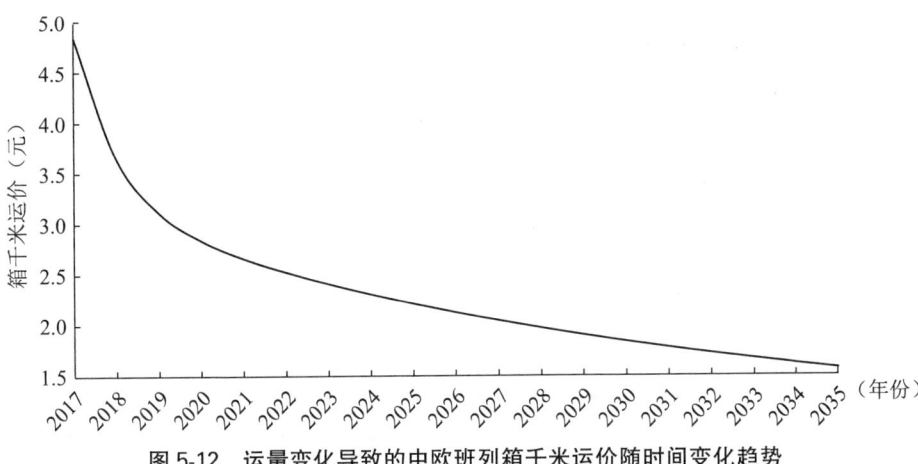

图 5-12　运量变化导致的中欧班列箱千米运价随时间变化趋势

(3) 政府退出时间点估算

由 40 英尺集装箱国内段欧洲去程 0.6 美元、欧洲回程 0.55 美元的运价，以及 2017 年去程与回程 2∶1 的运量，获得 2017 年中欧班列 40 英尺集装箱加权平均运价为 0.583 3 美元。中欧班列运量统计是基于标准箱（20 英尺集装箱）的标准，因此要换算成 20 英尺集装箱的运价。由 2018 年 1 月中铁总公司实施的 20 英尺集装箱每千米运价为 3.185 元，40 英尺集装箱每千米运价为 3.357 元[①]，估算 20 英尺集装箱每千米运价是 40 英尺集装箱的 94.88%，从而获得 2017 年中欧班列 20 英尺集装箱运价为 0.553 4 美元，按 2017 年平均汇率 6.751 8 计算标准箱每千米运价约为 3.736 元。

当前中国大部分班列费用的 10%—40% 由政府补贴，一些城市高达 65% 左右[②]，取其 10% 和 65% 的中位数 37.5%，即运价的 37.5% 由政府补贴，企业承担 62.5%，即当前企业可承受运价为 2.335 元。

因此在单纯运量增加的影响下，到 2024 年，预测运价与企业可承受的运价相匹配，政府补贴可以退出。

表 5-11　企业可承受运价与实际运价预测

	2018 年	2019 年	2020 年	2021 年	2022 年	2023 年	2024 年	2025 年
预测运价(元)	3.65	3.12	2.84	2.67	2.53	2.41	2.31	2.21
可承受运价(元)	2.335	2.335	2.335	2.335	2.335	2.335	2.335	2.335

---

① 《关于深化铁路货运价格市场化改革等有关问题的通知》(发改价格〔2017〕2163 号)。
② 张宁:《"一带一路"倡议下的中欧班列:问题与前景》,《俄罗斯学刊》2018 年第 2 期。

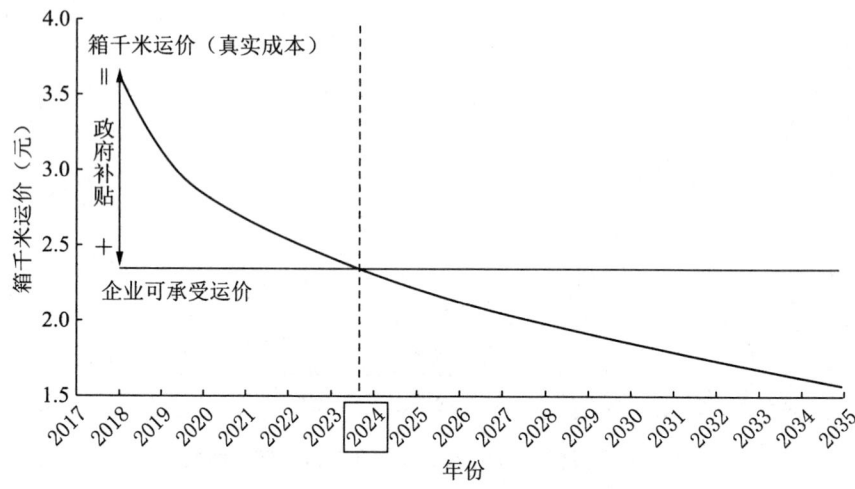

图 5-13　运量影响下的政府退出时间点

(4) 未来政府补贴估算

在真实成本大于企业可承受运价时,多的成本均由政府补贴承担。根据预测的运量(标准箱)和平均 1 万千米的里程计算,可得 2018 年政府补贴约达 22 亿元。随着政府补贴的逐年退出,到 2024 年完全退出前,预计还需补贴 62 亿元。

表 5-12　　　　　　　　　未来政府补贴估算

	2018 年	2019 年	2020 年	2021 年	2022 年	2023 年	2024 年	2025 年
班列数预测	3 948	4 628	5 076	5 414	5 707	5 984	6 256	6 525
运量预测	165 816	194 376	213 192	227 388	239 694	251 328	262 752	274 050
可承受运价 (元/箱千米)	2.335	2.335	2.335	2.335	2.335	2.335	2.335	2.335
预测运价 (元/箱千米)	3.65	3.12	2.84	2.67	2.53	2.41	2.31	2.21
政府补贴运价 (元/箱千米)	1.32	0.78	0.51	0.33	0.20	0.08	0	0
政府补贴(万元)	218 745	152 262	108 461	75 415	46 768	19 686	0	0

2. 优化网络后的运价预测

当前情况下缺乏有效的整体运输网络规划是制约中欧班列竞争力提升的重要原因。虽然中欧班列总体上规划了西、中、东三条通道,但每条通道下仍具有多条线路,不同线路之间也没有总体上的协调规划。这一方面或造成线路的冗余以及铁路运力的浪费,另一方面也不利于货物的集结。基于此,重新规划中欧班列运输网络,在每个省份设立地方集结中心,并在全国范围内设置全国集结中心,可以有效地降低运输成本,提升中欧班列竞争力。

(1) 集结方案设计

我们在全国设计"地方集结中心、全国集结中心、出境站"的三级集结方案,即运输货物经由公路、铁路等方式到达各中欧班列开通城市(地方集结中心),经此处集结后统一运往全国集结中心(初步拟定为兰州和郑州),全国集结中心通过将货物统一组织,完成中转集结并运往各出境站(阿拉山口、二连浩特和满洲里)。通过这一过程,可以将原本的零散货源集中组织实现班列化管理,减少运输班列数,充分利用铁路运力,从而降低运费。

(2) 集结方案分析

笔者选择义乌、成都、重庆、郑州和武汉五个城市经西部通道通过阿拉山口出境的货物数据,分析该集结方案相对于原始运输方案的运价差别。在原始运输方案中,假设各城市的货物运输相互独立,并不存在集结关系,而在优化的集结方案中,我们选择兰州作为西部通道的全国集结中心,以此为基准测算两种方案的运价差别。

表 5-13 中欧班列五大主要开行城市开行情况

城市\年份	2011	2012	2013	2014	2015	2016	2017
义 乌	0	0	0	1	33	74	143
成 都	0	1	31	45	102	448	838
重 庆	17	40	35	123	254	420	651
郑 州	0	0	13	84	158	246	492
武 汉	0	1	0	20	120	234	379
合 计	17	42	79	273	667	1 422	2 503
全国开行总数	17	42	80	308	815	1 702	3 673
占比	100%	100%	99%	89%	82%	84%	68%

从表 5-13 中数据可以看出,自中欧班列开行以来,义乌等 5 个城市开行的中欧班列数目占班列开行总数的大部分。2012 年之前,占开行总数的 100%,2013 年开始有所下滑,但仍占开行总数的七成左右。因此以这组样本城市的数据测算的集结方案成本比较具有一定的参照价值。

在本次的测算中，我们将西部集结中心选定为兰州，主要有以下几方面的原因：

首先，从经济地位上看，兰州是甘肃省省会、西北地区重要的工业基地和综合交通枢纽，是丝绸之路经济带的重要节点城市。其扎实的工业以及经济基础能够为成为中欧班列集结中心提供坚实的物质保障。

其次，从铁路运输方面看，兰州是西北重要铁路枢纽，也是中国重要的铁路枢纽之一。兰州站为中国铁路车站一等站，位于包兰铁路、京兰客运专线、兰成铁路的终点，陇海铁路、兰渝铁路、兰新铁路、兰青铁路的起点。其丰富的铁路线路以及相关工作人员常年积累的列车调度经验可以为中欧班列的集结和重新编列提供重要的线路和人员保障。

基于这些原因，我们拟将兰州作为中欧班列西部通道的全国集结中心，并进行集结方案的试算。

在现行的中欧班列运输方案中，不同城市始发的班列通常按照各自的线路进行独立运输，没有进行统一的集结和班组化管理，负责运输的班列重载率较低，每一趟列车的班列其运输货物的利润往往只能达到其满载时的88%甚至更低。这不仅导致运输效率较低，而且会造成运输资源的浪费。设立全国集结中心后，由区域集结中心始发而来的各班列，可以在集结中心重新编组，使得班列的满载率得到大幅度提升，进而减少班列次数，最终降低成本。在下面的估算方案中，我们以集结中心降低班列数为基准，估算集结方案所降低的成本百分比。

(3) 集结方案成本降低估算

表5-14和表5-15给出了西部通道五大城市原始运输方案和集结方案两种情况下各区段的分段运价。

表5-14　　　　　　　中欧班列五大城市去程分段运价情况

起始站	出境站	终点站	国内段合计			国外段合计			总计
			里程（千米）	箱千米价（元）	班列价格（元）	里程（千米）	箱千米价（元）	班列价格（元）	班列价格（元）
义乌	阿拉山口	马德里	4 210	0.6	2 526	8 842	1.272	11 247	13 773
成都	阿拉山口	罗兹	3 958	0.6	2 375	6 007	0.801	4 812	7 187
重庆	阿拉山口	杜伊斯堡	4 137	0.6	2 482	7 042	0.696	4 901	7 383
郑州	阿拉山口	汉堡	3 453	0.6	2 072	6 792	0.721	4 897	6 969
武汉	阿拉山口	捷克	4 138	0.6	2 483	6 562	0.829	5 440	7 923

R5 中欧班列的发展趋势与成本效益研究

表 5-15 中欧班列西部通道集结方案去程国内分段运价情况

起始站	集结中心	出境站	终点站	国内段合计 集结前 里程（千米）	集结前 箱千米价（元）	集结前 班列价格（元）	集结后 里程（千米）	集结后 箱千米价（元）	集结后 班列价格（元）
义乌	兰州	阿拉山口	马德里	2 054	0.6	1 232	2 423	0.6	1 454
成都	兰州	阿拉山口	罗兹	1 172	0.6	703			
重庆	兰州	阿拉山口	杜伊斯堡	886	0.6	532			
郑州	兰州	阿拉山口	汉堡	1 120	0.6	672			
武汉	兰州	阿拉山口	捷克	1 618	0.6	971			

表 5-16 给出了原始方案与集结方案的国内分段运价比较。由于最终目标是比较集结方案与原始方案相比成本节约的百分比，故而可以用每个城市的 2017 年的班列数作为运量进行替代计算。我们用 x 表示五大城市始发的班列在兰州集结之后，通过集中组织重新编列后的班列数对原先五大城市始发的班列数的占比。由表 5-16 可以看出原始方案中五大城市的国内运费总价为 593 万元，而集结方案中国内运费总价为 $181+364x$ 万元。

表 5-16 原始方案与集结方案去程国内分段运价比较

起始站	原始方案 班列数	原始方案 运费合计（万元）	总运费（万元）	集结方案 集结前 班列数	集结方案 集结前 运费合计（万元）	集结方案 集结后 班列数	集结方案 集结后 班列价格（万元）	集结方案 集结后 运费合计（万元）	总运费（万元）
义乌	143	36	593	143	18	$2 503x$	0.145 4	$364x$	$181+364x$
成都	838	199		838	59				
重庆	651	162		651	35				
郑州	492	102		492	33				
武汉	379	94		379	36				

表 5-17 给出了原始方案与集结方案去程运价比较，这里的 y 表示通过集结后在国外行驶的列车班列数占五大城市始发的班列数的比例。

表 5-17　　　　　　　原始方案与集结方案去程总运价比较　　　　　　（单位：万元）

原始方案			集结方案		
国内运价	国外运价	总运价	国内运价	国外运价	总运价
593	1 330	1 923	$181+364x$	$1\,330y$	$181+364x+1\,330y$

根据实际情况估算，从兰州开始，经过货物的集结和重新编列，提升了班列的满载率，从原来的 88% 提升到 95%，进而使得从兰州到阿拉山口所需要的班列数降低约 7.4%（即 $x=0.926$）。因此，通过集结方案，最终国内段总运价会降低约 12.6%，得到未来几年中欧班列的运价情况。集结形成的运价下降使政府补贴可以退出时间点提早 3 年，即在 2021 年退出。随着政府补贴的逐年退出，预计还需补贴 25 亿元。相比物流网络未优化的方案，节约政府补贴 37 亿元。

表 5-18　　　　集结后货物重载率提升到 95% 时，中欧班列运价变化

	2018 年	2019 年	2020 年	2021 年	2022 年	2023 年	2024 年	2025 年
预测运价（元/箱千米）	3.65	3.12	2.84	2.67	2.53	2.41	2.31	2.21
集结后运价（元/箱千米）	3.189	2.726	2.482	2.333	2.211	2.106	2.019	1.931
总体可承受运价（元/箱千米）	2.335	2.335	2.335	2.335	2.335	2.335	2.335	2.335
政府补贴运价（元/箱千米）	0.854	0.391	0.147	0	0	0	0	0
班列数预测	3 948	4 628	5 076	5 414	5 707	5 984	6 256	6 525
运量预测标准箱	165 816	194 376	213 192	227 388	239 694	251 328	262 752	274 050
政府补贴（万元）	141 684	76 067	31 268	0	0	0	0	0

3. 优化货品结构后的企业可承受运价预测

（1）中欧贸易与中欧班列货品结构对比

根据历年《国别贸易报告——欧盟 27 国货物贸易及中欧双边贸易概况》，2008—2017 年中国向欧盟出口商品结构总体较为稳定。机电产品出口额占比较大，常年保持在 50% 左右；纺织品及原料，家具、玩具、杂项制品，贱金属及制品分别保持在 10% 左右。纺织品及原料，鞋靴、伞等轻工产品，皮革制品、箱

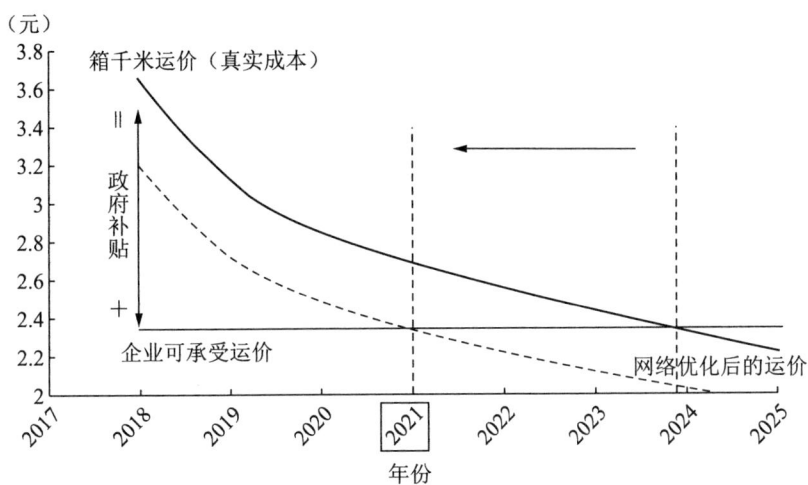

图 5-14　集结后货物的班列重载率提高到 95% 时的政府补贴退出时间点

包、陶瓷、玻璃等占比持续下降;化工产品,塑料、橡胶,光学、钟表、医疗设备等占比持续上升;2016—2017 年运输设备出口占比也有所上升。

相应地,中欧班列去程主要货物为 IT 产品、汽车整车及零配件、机械产品、服装、鞋帽、日用品、工艺品等。其中服装、鞋帽、日用品、工艺品在中国向欧盟出口发展趋势中是逐年减少的。持续走高的化工产品,塑料、橡胶,光学、钟表、医疗设备等品类值得关注。

同样,获得了 2008—2017 年中国自欧盟进口商品结构变化情况如表 5-20 所示。

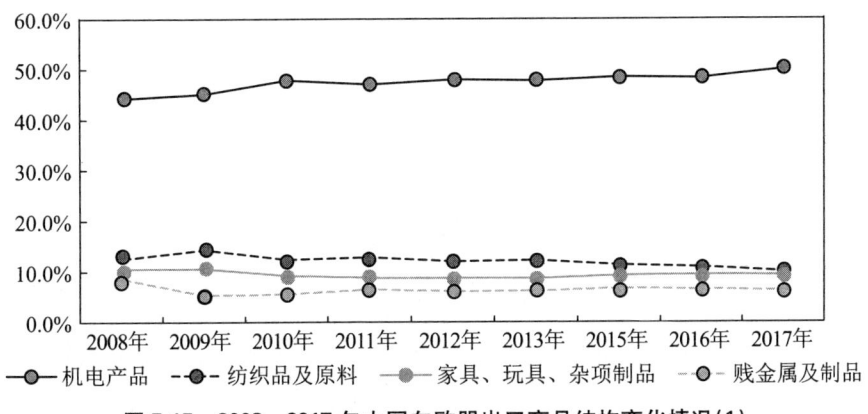

图 5-15　2008—2017 年中国向欧盟出口商品结构变化情况(1)

表 5-19　2008—2017 年中国向欧盟出口商品结构

商品类别	2008年	2009年	2010年	2011年	2012年	2013年	2015年	2016年	2017年
机电产品	44.2%	45.1%	47.8%	47.0%	47.9%	47.8%	48.5%	48.3%	50.0%
纺织品及原料	12.6%	14.3%	12.4%	12.8%	12.0%	12.3%	11.3%	10.9%	10.0%
家具、玩具、杂项制品	10.5%	10.6%	9.3%	8.8%	8.8%	8.7%	9.2%	9.4%	9.3%
贱金属及制品	8.6%	5.4%	5.6%	6.5%	6.1%	6.2%	6.7%	6.5%	6.3%
化工产品	3.6%	3.5%	3.7%	4.1%	4.1%	4.3%	4.2%	4.2%	4.4%
塑料、橡胶	2.7%	2.7%	2.8%	3.1%	3.3%	3.4%	3.5%	3.7%	3.7%
光学、钟表、医疗设备	2.3%	2.4%	2.4%	2.5%	2.8%	2.9%	3.1%	3.3%	3.2%
鞋靴、伞等轻工产品	3.0%	3.5%	3.2%	3.3%	3.3%	3.4%	3.3%	3.2%	2.9%
运输设备	2.6%	3.2%	4.2%	3.1%	2.8%	2.5%	2.2%	2.7%	2.7%
皮革制品；箱包	2.3%	2.3%	2.1%	2.1%	2.2%	2.2%	2.0%	2.0%	1.8%
陶瓷；玻璃	1.8%	1.7%	1.7%	1.5%	1.6%	1.4%	1.4%	1.4%	1.4%
纤维素浆；纸张	0.8%	1.0%	0.9%	0.9%	0.9%	0.9%	0.9%	0.9%	0.8%
木及制品	1.0%	0.9%	0.9%	0.8%	0.8%	0.8%	0.8%	0.8%	0.7%
活动物；动物产品		0.8%	0.7%	0.8%	0.8%	0.7%	0.6%	0.7%	0.7%
植物产品	0.8%	1.0%	0.8%	0.7%	0.8%	0.8%	0.7%	0.7%	0.6%
贵金属及制品	0.9%								
矿产品	2.2%	1.8%	1.7%	1.8%	1.8%	1.7%	1.5%	1.6%	1.5%
其他									

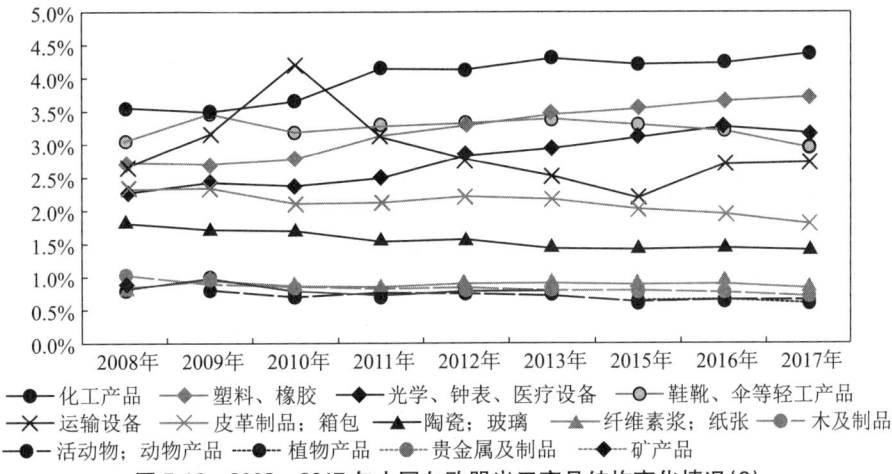

图 5-16 2008—2017 年中国向欧盟出口商品结构变化情况(2)

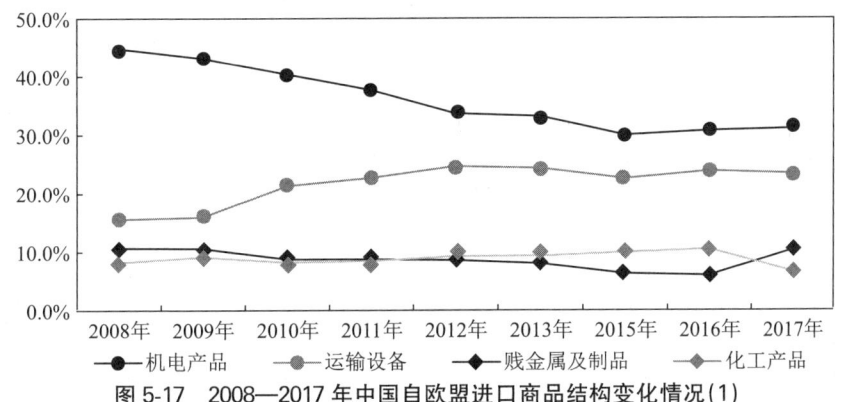

图 5-17 2008—2017 年中国自欧盟进口商品结构变化情况(1)

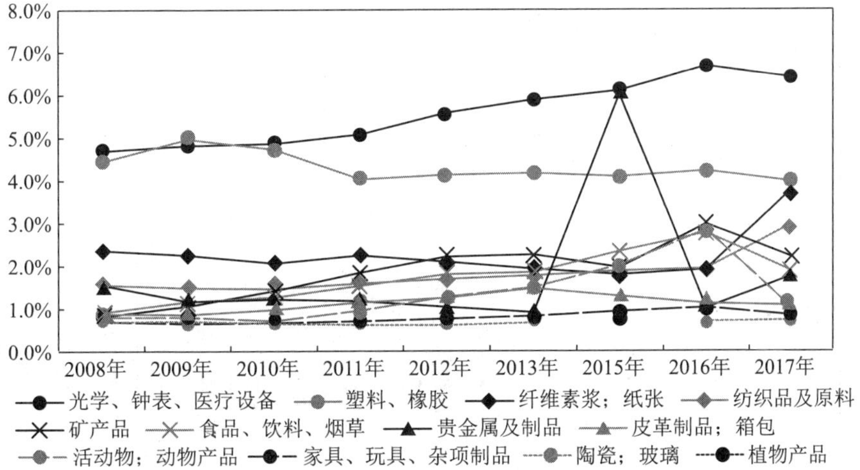

图 5-18 2008—2017 年中国自欧盟进口商品结构变化情况(2)

表5-20 2008—2017年中国自欧盟进口商品结构

商品类别	2008年	2009年	2010年	2011年	2012年	2013年	2015年	2016年	2017年
机电产品	44.8%	43.1%	40.4%	37.7%	33.7%	33.2%	30.0%	30.8%	31.1%
运输设备	15.5%	15.9%	21.3%	22.7%	24.7%	24.3%	22.6%	23.9%	23.4%
贱金属及制品	10.6%	10.6%	8.7%	8.7%	8.6%	8.0%	6.3%	6.0%	10.4%
化工产品	8.2%	9.1%	8.2%	8.4%	9.2%	9.3%	9.9%	10.5%	6.6%
光学、钟表、医疗设备	4.7%	4.8%	4.9%	5.1%	5.6%	5.9%	6.1%	6.7%	6.4%
塑料、橡胶	4.4%	5.0%	4.7%	4.0%	4.1%	4.2%	4.1%	4.2%	4.0%
纤维素浆;纸张	2.4%	2.3%	2.1%	2.2%	2.1%	1.9%	1.8%	1.9%	3.8%
纺织品及原料	1.6%	1.5%	1.5%	1.6%	1.7%	1.8%	1.9%	1.9%	3.0%
矿产品	0.8%	1.1%	1.4%	1.8%	2.2%	2.3%	2.0%	3.0%	2.2%
食品、饮料、烟草	0.9%	1.2%	1.3%	1.5%	1.8%	1.8%	2.3%	2.8%	1.9%
贵金属及制品	1.6%	1.2%	1.2%	1.2%	1.0%	0.9%	6.0%	1.0%	1.8%
皮革制品;箱包	0.9%	0.9%	1.0%	1.1%	1.3%	1.5%	1.3%	1.1%	1.1%
活动物;动物产品	0.8%	0.8%	0.7%	1.0%	1.3%	1.5%	2.0%	2.8%	1.0%
家具、玩具、杂项制品	0.7%	0.7%	0.7%	0.7%	0.8%	0.8%	0.9%	1.0%	0.8%
陶瓷;玻璃	0.7%	0.7%	0.7%	0.6%	0.6%	0.7%		0.7%	0.7%
植物产品							0.8%		
其他	1.4%	1.3%	1.3%	1.5%	1.4%	1.9%	2.0%	1.7%	1.9%

从中国自欧盟进口商品结构看,总体变化显著。机电产品进口额占比较大,但逐年减小,2008—2017年下降了15个百分点,2016—2017年维持在30%左右;运输设备进口额占比逐年提升,2011年之后维持在23%左右。贱金属及制品,化工产品分别保持在10%左右。光学、钟表、医疗设备,纺织品及原料,矿产品,动物产品,食品、饮料、烟酒等进口额占比均有上升趋势,但除纺织品及原料外,其余商品在2017年均有明显下降,尤其是动物产品较2016年下降了2个百分点。

相应地,中欧班列回程货物主要是汽车整车及零部件、机械装备、日用品、化妆品、食品等。这些均是中欧自欧盟进口额占比较多的品类,但是机械设备有减少的趋势。在中国自欧盟进口商品中占比持续走高的光学、钟表、医疗设备,纺织品及原料,矿产品,动物产品,食品、饮料、烟酒等品类值得关注。

(2) 各类货品可承受运价估算

从铁道研究院获取的数据显示,不同货物品类的单位集装箱平均货值相差很大(见表5-21)。

表5-21　　　　　　　　适箱货物各品类平均货值

货物品类	平均货值（美元/标准箱）	货物品类	平均货值（美元/标准箱）
贵金属及制品	50 698	活动物;动物产品	7 348
光学、钟表、医疗设备	30 642	食品、饮料、烟草	6 035
运输设备	20 425	家具、玩具、杂项制品	5 362
机电产品	15 639	贱金属及制品	5 325
鞋靴、伞等轻工产品	11 365	纤维素浆;纸张	5 286
塑料、橡胶	10 673	矿产品	5 244
皮革制品;箱包	10 458	陶瓷;玻璃	4 775
化工产品	8 365	纺织品及原料	4 402
木及木制品	8 069	植物产品	4 045

资料来源:中国铁道科学研究院。

由公开数据获得中国全社会物流总费用占GDP比重逐年下降,到2017年社会物流总费用12.1万亿元,占GDP的14.6%。其中,运输费用6.6万亿元,占GDP的7.3%。以此估算企业可承受运费占商品价值比例约为7.3%。

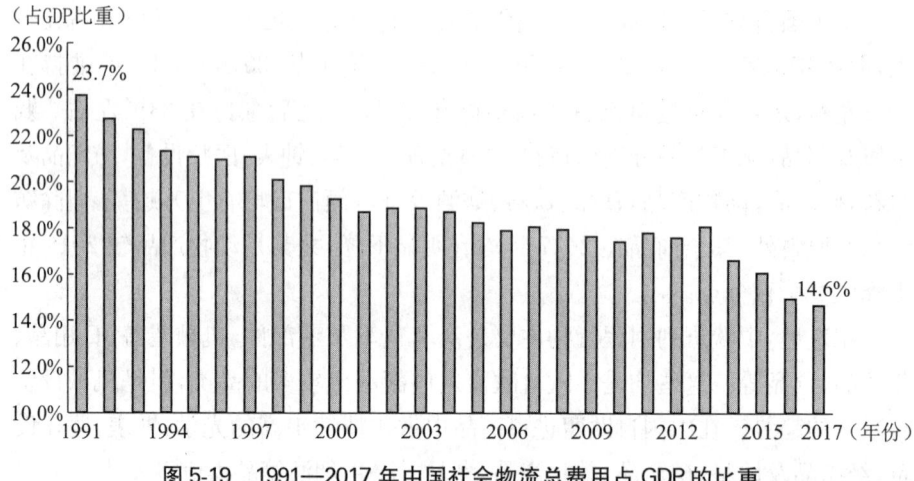

图 5-19 1991—2017 年中国社会物流总费用占 GDP 的比重

中欧班列的几条主要线路的国内段平均里程为 4 000 千米左右。从而计算出各品类商品可承受箱千米运价(见表 5-22)。

$$可承受箱千米运价 = \frac{货值 \times 7.3\%}{4\ 000}$$

表 5-22　　　　　　适箱货物各品类可承受箱千米运价

货物品类	平均货值（美元）	可承受箱千米运价（美元）	可承受箱千米运价(元)汇率按6.8计算
贵金属及制品	50 698	0.93	6.29
光学、钟表、医疗设备	30 642	0.56	3.80
运输设备	20 425	0.37	2.53
机电产品	15 639	0.29	1.94
鞋靴、伞等轻工产品	11 365	0.21	1.41
塑料、橡胶	10 673	0.19	1.32
皮革制品;箱包	10 458	0.19	1.30
化工产品	8 365	0.15	1.04
木及木制品	8 069	0.15	1.00
活动物;动物产品	7 348	0.13	0.91
食品、饮料、烟草	6 035	0.11	0.75
家具、玩具、杂项制品	5 362	0.10	0.67

续表

货物品类	平均货值（美元）	可承受箱千米运价（美元）	可承受箱千米运价（元）汇率按 6.8 计算
贱金属及制品	5 325	0.10	0.66
纤维素浆;纸张	5 286	0.10	0.66
矿产品	5 244	0.10	0.65
陶瓷;玻璃	4 775	0.09	0.59
纺织品及原料	4 402	0.08	0.55
植物产品	4 045	0.07	0.50

从表 5-22 可以看出,贵金属及制品、光学、钟表、医疗设备、运输设备可承受运价较高。家具、玩具、杂项制品、陶瓷、玻璃、纺织品及原料等可承受运价较低。

(3) 政府退出时间点估算

为了预测随着中欧班列货品结构的改变,企业所能承受的运价的变化情况,把中欧班列往返货品种类简化为运输设备和纺织品两类。其中运输设备的箱每千米可承受运价为 2.53 元,纺织品的为 0.55 元。

由当前企业可承担运价为 2.335 元,通过规划求解,得出纺织品和运输设备各自的占比分别为 9.9% 和 90.2%。

假设中欧班列的货品中纺织品和运输设备比例每年均下降 1%,逐渐提升光学、钟表、医疗设备的比例,每年增加 2%,则得到未来几年里中欧班列可承受价格如表 5-23 所示。

表 5-23　货品结构变化引起的未来几年里中欧班列可承受价格估算

	2018 年	2019 年	2020 年	2021 年	2022 年	2023 年	2024 年	2025 年
纺织品	8.9%	7.9%	6.9%	5.9%	4.9%	3.9%	2.9%	1.9%
运输设备	89.2%	88.2%	87.2%	86.2%	85.2%	84.2%	83.2%	82.2%
光学、钟表、医疗设备	2.0%	4.0%	6.0%	8.0%	10.0%	12.0%	14.0%	16.0%
总体可承受运价（元/箱千米）	2.380	2.425	2.471	2.516	2.561	2.606	2.651	2.697
预测运价（元/箱千米）	3.65	3.12	2.84	2.67	2.53	2.41	2.31	2.21

因此在运价下降的同时，可承受运价上升，政府补贴可以退出时间点提早2年，即到2022年退出。

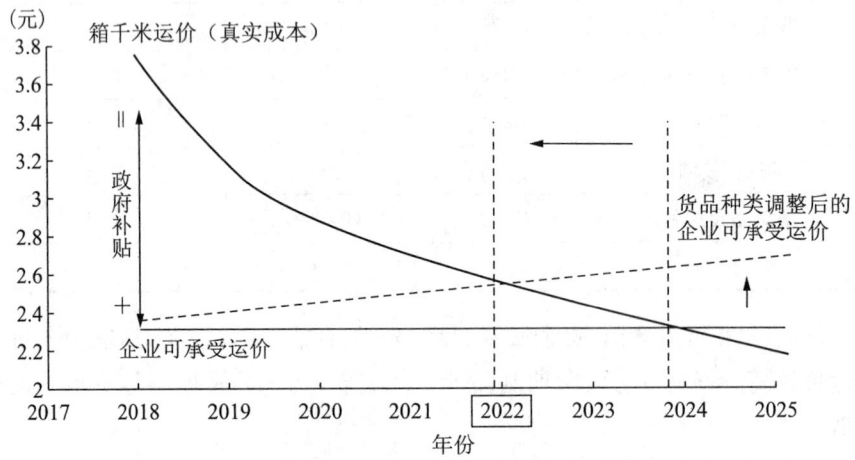

图 5-20　货品结构调整后的政府补贴退出时间点

（4）未来政府补贴估算

在真实成本大于企业可承受运价时，多的成本均由政府补贴承担。根据预测的运量和平均1万千米的里程计算，可得2018年政府补贴约达21.05亿元，到2022年政府补贴完全退出前，预计还需补贴46亿元。相比货品结构未调整的方案，节约政府补贴16亿元。

表 5-24　　　　　　　　　　未来政府补贴估算

	2018年	2019年	2020年	2021年	2022年	2023年	2024年	2025年
班列数预测	3 948	4 628	5 076	5 414	5 707	5 984	6 256	6 525
运量预测（标准箱）	165 816	194 376	213 192	227 388	239 694	251 328	262 752	274 050
可承受运价（元/箱千米）	2.380	2.425	2.471	2.516	2.561	2.606	2.651	2.697
预测运价（元/箱千米）	3.65	3.12	2.84	2.67	2.53	2.41	2.31	2.21
政府补贴运价（元/箱千米）	1.270	0.695	0.369	0.154	0	0	0	0
政府补贴（万元）	210 558	135 019	78 760	35 070	0	0	0	0

4. 综合因素影响下的运价变化情况

综合运量上升、货品结构调整、优化网络等因素下，政府补贴的退出时间由集结后的运价与货品结构调整后的企业可承受运价的变化趋势决定，综合作用下政府补贴退出时间点可以提早3年，即到2021年退出。在政府补贴于2021年退出前，预计还需补贴19.5亿元。相比正常情况，节约政府补贴42.6亿元。

表5-25　三个因素综合作用时，中欧班列运价变化情况

	2018年	2019年	2020年	2021年	2022年	2023年	2024年	2025年
预测运价（元/箱千米）	3.65	3.12	2.84	2.67	2.53	2.41	2.31	2.21
集结后运价（元/箱千米）	3.189	2.726	2.482	2.333	2.211	2.106	2.019	1.931
企业可承受运价（元/箱千米）	2.335	2.335	2.335	2.335	2.335	2.335	2.335	2.335
货品结构调整后企业可承受运价（元/箱千米）	2.380	2.425	2.471	2.516	2.561	2.606	2.651	2.697
政府补贴运价（元/箱千米）	0.809	0.301	0.011	0	0	0	0	0
班列数预测	3 948	4 628	5 076	5 414	5 707	5 984	6 256	6 525
运量预测（标准箱）	165 816	194 376	213 192	227 388	239 694	251 328	262 752	274 050
政府补贴（万元）	134 194	58 501	2 366	0	0	0	0	0

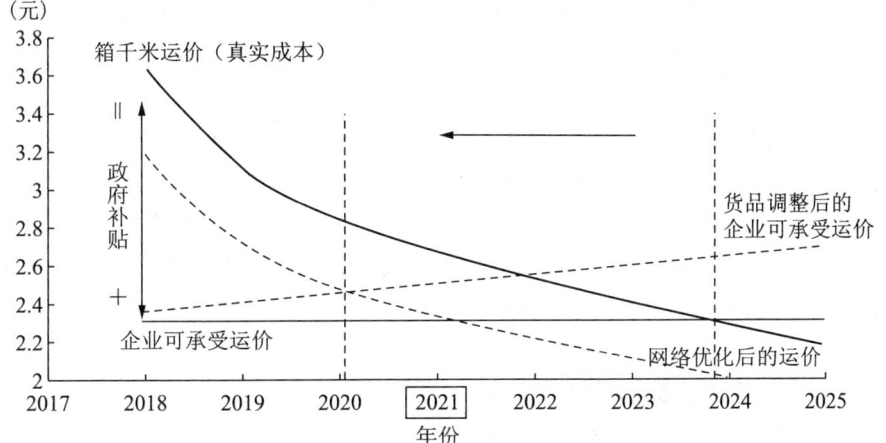

图5-21　三个因素综合作用时，中欧班列运价变化情况

四、中欧班列发展的对策建议

当前中欧班列的运行价格由政府补贴与企业共同承担,长久的政府补贴必然严重阻碍中欧班列的可持续发展。推动中欧班列可持续发展重点在于树立成本效益观,降低成本、提高效益,逐步推进市场化运营。

1. 提高往返运量,实现规模经济

按照中欧班列的发展趋势,预计中欧班列货运量将继续增加,但增速将放缓。随着中欧班列运量的提升,固定成本被分摊,单位运量成本将下降。政府补贴逐年减少,预计到2024年全部退出,其间补贴估算为62亿元。建议从两方面提高班列的往返运量:

(1) 加强沟通合作,提升班列运行时效

一方面,加强国内各部门的沟通协作。建议由国家发改委、商务部、中国铁路总公司统一部署,协调班列所在省、市政府,加强相关部门的信息互通共享,加强科技和信息化技术的应用,提高效率,实现区域通关、监管一体化模式,信息互联互通,缩短查验时间。

另一方面,加强国际互信与合作。建议设立中欧班列沿线国际协调机制,发挥各国优势,顾及各方利益,促进共同信任,推动问题解决。积极与相关国际组织合作,建立统一规范的单证格式、通关数据、风险管理等技术规则标准。加强与沿线国家海关国际合作,推行沿线各国海关"执法互助、监管互认、信息互换",支持中欧班列项目纳入"安智贸"便利化通关,提高国外段运行时效,进一步缩短全程运行时间。

(2) 拓展回程货源,提高回程重载率

大力开发沿线国家市场,强化货源支撑,优化运输组织,增加回程货物,统筹规划整合提高中欧班列的利用效率。积极扩大从中欧班列沿线国家的进口,鼓励物流运输企业与国外物流企业、港口码头、货代公司加强合作,鼓励国内企业走出去,开拓海外市场,并在沿线设立办事机构,吸引更多境外货源通过中欧班列运输,提高回程重载率。

2. 优化物流网络,降低运输成本

(1) 形成"枢纽站+集运站"的路线布局

在现行中欧班列开行城市中合理设立若干中转枢纽,运输成本可最多降低12％,政府补贴也将较正常情况提前3年退出,可实现节约补贴约37亿元。要充分发挥市场的作用,以需求为引导,有序整合中欧班列线路及运营资源,形成干线—枢纽站、支线—集运站的合作布局。建议在各省份建立"集结中心",在西南、西北、中部地区建立若干全国性的"中欧班列物流枢纽",集聚各地货源,形成规模经济效应,降低物流成本,同时提高中国与中欧班列沿线国家谈判的效率和话语权,有效降低中欧班列总体运行费用。基于经济性和运输地位等要素进行模拟,建议将重庆、兰州、郑州分别作为西南、西北、中部地区的物流枢纽。

(2) 优化班列运行协调机制

建议中国铁路总公司牵头,统一规划,形成区域联动,根据"一带一路"规划、地区产业布局明确其功能定位,加强资源整合。尽快落实国内外中欧班列运营协调机制,根据市场需求增加班列线,制定中欧班列开行及优化调整方案。加强与国外铁路协作,拓展建立班列运行信息交换机制,支持在具备条件的国家开展班列专用铁路货运场、铁路专用线以及集装箱堆场等基础设施合作,联合铺画全程运行图。

3. 调整货品结构,提高企业效益

2008—2017年,中国对欧洲出口货品中,运输设备,光学、钟表、医疗设备等高附加值货品占比持续上升;纺织品及原料,鞋靴、伞等轻工产品,皮革制品、箱包,陶瓷、玻璃等低附加值货品占比持续下降。中欧班列作为未来中欧贸易的重要载体,货品结构也将随之调整,光学、钟表、医疗设备等高科技、高附加值货品占比将逐渐增加。根据货品结构的变化趋势预测,随着中欧班列货品附加值的逐年提升,企业可承受价格将逐年提升,政府补贴可较正常情况提前2年退出,可实现节约补贴约16亿元。为提升班列的货品附加值,建议从以下两方面着手:

(1) 加快中西部地区产业升级

开行中欧班列的目的之一,就是要发展和带动中国内陆地区的产业经济,依托国际运输大通道,打造新亚欧大陆桥国际经济合作走廊。国家层面应加大对中西部地区高新技术产业发展的政策扶持和资金投入力度,通过整合资源、集成优势,大力推进高新技术及产业化发展。地方层面,中西部地区政府应进行更深入更广泛的体制改革和观念上的突破,聚集产业升级所需的智力、人才、资金等生产要素。以"一带一路"倡议为契机,加快沿海产业向中西部的

梯度转移和加快产业转型升级。

(2) 提高班列运行安全性能

运行安全是铁路行业的"生命线",对于高附加值货品,降低铁路运输中的安全隐患,保障货品运输安全尤为重要。一方面,建议建立铁路安全监测监控系统,增加集装箱安全智能防盗设施,对货检、外勤货运员、专用线货运员作业内容全过程采集和资料实时上传,强化盯控和指导能力。建立货运计量监控平台,检测、追踪途中货物状态的,记录、分析、调整超偏载问题和装载异常现象,安全动态监控班列货物状态。另一方面,要保持与沿途国家的密切沟通,建立中欧班列安全合作机制,提高班列运行的全程监控能力,保障货物运输安全。强化智能监管监控,增加集装箱安全智能防盗设施,通过卫星全程定位。

4. 建立政府逐步退出的市场化运作机制

短期内,为吸引货源,提高班列运量和运值,实现规模化运作,政府补贴是重要补充手段。但从长期来看,通过运量的提升,物流网络的优化,以及货品结构的调整,政府补贴将逐渐退出。建议各地政府参照此时间线,建立政府补贴为期5年的逐年退出机制,最终实现市场化运作。

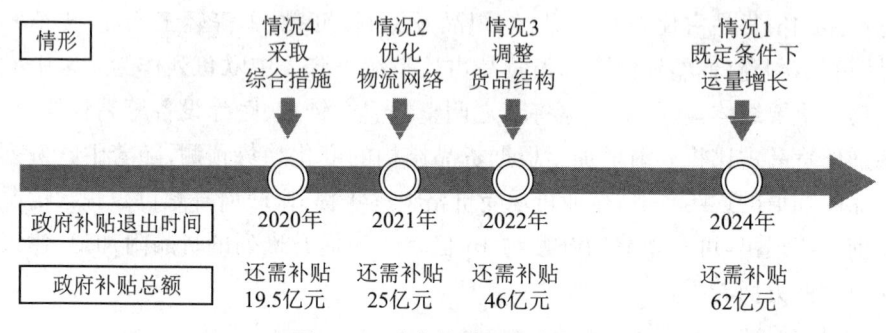

图 5-22 政府补贴退出路线图

情况1:随着运量的提升,政府补贴退出时间预计为2024年,其间政府补贴约为62亿元。情况2:若优化物流网络,政府补贴可提前3年退出,节约补贴约37亿元。情况3:若调整货品结构,政府补贴可提前2年退出,节约补贴约16亿元。情况4:若同时优化物流网络和调整货品结构,政府补贴提前3—4年退出,节约补贴约42.5亿元。

此外,还需转变政府职能,对各地中欧班列进行绩效考核,将载货量、货值作为反映班列实际运营情况的重要依据,对于长期亏损的线路交由市场淘汰。

(撰写人:魏航　吴继兰　李月琪　谈丹)

R6 建设老挝(贵州)"一带一路"产业园研究

按照习近平总书记对贵州的重要指示精神,贵州要走出一条"有别于东部、不同于西部其他省份"的改革开放发展新路。"近海、近边、近江"的贵州,如何找准开放定位,在"一带一路"建设的开放机遇中,实现内外联动发展,事关贵州改革开放再出发全局。

结合贵州推动企业沿着"一带一路"方向"走出去"行动计划的研究与实施,上海社会科学院、中国国际经济交流中心上海分中心和贵州省政府发展研究中心成立联合课题组,开展了专题研究。上海社会科学院国家高端智库顾问、国经中心常务理事王战认为:老挝、越南是"一带一路"仅有的两个社会主义国家,中老之间具有更稳定的双边关系与互补可能。作为中南半岛内陆"陆锁国"的老挝,与贵州间在地理位势、资源条件等方面有相近之处,两个"内陆经济体"有互补共鉴的实际需求。为此,我们专程赴老挝进行实地调研,建议"以共建产业园的形式推进'一带一路'贵老合作",得到贵州省领导重视。

一、为什么贵州要"走出去",能"走出去"

贵州虽属中国西部,但在开放"走出去"过程中,具有自身比较优势,只要找准定位,可通过内外联动,实现对外开放与内向发展的互动结合。

第一,基础原材料产业保持的传统优势是贵州"走出去"开展产能合作的底气。贵州煤炭、电力、化工、建材等四大行业进入千亿级产业行列,2017年煤炭、电力、有色、冶金、化工、建材等六大基础原材料产业合计占比仍达到51.1%。贵州的这些产业在全国占有重要地位,尤其在电力、磷煤化工、电解铝/铁合金等行业领域的国际竞争力优势尤其明显,这成为贵州走出去投资海外园区建设开展产能合作的基础。

第二,制造业竞争力表现出的后发优势是贵州"走出去"开展产业合作的支撑。贵州制造业不及东部沿海,但也具有比较优势。贵州规模以上工业企业在41个大类行业实现全覆盖,201个中类行业覆盖面达到87.6%,以高技术制造业、高新技术产业、新兴产业等为代表的高端制造业发展迅猛,2015—2017年年增速均超过20%。制造业成为贵州外贸出口主力。2017年,全省制造业(工业制成品)出口占全部出口额的87.6%,远高于老挝52.9%的水平,并呈现同比23%的高增长态势。

第三,工程建设领域形成的专业性优势是贵州"走出去"开展园区合作的后盾。全省总专包建筑业企业资质等级为特级、一级的达63家,对外承包工程类企业有47家。中国电建水电九局、中国电建贵阳设计院、七冶建设、中铝贵阳铝镁设计院、西南能矿、贵州公路集团、贵州桥梁集团等一批骨干优强企业,"走出去"开展对外投资、承揽对外承包工程的国家涉及60多个国家和地区,并在交通、水利水电、石油化工、电力、采矿业、工业建设等领域承揽项目设计、施工方面积累了丰富的经验,表现出了良好专业性竞争能力。尤其在桥梁隧道、水电工程、有色冶金、磷煤化工、能矿勘探生产等领域,贵州具有显著的专业化设计、施工、安装比较优势,桥梁建设达到国际领先水平。这是引领贵州企业进一步拓展"一带一路"沿线国家市场的基础建设支撑。

二、贵州"走出去"首选"老挝"的理由

老挝是参与"一带一路"合作最积极的国家之一,已成为吸收中国境外投资的"热土"。

1. 老挝政治制度和社会治安相对稳定,市场经济日趋完善

"一带一路"沿线,只有老挝、越南和中国同属社会主义国家。老挝人民革命党是老挝唯一执政党,老挝对"一带一路"中国动力高度认同。"老挝一号"通信卫星是中国向东盟国家出口的首颗卫星;中—老铁路建设延伸至首都万象,承载着老挝从"陆锁国"到"陆连国"转变。

2. 贵州与老挝空间距离相近、地理特征相似

贵州陆路距离中南半岛的越南、老挝、缅甸最近,与老挝是"近邻"。二者在自然地理、生态环境、区位特点等许多方面有相似之处。老挝境内多山,

80%为山地和高原,森林覆盖率达72%,有"印度支那屋脊"之称。老挝贫困但不贫瘠,与贵州相似,其境内土地、矿产、森林和水资源极其丰富。除此之外,老挝宗教文化气氛浓厚、文物古迹众多,于2013年被欧盟理事会评为"全球最佳旅游目的地",旅游业成为其经济发展的新兴产业。贵州和老挝都是内陆型区域,不同的是,近年来贵州的交通在全省上下的共同努力下已经发生翻天覆地的变化,对老挝"陆锁国"的发展具有很强的借鉴意义。

3. 老挝正处经济起飞阶段,资源丰富、产业发展需求迫切

老挝人均GDP 2 472美元,是沿线23个中低收入国家之一,也是世界不发达国家之一,经济起飞发展有需求、有空间。近年来老挝GDP年均增长7%,处于高速增长阶段。在世界银行预计的东亚及太平洋地区经济增长最快的5个国家中,老挝排第一位。老挝是东南亚地区主要矿产资源、水能蕴藏量最丰富的国家之一,老挝的金、银、铜、铁、锡、铅、锌、钾盐、铝土、石膏、煤、盐等矿藏,很多都还待勘察和开发。老挝工业基础滞后,本土企业缺少发展能力,燃油、食品、汽车、家电设备、建材等工业产品,长期依赖进口,对建材、轻工业、中高端制造业等领域行业发展有着全面的资金需求。老挝总理通伦·西苏里自2016年4月新当选后,于11月28日专程开启寻求中国投资与技术支持的访华之行,重点吸引内陆省份到老挝投资。2017年底老挝驻中国长沙总领事馆开馆,这是少有的在内陆的领事馆。

4. 贵州与老挝经济互补性强

从经济和产业发展水平看,虽然贵州在国内经济版图中属于经济发展水平相对较低地区,产业发展也处于国内中下水平。但贵州2017年人均GDP达5 619美元,其发展水平高于"一带一路"沿线31个经济体,相当于沿线64个经济体的中游水平,是老挝人均GDP的2.7倍。贵州较老挝具有较为完善的产业体系,而老挝产业基础薄弱,两者经济互补性很强。贵州与老挝合作,可以实现产业比较优势与老挝资源优势互补、合作共赢。

三、探索"贵老合作"共建产业园区

中国已成为老挝第一大投资来源国。"贵老合作"的最好途径是以园区带动两地的产业与项目深度合作,实现企业与产业、经济与城市的融合协调发

展,与兄弟省份分工协作,聚力推动发展,将老挝打造成为"一带一路"后发赶超的样板国家。具体包括:

第一,互利共赢的"走出去"目标。"贵老合作"产业园区不是贵州为"走出去"而走出去的项目,而是要打造成为两地互利共赢的项目。对于贵州而言,要成为带动贵州与老挝、东盟及海外市场扩大双边贸易的重要载体和战略平台、贵州制造业升级开拓的选择项、贵州本土中小企业"抱团出海"的"实训基地"。老挝区位条件决定了该园区的市场辐射范围不可能太远,只能是贵州先期沿着"一带一路"走出去的示范性项目,并不是贵州为降低物流成本而走向国际大市场的"中转站"。

第二,成为产业互补合作的典范。基于贵州产业比较优势,结合老挝资源禀赋及其国内需求,以及鼓励类、具有潜力和前景的中老产业合作领域,重点考虑发展以下三大产业:一是能矿资源型原材料加工产业。可发挥贵州在基础原材料产业领域保持的传统优势,以园区的形式聚集发展基础原材料产业。二是综合类加工制造业。发挥贵州在装备制造业、大数据等领域的相对优势,发展矿山机械设备、山地农机设备,汽摩、家电、机电产品行业,以及以大数据为"品牌"的通信设备、智能终端制造等电子信息产业,以老挝国内及周边国家为市场,组织推动一批制造业企业抱团在老挝以园区的形式聚集发展,相互配套,形成与中国国内发展的互动互补,提升贵州制造业整体水平和国际竞争力。三是农(林)产品加工业。依托贵州特色食品加工、茶产业、中药材、食用菌、养殖业等"五张名片",以"种植(养殖)基地+产业化龙头企业"的生产加工技术和经验,组织农(林)产品加工领域的中小企业抱团走出去在老挝(贵州)产业园聚集发展;利用老挝气候温热、土地资源丰富等农业条件,带动发展境外种植(养殖)基地并就地加工,一方面供应老挝国内市场及出口周边国家,另一方面满足中国的原材料需求。

第三,差异化、高质量的园区建设方案。园区建设不搞重复竞争。结合课题组实地调研考察和当地商务部门推荐,老挝(贵州)产业园选址,可考虑以下两种方案。一是在万象省首府孟蓬洪建设新园区。孟蓬洪距首都万象市北面约70千米,新园区距离孟蓬洪城区南面15千米左右,与赛色塔综合开发区分属万象市和万象省两个行政区域,避免了同一行政区域内的重复布局。由于园区位于中寮万象平原,基础设施配套条件优于其他边远地区,有望发展成为孟蓬洪新城区。二是在首都万象市新工业区建设"园中园"。该工业区规划面积15.6平方千米,条件优越,可与周边园区形成集聚效应。万象市工贸厅非常欢迎在其工业区建设"园中园"。

  第四，多渠道引入合作方，市场化推进。根据中国在"一带一路"沿线国家合作建设海外园区的四种模式经验，老挝（贵州）产业园建设的组织实施，可按照政府推动、企业主导、市场化运作原则。支持鼓励贵州产投集团、西南能矿集团、水电九局、七冶建设、盘江集团等有实力、有走出去经验的大型国企，或独立牵头或联手与贵阳高新区、贵阳经开区、大龙开发区等联合组建"贵州省海外合作投资有限公司"，可以邀请中铝集团等大型央企、有实力的民营企业参与，建设产业园。与此同时，推动设立贵州驻老挝商务代表处，引导企业"联合出海"，设立老挝（贵州）产业园区风险基金，以此为契机构建起贵州对外开放"走出去"的平台框架与服务体系。

  （撰写人：徐东良　陈朝伦　张绍新　秦占奎　马芳芳　徐建伟　肖路平）

后　记

　　本书是"'一带一路'与长江经济带贯通战略研究"课题的汇总成果。课题主要研究者对于长江经济带发展与"一带一路"建设的关注与思考业已有多年。课题负责人王战教授,在2003年担任上海市人民政府发展研究中心主任时,即调研并向国家提交"充分发挥长江'黄金水道'作用,促进长江流域经济联动发展"的建议报告。报告中首次提出了长江船舶标准化、航道标准化、港口泊位标准化、航运服务标准化等四个标准化问题。目前这些提法与建议仍在进一步落实实施中。王战教授就任上海社会科学院院长后,于2014年分三次带队再赴四川、湖南、云南、湖北、贵州、安徽等长江中上游城市考察。针对长江经济带发展,王战教授提出生态保护是长江经济带发展战略的首要问题,该建言对于长江经济带发展战略的调整起到应有作用。2015年以来,在国家分别提出"一带一路"建设及长江经济带发展战略之际,围绕两大部署的融合对接问题,王战教授提出长江经济带发展战略与"一带一路"建设贯通(即"两带一路")的观点,积极呼吁长江经济带是"两带一路"的关键腹地,需要形成长江经济带与"一带一路"互动新格局。

　　在此基础上,2017年,王战教授受国家哲社办委托组建"'一带一路'与长江经济带贯通战略研究"课题组,在已有前期研究积累基础上,研究"一带一路"与长江经济带贯通发展问题,并选择多式联运的重点环节、重点贯通枢纽区域,进行实地调研考察,开展地方合作研究,提出具体政策建议。经过课题组充分讨论,将"降低物流运输成本"作为贯通研究的核心问题,其中有效打通多式联运体系是关键。因此,课题组整个研究围绕"多式联运降成本"为主线展开。但是,实践中多式联运体系不仅仅是一项交通工具的对接问题,更涉及道路港口的基础设施建设、重要枢纽节点的布局、中欧班列与江海联运体系的建设、新兴国际贸易方式下的通关便利化等系列问题。在多式联运体系中,课题组选取"中欧班列"作为研究切入口;在重点枢纽区域中,选择长三角、甘肃兰州西部枢纽、贵州等三个"一带一路"与长江经济带的代表性贯通对接区域，进行专项研究，形成分报告。

　　课题组总报告组由王战首席专家负责，以上海社会科学院中国国际经济交流中心上海分中心为依托，成员包括郁鸿胜、陆军荣、李娜、张岩、忻尚卿，主要从多式联运、物流成本等角度研究"一带一路"与长江经济带贯通的现状、主要问题及贯通思路与建议。五个分报告课题分别是第一，"长江经济带高质量发展研究"，由时任上海社会科学院城市与人口研究所所长郁鸿胜研究员、中国国际经济交流中心陆军荣研究员负责，重点研究长江经济带高质量发展中的贯通问题，提出思路。第二，"中欧班列的发展趋势与成本效益研究"，由上海财经大学商学院院长魏航教授负责，主要针对中欧班列快速增长，各地竞相开通，但高成本、低效益、依靠政府补贴的运行模式，分析政府补贴运行下中欧班列所面临的风险，并从成本效益的角度挖掘了存在的问题。第三，"甘肃兰州：国家战略背景下'一带一路'西部物流枢纽建设研究"，由时任上海社会科学院世界经济研究所所长权衡研究员负责，并与甘肃兰州西北大学组建联合课题组，就甘肃兰州建设成为"一带一路"南北东西贯通的枢纽开展研究。第四，"关于长三角港口群协调发展的问题研究"，由上海社会科学院应用经济研究所副所长李湛研究员、上海社会科学院城市与人口研究所李娜副研究员负责。长三角是"一带一路"与长江经济带对接的桥头堡，重要性尤为突出。其中，长三角港口群是目前"两带一路"高效贯通的重点环节，课题研究提出了长三角港口一体化的五重国家战略意义。第五，"沿着'一带一路''走出去'建设老挝（贵州）产业园研究"，由时任贵州省发展研究中心主任徐东良、贵州省发展研究中心副主任张绍新负责，主要对于处于长江经济带上游的贵州，如何发挥比较优势与邻近周边国家老挝之间，通过产业园区建立合作关系。作为泛亚铁路中线重要组成部分的中—老铁路2021年底通车，亚洲公路网AH12和昆曼国际大通道重要组成部分的万—磨高速万—万段（万象—万荣）于2020年建成通车，将为中老两国带来机遇。

　　为开展课题研究，2018—2019年课题组多次组织赴长江经济带重点省份考察调研。王战组长带队调研浙江、安徽、湖南、江西、四川、甘肃、贵州等省市及具体部门，分别就嵊泗、铜陵、陕南、景德镇等市县的"一带一路"与长江经济带对接问题进行具体考察，其间也得到了交通运输部、国家发展改革委等相关负责部门的指导与支持。2018年7月底，上海社会科学院、上海财经大学课题组联合西北师范大学课题组，赴甘肃兰州的国家级新区、国际陆港等，就中欧班列、西部物流枢纽建设等问题展开专题调研。2018年,贵州课题组选取"近边"的老挝、柬埔寨就贵州省"走出去"共建产业园专题研究,赴两国进行了实地调研。不同渠道的实地调研,为课题报告研究提供了扎实基础。

本书的主体内容成稿于2019年,所采用的资料数据截至2018年底。由于"一带一路"与长江经济带建设工作,涉及经济、社会、文化、生态等方方面面的重大战略问题,受研究视野、能力与条件所限,课题组择选"成本"为主线研究两者的贯通问题,并提出若干方面的思考与建议,在课题研究成果撰写中难免挂一漏万,思考不周,供读者指正交流。

编　者

2023年4月

图书在版编目(CIP)数据

"一带一路"与长江经济带贯通发展研究 / 王战主编 .— 上海：上海社会科学院出版社，2023
 ISBN 978 - 7 - 5520 - 4226 - 9

Ⅰ.①一… Ⅱ.①王… Ⅲ.①长江经济带—区域经济发展—研究 Ⅳ.①F127.5

中国国家版本馆 CIP 数据核字(2023)第 163588 号

"一带一路"与长江经济带贯通发展研究

主　　编：	王　战
责任编辑：	应韶荃
封面设计：	周清华　右序设计
出版发行：	上海社会科学院出版社
	上海顺昌路 622 号　邮编 200025
	电话总机 021 - 63315947　销售热线 021 - 53063735
	http：//www.sassp.cn　E-mail：sassp@sassp.cn
照　　排：	南京理工出版信息技术有限公司
印　　刷：	上海新文印刷厂有限公司
开　　本：	710 毫米×1010 毫米　1/16
印　　张：	13
字　　数：	224 千
版　　次：	2023 年 9 月第 1 版　2023 年 9 月第 1 次印刷

ISBN 978 - 7 - 5520 - 4226 - 9/F·741　　　　　　　定价：65.00 元

版权所有　翻印必究